AF291047

Bibliografische Information der Deutschen Nationalbibliothek:

Die Deutsche Nationalbibliothek verzeichnet diese Publikation in der Deutschen Nationalbibliografie; detaillierte bibliografische Daten sind im Internet über http://dnb.d-nb.de abrufbar.

Impressum:

Lektorat: Funda Kaplan

Copyright © 2016 ScienceFactory

Ein Imprint der GRIN Verlag GmbH

Druck und Bindung: Books on Demand GmbH, Norderstedt, Germany

Coverbild: wikimedia.org

Frauen und der Linksterrorismus

Wie aus der Journalistin Ulrike Meinhof eine Terroristin wurde

Inhaltsverzeichnis

Frauen und Terrorismus am Beispiel der RAF und der Bewegung 2. Juni................7

Vorwort..8

Stellung der Frauen in den 60er und 70er Jahren...10

Frauen in der RAF...13

Gründe für den Terrorismus...18

Lebenslauf einer typischen Terroristin der RAF und der Bewegung 2. Juni.............23

Darstellung der Terroristinnen in den Medien..25

Schluss...27

Literaturverzeichnis...28

Frauen in der „Roten Armee Fraktion". Weibliche Wege in den Linksterrorismus am Beispiel von Ulrike Meinhof und Gudrun Ensslin..29

Einleitung..30

Außerparlamentarische Oppositionsbewegungen in der BRD............................41

Frauen in der BRD...49

Geschichte der „Roten Armee Fraktion"...55

Erklärungsversuche für Wege in den Linksterrorismus.....................................66

Weibliche Wege in den Linksterrorismus..85

Fazit...140

Literaturverzeichnis...144

Ulrike Meinhof. Der Weg einer Journalistin in den Terrorismus.....................153

Einleitung..154

Familiärer Hintergrund..155

Studienzeit in Marburg..157

Studienzeit in Münster oder „Kampf dem Atomtod".......................................159

Kommunistin - Eintritt in die KPD...163

Beginn einer journalistischen Karriere...165

Chefredakteurin...167

Notstandsgesetze..168

Rotbuch II und DFU...172

„Hitler in Euch"..173

Hochzeit 175

1. Mai-Kundgebung 1962 und die neue Linke 176

Probleme mit dem Arbeitgeber 177

Geburt und Hirntumor 178

Die deutsche Vergangenheitsbewältigung 179

Hörfunk - Ein neues Medium 181

Der Schah und Benno Ohnesorg 183

Rudi Dutschke 185

Gewalt in der Diskussion 187

Ein Kaufhausbrand und seine Folgen 189

Gefangenenbefreiung oder der Anfang vom Ende 192

Rote Armee Fraktion 194

Fazit 196

Literaturverzeichnis 198

„Sie hätten nicht die Macht, wenn sie nicht die Mittel hätten, die Schweine." Eine diachronische Analyse der Sprache von Ulrike Meinhof unter dem Aspekt ihrer Radikalisierung **201**

Einleitung 202

Theorie und Methode 205

Zeithistorischer Kontext 215

Analyse der zentralen Texte 219

Auswertung 241

Fazit und Ausblick 243

Literaturverzeichnis 246

Anhang 251

Einzelbände **255**

Frauen und Terrorismus am Beispiel der RAF und der Bewegung 2. Juni

Yvonne Diewald, 2012

Vorwort

Die Regierung zu dieser Zeit unterdrückte die parlamentarische Opposition, verabschiedet Notstandsgesetze und die Angst vor einem erneuten NS-ähnlichen Staat griff vor allem in den Kreisen der Studenten um sich. Die Konflikte zwischen der „Nazi-Generation" und der Jugend waren schier unüberbrückbar. Während die Generation des 2.Weltkrieges nach Ruhe und Ordnung strebte und das Erlebte zu vergessen versuchte, kämpfte die Jugend mit aller Kraft gegen die Unterdrückung des Erlebten. Sie strebte nach politischer und gesellschaftlicher Veränderung. Hauptsächlich Studenten gingen auf die Straßen, um gegen die Ungerechtigkeit in ihrem Land, aber auch die in der ganzen Welt zu demonstrieren. Doch wurden diese Demonstrationen immer öfter mit Polizeigewalt niedergeschlagen. Die Angst vor einem Polizeistaat wurde größer!

Am 2. Juni 1967 wird der Student Benno Ohnesorg bei einer Demonstration von einem Polizisten erschossen. Ob absichtlich oder aus Notwehr bleibt jedoch weitgehend ungeklärt. Dies war der Beginn der außerparlamentarischen Opposition, welche die Unterlegenheit der parlamentarischen Opposition kritisierte, die zustande gekommen war, da die zwei größten Parteien eine Koalition gegründet hatten.

Aus dieser außerparlamentarischen Opposition gründeten sich nach kurzer Zeit die radikaleren linksterroristischen Gruppen, unter welchen die Bedeutendsten die RAF und die Bewegung 2. Juni waren. Ihre Überzeugung, „dass der Kapitalismus ein Werkzeug zur Ausbeutung und Unterdrückung der Schwachen und damit ein Grundübel der Menschheit sei"[1], war so stark, dass sie hauptsächlich in der RAF viele Jahre überdauerte. Insgesamt kämpfte die Rote-Armee-Fraktion 28 Jahre lang, in drei Generationen, gegen die Regierung. Dabei schlossen sich nicht nur Männer, sondern auch erstaunlich viele Frauen dieser Gruppen an. Dieses Phänomen war der Bundesrepublik Deutschland zu dieser Zeit völlig neu. In Palästina gab es schon ähnliche Gruppen, wie die terroristische Vereinigung um Abu Hani, welche auch später Kontakte zur RAF hatte. Die Entführung des Flugzeuges „Landshut" am 13. Oktober 1977[2] war ein Resultat aus diesen Kontakten. Dabei waren unter den vier palästinensischen Entführern zwei Frauen, die ebenso, wie ihre männlichen Genossen bewaffnet waren und ihre Waffen bei der Befreiungsaktion durch die GSG 9 einsetzten. In

---

[1] Pflieger Klaus (2011) „Die Rote Armee Fraktion", S. 17.

[2] Vgl. Pflieger (2011), S. 170f.

Irland kämpften Frauen an der Seite der Männer in der Irisch-Republikanischen
Armee und mordeten ebenso brutal und effektiv wie diese.[3]

Diese Seminararbeit beschäftigt sich dabei allein mit den Frauen der RAF und
der Bewegung 2. Juni, da sie eine Besonderheit zu ihrer Zeit waren. Die Frage
dabei ist: Warum engagierten sich plötzlich so überdurchschnittlich viele Frauen
in terroristischen Vereinigungen, welche Vorteile aber auch Nachteile zogen sie
daraus?

---

[3] Vgl. McDonald Eileen(1994): „Erschießt zuerst die Frauen!", S. 176ff.

Stellung der Frauen in den 60er und 70er Jahren

Gesellschaftliche Stellung

Nach Ende des zweiten Weltkrieges, besaßen die Frauen in der BRD eine tragende Rolle. Ihre Männer waren zum Teil im Krieg gefallen, verletzt oder schwer traumatisiert. Während viele Soldaten noch etliche Jahre in russischer oder französischer Gefangenschaft verbrachten, begannen die Frauen, ihr Deutschland wieder aufzubauen. Schon während des Krieges hatten die Frauen Teile der Männerwelt übernommen. Aus Arbeitermangel ersetzten die Frauen ihre Männer in den Fabriken. Trotzdem wurden sie von ihren Männern und der Gesellschaft in ein Rollenbild gesteckt, in welches sie sich zu fügen hatten. Eine arbeitende Frau wurde nicht gern gesehen, schon gar nicht, wenn sie Ehefrau und Mutter war. Die Fabrikarbeiterinnen kehrten jedoch nach Ende des zweiten Weltkrieges still und protestfrei an den heimischen Herd zurück. Vergessen waren die aufopfernden Jahre am Fließband und der Männerarbeit. An eine erneute Frauenbewegung, wie es sie Anfang des 20. Jahrhunderts gegeben hatte und die gewaltsam durch die Verfolgung und Ermordung ihrer Verfechter geendet hatte, war nicht mehr zu denken. Es ging darum, Deutschland wieder aufzubauen und dabei sah die Bevölkerung keinen Platz für den erneuten Kampf um die Gleichstellung und Anerkennung der Frau. In der 1948 gegründeten Verfassung hieß es zwar in Artikel 3 des Grundgesetzes: „Männer und Frauen sind gleichberechtigt", die eigentliche Gleichberechtigung unter Aufsicht des Gesetzes wurde jedoch erst 1994 durch den Zusatz „Der Staat fördert die tatsächliche Durchsetzung der Gleichberechtigung von Frauen und Männern und wirkt auf die Beseitigung bestehender Nachteile hin"[4] gesichert.

Inge Viett, ein Mitglied der Bewegung 2. Juni, welche später zur RAF überlief beschrieb die damaligen Verhältnisse als „gesellschaftlichmoralische [...] Zwänge" die sie selbst als „erdrückend" wahrnahm.[5] Wer diesen Maßstäben nicht entsprechen wollte oder konnte und sein Leben anders gestaltete, als es die Gesellschaft von ihm verlangte, dem würde sein Fehlverhalten vor Augen geführt werden.[6] Eine Frau hatte nur bestimmte Berufe auszuüben, wie Kinder-

---

[4] http://egora.uni-muenster.de/pbnetz/verfassung/frames/gleich_sach04.htm (Stand: 21.12.2011).

[5] Viett Inge (1997) „Nie war ich furchtloser", S.57.

[6] Vgl. Viett, a.a.O., S. 58.

pflegerin oder ähnliche im Sozialwesen verankerte Beschäftigungen.[7] Nicht nur in der Arbeitswelt wurden dem weiblichen Geschlecht Rollenbilder vorgeschrieben, auch in der Ehe und Familie galt die Frau als dem Mann untergeordnet. So hat demnach der Prototyp Mann in den 50er und 60er Jahren von seiner Frau „absoluten Gehorsam und Unterordnung abverlangt […] und dies für den ihm selbstverständlich gebührenden Respekt [gehalten]“[8]. Frauen war es zwar rein rechtlich erlaubt, zu studieren, aber das Vorurteil, sie würden die Universität nur aus dem Grund besuchen, einen wohlhabenden Heiratskandidaten ausfindig machen zu können, verhinderte, dass sie wirklich ernst genommen wurden.[9] Erst ab 1970 begann die Zeit der Frauen, in der sie sich endlich durchsetzen konnten und sich das Bild der Frau in der Öffentlichkeit endlich zu wenden begann. In Berlin wurde das erste Frauenzentrum eröffnet und auch in anderen Städten wurden Vereine zur Unterstützung von Frauen gegründet.[10]

Politische Stellung

Die politische Stellung der Frau war nur die Folge aus ihrer gesellschaftlichen Stellung heraus. Als fürsorgliche Frau, die dem Willen ihres Mannes ihre höchste Aufopferung entgegen zu bringen und für warme Mahlzeiten und die Kindererziehung zu sorgen hatte, kam es gar nicht erst in Frage, dass sich Frauen an politischen Entscheidungen beteiligten. Laut der Bundeszentrale für politische Bildung waren in den 60er Jahren 27 Prozent der Männer für eine Beteiligung von Frauen an der Politik. Doch kann man nicht allein den Männern Vorwürfe machen, da ein großer Teil der Frauen sich in das ihnen vorgegebene Rollenbild fügte und nur 32 Prozent der weiblichen Befragten für Frauen in der Politik stimmten.[11] Diese Aussage spiegelt den Zustand der von Männern dominierten Politik wieder. Von den 65 stimmberechtigten Mitgliedern des parlamentarischen Rates waren gerade einmal vier Frauen darunter: Frieda Nadig, Helene

---

[7] Vgl. Viett, a.a.O., S. 54.

[8] Ebd.

[9] Vgl. ebd.

[10] Vgl. Schulz Kristina (2008): Ohne Frauen keine Revolution. 68er und Neue Frauenbewegung. http://www.bpb.de/themen/LIBTTI,1,0,Ohne_Frauen_keine_Revolution.html (Stand: 21.12.2011).

[11] Vgl. Hoecker Beate (?): 50 Jahre Frauen in der Politik: späte Erfolge, aber nicht am Ziel. http:www.bpb.de/publikationen/6022K5,1,0,50_Jahre_in_der_Politik%3A_sp%E4te_Erfolge _aber_nicht_am_Ziel.html (Stand: 09.11.2011).

Wessel, Elisabeth Selbert und Helene Weber.[12] Ihnen war es zu verdanken, dass Artikel 3 des Grundgesetzes verabschiedet wurde, in welchem die Gleichberechtigung von Mann und Frau vorgeschrieben wird. Trotz diesem Artikel war es den Frauen bis Ende der 70er Jahre nicht möglich, die tatsächliche Gleichberechtigung in der Gesellschaft durchzusetzen. Frauen, welche sich politisch engagierten, wurden gesellschaftlich geächtet.[13] Frauen hatten in der Politik nichts zu suchen. Sie wurden missachtet und belächelt.

Dies zeigt auch die Reaktion der Medien auf das ausschließlich weibliche Präsidium des Deutschen Bundestages im März 1966. Die Bielefelder „Freie Presse" beispielsweise beschrieb die Situation folgendermaßen: „Schmunzelnd und dann mit offener Heiterkeit beugten sich gestern die männlichen Abgeordneten im Bundestag weiblicher Vorherrschaft".[14]

---

[12] Vgl. Schröder Kristina (2011, 4.Auflage): Mütter des Grundgesetzes.
http://www.bmfsfj.de/RedaktionBMFSFJ/Broschuerenstelle/Pdf-Anlagen/muetter-grundgesetz,property=pdf,bereich=bmfsfj,sprache=de,rwb=true.pdf (20.12.2011).

[13] Vgl. Die Zeit (2007, Nr 40): RAF Die Waffen der Frauen. Warum zur RAF erstaunlich viele Frauen gehörten. Begegnungen mit drei Terroristinnen. www.zeit.de/2007/40/RAF (Stand: 28.10.2011).

[14] Hoecker Beate (?): 50 Jahre Frauen in der Politik: späte Erfolge, aber nicht am Ziel.
http:www.bpb.de/publikationen/6022K5,1,0,50_Jahre_in_der_Politik%3A_sp%E4te_Erfolge_aber_nicht_am_Ziel.html (Stand: 09.11.2011).

Frauen in der RAF

Frauenanteil in der RAF und der Bewegung 2. Juni

Ein überaus großer Anteil an RAF-Terroristen waren Frauen. Allein 1977 nach der Ermordung von Generalbundesanwalt Siegfried Buback und dem Vorstandssprecher der Dresdner Bank Jürgen Ponto wurden sechzehn Terroristen mittels Fahndungsplakaten gesucht und davon waren allein zehn Frauen.[15] Dabei war das Ponto-Attentat von sechs Mitgliedern geplant und von vier direkt ausgeführt worden. Die Gruppe setzte sich aus Peter-Jürgen Boock, Christian Klar, Brigitte Monhaupt, Sieglinde Hofmann, Elisabeth von Dyck und Susanne Albrecht zusammen, wobei die eigentliche Tat von Susanne Albrecht, Brigitte Monhaupt und Christian Klar ausgeführt wurde[16]. In den Nachrichten am Abend nach der Tat wurden ausschließlich Frauen als gesuchte Terroristen gezeigt.[17] Das zeigt die deutliche Präsenz der Frauen innerhalb der RAF. Insgesamt wirkten mehr Frauen als Männer bei den Anschlägen im Jahr 1977 mit. Allein nach dem „deutschen Herbst" (Mitte 1977), welcher die Entführung und Ermordung Hans-Martin Schleyers beinhaltet hatte, waren von 18 gesuchten Terroristen 13 Frauen.[18] Dieses Phänomen galt auch für die Bewegung 2. Juni. Diese entführte 1977 den österreichischen Industriellen Walter Palmers, wobei unter den Tatverdächtigen hauptsächlich Frauen waren: Gabriele Rollnik, Juliane Plambeck, Inge Viett, Ina Siepmann, Gabriele Kröcher-Tiedmann, Ingrid Barbas, Klaus Viehmann, Christian Möller und der österreichische Staatsbürger Thomas Gratt.[19]

Stellung der Frauen innerhalb der RAF

Obwohl es innerhalb der Gruppe kein bestimmtes Oberhaupt gab, fungierten doch einige Persönlichkeiten als solches. Gudrun Ensslin, Ulrike Meinhof, Andreas Baader und Jan-Carl Raspe waren die Gründer der RAF und hatten somit eine spezielle Rolle inne, die ihnen automatisch den Respekt der anderen Mit-

---

[15] Vgl. Bundeszentrale für politische Bildung (2007): Die Geschichte der RAF. Frauen in der RAF. http://www.bpb.de/themen/XXH74N,0,0,Frauen_in_der_RAF.html.

[16] Vgl. Pflieger (2011), S. 99.

[17] Vgl. Der Spiegel (1977): Frauen im Untergrund: Etwas Irrationales. http://www.spiegel.de/spiegel/print/index-1977-33.html (Stand: 26.11.2011)

[18] Vgl. Pflieger (2011), S. 23.

[19] Vgl. Diewald-Kerkmann (2006): Bewaffnete Frauen im Untergrund. Zum Anteil der Frauen in der RAF und der Bewegung 2. Juni. http://www.zeitgeschichte-online.de/ portals/_rainbow/documents/pdf/raf/diewald_kerkmann_kraushaar.pdf (Stand: 03.01.2012).

glieder verschaffte. Dabei fanden keinerlei Unterscheidungen zwischen den Geschlechtern statt. Eine Frau wurde mit ebensoviel Respekt behandelt wie ein Mann. Ein Grund dafür war sicherlich der gemeinsame Kampf gegen die Übermacht des Staates. Innere Streitereien und Machtkämpfe, die die Gruppe schwächen würden, konnte sich keiner leisten. Die Unterordnung der Frau kam nicht in Frage, da jeder gebraucht wurde. Allerdings konnte während des Bestehens der RAF beobachtet werden, dass sich Frauen nicht nur gleich mit den Männern stellten, sondern dass sie zusätzlich eine immer markantere Stellung einnahmen. Zu Gudrun Ensslin und Brigitte Monhaupt als zwei von vier Gründungsmitgliedern gesellte sich alsbald Brigitte Monhaupt, die noch in der zweiten Generation nach ihrer Haftentlassung als Oberhaupt der Gruppe fungierte. Beweise sind dafür ihre enge Beziehung zu den Inhaftierten in Stammheim, als sie selbst dort einsaß und zu denen sie engen Kontakt hatte, da diese sie kurz vor ihrer Entlassung auf ihre zukünftigen Aufgaben in der Gruppe vorbereiteten.[20] Außerdem war sie es, die die Verhandlungen mit Abu Hani, welcher eine Gruppe terroristischer Palästinenser anführte, zu führen, zwecks der Entführung der Lufthansa Maschine „Landshut".[21] Josef Horchem, der Leiter des Hamburger Verfassungsschutzes vertrat bereits 1976 die Ansicht, dass die personelle Zusammensetzung der RAF und ähnlicher Gruppen beispiellos zu dieser Zeit war. Er begründete diese Aussage damit, dass Frauen nicht nur als Helfer, Kundschafter und Informanten den bewaffneten Widerstand unterstützten, sondern selbst zur Waffe griffen.[22] Dies war beispiellos zu dieser Zeit, da die Frau, wie schon zuvor analysiert, nur als Hilfsmittel zum Widerstand fungierte und nicht als ausführende Revolutionäre. Beispiele für die Richtigkeit der Aussage von Josef Horchem gibt es in der Geschichte der RAF zur Genüge. Beispielsweise erwähnte der Spiegel in einer Ausgabe von 1977 einen Banküberfall auf die National-Bank in Essen, bei welchem eine Frau die Anführerin war und ihren Genossen Anweisungen gab.[23] Somit hatten sich die Frauen aus den ehemaligen Studentenbewegungen weiterentwickelt. Wie im Folgenden noch näher in den „Beitrittsgründe[n] der RAF-Frauen" erwähnt, wurden Frauen auch dort nicht mehr geachtet als in der Gesellschaft. Das war in terroristischen Vereinigungen wie der RAF

---

[20] Vgl. Pflieger (2011), S. 88.

[21] Vgl. Pflieger a.a.O., S. 171.

[22] Vgl. Bundeszentrale für politische Bildung (2007):Die Geschichte der RAF. Frauen in der RAF. http://www.bpb.de/themen/XXH74N,0,0,Frauen_in_der_RAF.html.

[23] Vgl. Der Spiegel (1977).

und der Bewegung 2. Juni anders. Sie waren für alle Aufgaben eingeteilt, die erfüllt werden mussten. Frauen schrieben Bekennerschreiben und gaben, sofern sie nicht selbst dem Untergrund angehörten, den Terroristen in ihren Wohnungen Asyl. Allerdings bauten sie ebenso Bomben, wirkten an Banküberfällen mit und platzierten Sprengstoffkörper an den ausgewählten Zielorten.

Andreas Baader wurde während seiner Haft 1970 von fünf Genossen befreit. Darunter waren allein vier Frauen: Brigitte Meinhof, Gudrun Ensslin, Irene Goergens und Ingrid Schubert.[24] Die Frauen waren dabei eindeutig die ausführenden Kräfte. Hans Jürgen Bäcker, der fünfte Befreier Baaders, war nur der Fahrer des Fluchtautos. Das zeigt die zahlenmäßige Überlegenheit der weiblichen Mitglieder in der RAF. Doch nicht nur in dieser terroristischen Vereinigung war dieses Phänomen zu finden. Auch in der Bewegung 2. Juni waren Frauen in der Überzahl. Zuletzt, vor der Vereinigung mit der RAF, bestand sie sogar ausschließlich aus Frauen.

Psychologen beschäftigen sich seit der 70er Jahre mit dem „Warum" dieser Tatsache. Warum konnten sich urplötzlich die Frauen so durchsetzen? Warum überließen die Männer ihnen ohne großen Widerstand die Führungsebene, oder gab es einen Widerstand, von dem die Öffentlichkeit nur nichts mitbekam? Der Kölner Soziologe Erwin K. Scheuch begründete diese Fragen damit, dass Frauen meist die intellektuell und charakterlich stärkeren Figuren wären.[25] Auch die weiblichen Mitglieder selbst erkannten ihre Überlegenheit. Gabriele Rollnik, ein Mitglied der Bewegung 2. Juni, gab selbst zu, dass sie und ihre Genossinnen in einigen Gebieten ihren männlichen Mitstreitern überlegen waren. Sie hätten sich den Notwendigkeiten der Illegalität besser anpassen können und wären mit schwierigen Situationen besser zurechtgekommen als die Männer.[26] Auch andere terroristische Gruppen sahen diese Überlegenheit. Arabische Guerillas, welche die RAF-Terroristen im Guerillakampf trainierten, befanden Gudrun Ensslin als „really militant", also als sehr kämpferisch, während sie die Männer eher als verachtend ansahen (unter anderem Andreas Baader als „a coward", also als einen Feigling).

---

[24] Vgl. Pflieger (2011), S. 22.

[25] Vgl. Der Spiegel (1977).

[26] Vgl. Die Zeit (2007, Nr 40): RAF Die Waffen der Frauen. Warum zur RAF erstaunlich viele Frauen gehörten. Begegnungen mit drei Terroristinnen. www.zeit.de/2007/40/RAF (Stand: 28.10.2011).

Gewaltbereitschaft der RAF-Frauen

„Dieser faschistische Staat ist darauf aus, uns alle zu töten. [...] Wir müssen Widerstand organisieren. Gewalt kann nur mit Gewalt beantwortet werden."[27] Dieses Zitat von Gudrun Ensslin macht deutlich, mit welcher Überzeugung sie gegen die Staatsgewalt vorging. Allein in dem letzten Satz lässt sie keinerlei Zweifel, dass auch sie als Frau zu Gewalttaten gegen den Staat und seine Befürworter bereit ist. Diese Überzeugung veranlasste Ensslin ebenso wie Ulrike Meinhof sogar dazu, ihre Kinder zu verlassen, welche sie Zeit ihres Lebens nicht mehr gesehen haben. Frauen, welche sich zuvor in den Studentenbewegungen lediglich um banale Aufgaben wie Plakate kleben und Kinderhüten beschäftigt hatten, ließen ihr altes Leben und ihre Familien hinter sich und griffen nun zur Waffen, womit sie zu ebenso gefürchteten Gegnern wie ihre männlichen Mitkämpfern wurden, wenn nicht noch gefährlicher als diese. Das Gerücht, nachdem es einen Befehl beim Bundeskriminalamt gab, zuerst auf die Frauen zu schießen, hält sich seit Jahrzehnten hartnäckig. Das Kuriose dabei ist, dass das BKA selbst dies zwar nie bestätigt, aber somit auch nie abgestritten hat.[28] Diesen Befehl soll es nicht nur beim BKA gegeben haben, sondern auch von Interpol an andere europäische Einheiten erteilt worden sein.[29] Ein Grund, der für die Richtigkeit dieses Befehls spricht, ist, dass Frauen der terroristischen Vereinigungen, tatsächlich als gewaltbereiter als die Männer der Gruppen galten. Christian Loche, Leiter einer Verfassungsschutzabteilung zur Zeit der RAF, unterstütze diese Aussage, da seiner Erfahrung nach die Terroristinnen einen stärkeren Charakter, mehr Durchsetzungskraft und mehr Energie hätten. Es gäbe Beispiele dafür, dass Männer einen Moment zögerten, ehe sie schossen, während Frauen sofort abdrückten.[30] Diese Äußerung lässt sich perfekt auf die Frauen der RAF und der Bewegung 2. Juni übertragen. Ihre Präsenz bei der Befreiung von Andreas Baader bewies das, doch war das erst der Anfang. Bei der geplanten Entführung von Jürgen Ponto (welche aufgrund von enormer Gegenwehr Pontos mit dessen Erschießung endete), dem Vorstandssprecher der Dresdner Bank, trafen sich Susanne Albrecht, Brigitte Monhaupt, Elisabeth von Dyck, Sieglinde Hofmann, Christian Klar und Peter-Jürgen Boock.[31] Dabei waren die dominie-

---

[27] Pflieger (2011), S. 16.

[28] Vgl. Die Zeit (2007, Nr 40).

[29] Vgl. McDonald(1994), S. 11.

[30] Vgl. McDonald (1994), S. 11f.

[31] Vgl. Pflieger (2011), S. 99.

renden Mitglieder wieder einmal Frauen. Eine besonders brutale Rolle kam dabei Susanne Albrecht zu, die mit Jürgen Ponto gut bekannt war, da er ein Freund der Familie und seine Tochter eine Freundin von Albrecht war. Nur aus diesem Grund konnte das Eindringen in die Villa von Ponto gewährleistet werden. Diese Tat versetzte die Gesellschaft in Angst und Schrecken, welche der Spiegel passend mit den Worten „Wer käme schon auf den Gedanken, sich zum Meuchelmord mit Blumen anzusagen?" betitelte.[32] Sieglinde Hofmann bewies ihren Willen zum Kampf bei der Entführung des Arbeitgeberpräsidenten Hans-Martin Schleyer, bei welcher sie von insgesamt 119 abgegebenen Schuss 39 aus ihrer Waffe abgab.[33]

---

[32] Der Spiegel (1977): Frauen im Untergrund: Etwas Irrationales.
http://www.spiegel.de/spiegel/print/index-1977-33.html (Stand: 26.11.2011).

[33] Vgl. Pflieger (2011), S. 114.

Gründe für den Terrorismus

Vorbilder

Inge Viett zählt in ihrem Buch „Nie war ich furchtloser" etliche Vorbilder der Bewegung 2. Juni auf, worunter sich eine Vielzahl von Revolutionären befand. Neben den allgemein bekannten Revolutionären wie Thomas Müntzer, Fidel Castro und Che Guevara nennt Viett auch die revolutionäre Politikerin Rosa Luxemburg, welche eine der führenden Theoretiker der revolutionären sozialistischen Partei Polens Ende des 19. Jahrhunderts war.[34] Diese Frau war besonders für Inge Viett ein Vorbild. Ihr Geburtsdatum war ihr unbekannt, da sie in einem Waisenhaus aufgewachsen war und so nannte sie den 15. Januar als ihren Geburtstag, da es der Todesstag Rosa Luxemburgs war.[35] Sie identifizierte sich mit ihr.

Vorbilder waren sehr wichtig für die Guerillakämpfer, da sie ihnen Kraft gaben und den Mut, um ihren Kampf bis zum Ende fortzuführen, obwohl man schon Monate vor dem Ende der Bewegung 2. Juni und auch lange Zeit vor der Auflösung der RAF deren Scheitern erkennen konnte. Ob ihr unbändiger Kampfeswille, der sie die drohende Niederlage nicht mehr erkennen ließ, am Ende nun von Vorteil war oder ihnen nur unnötige Kämpfe mit der Polizei und somit auch unnötige Opfer auf beiden Seiten bescherte, darüber verliert selten ein ehemaliges Mitglied ein Wort.

Das Besondere bei den Vorbildern der RAF und der Bewegung 2. Juni war aber, dass sie andere terroristische Vereinigungen nie als solche nannten. Die im Vorwort genannten Gruppen waren zwar ähnlich aufgebaut und hatten auch ähnliche Beweggründe für ihren Kampf, und trotzdem identifizierten sich die deutschen Terrorgruppen nicht mit ihnen. Inge Viett nannte in ihrer Biografie etliche Vorbilder für die Bewegung 2. Juni, doch waren dies stets einzelne Persönlichkeiten und keine Vereinigungen. Der Grund könnte darin liegen, dass eine einzelne Person, die gegen ein ganzes Imperium kämpft, viel mehr Potenzial zu einem Vorbild hat als eine Gruppe, die aus mehreren Persönlichkeiten unterschiedlichen Charakters besteht. Viett führte unter anderem auch Robin Hood auf.[36] – eine Romanfigur, von der nicht bekannt ist, dass sie jemals gelebt hat,

---

[34] Vgl. Das Leben von Rosa Luxemburg (2011). http://www.die-kaempferin.de/.

[35] Vgl. Viett (1997), S. 16.

[36] Vgl. Viett (1997), S. 86.

die jedoch mehr Potenzial bietet, als so mancher existierende Politiker. Er reprä-
sentiert den Kampf für die unterdrückte Masse. Sein Leben gab er auf, um sich
an den Reichen zu rächen und gleichzeitig die Armen zu unterstützen. Dies
spiegelte in gewisser Weise auch die Absichten der Bewegung 2. Juni und der
RAF wieder, welche, zahlenmäßig ebenso unterlegen, als eine Minderheit gegen
die übermächtige und in ihrer Sicht falsch handelnde Regierung kämpften.

Beitrittsgründe der Frauen

Es gab für Frauen spezielle Gründe, sich dem Kampf gegen den, aus ihrer Sicht
kapitalistischen, Staat anzuschließen. Einen Grund für den Terrorismus nannte
Inge Viett in ihrer Biographie. Die „soziale Kälte einer herzlosen Kriegsgenera-
tion"[37] führte nicht nur sie in die Illegalität, sondern auch Brigitte Meinhoff,
welche schon in ihrer Zeit vor der RAF die gesellschaftlichen Missstände an-
klagte.[38] Die zuvor genannte soziale und politische Unterdrückung ließ den
Frauen zu dieser Zeit nur die Wahl der gewaltsamen Gehörverschaffung. Die
68er Revolutionen ließen zwar auch weibliche Demonstranten zu, allerdings nur
dem Schein nach. Innerhalb der Studentenbewegungen waren die Frauen nur aus
einem Grunde heraus geduldet: Sie mussten die üblichen ihnen zugeschriebenen
Aufgaben übernehmen. Für das leibliche Wohl der Männer sorgen und sich um
die Kinder kümmern, während die Studenten zu ihren Protestaktionen gingen,
waren exakt die gleichen Vorgaben, die ihnen die Gesellschaft auch außerhalb
der Revolution vorschrieb. Der einzige Unterschied war nur, dass sie es zur Unterstützung des Widerstandes taten. So hatten die Frauen genau genommen keine andere Wahl. Wollten sie sich Gehör verschaffen, so ging das im Grunde nur
durch die Beteiligung an einer terroristischen Vereinigung. Weiter die Unterdrückung durch Staat und Gesellschaft dulden kam für viele nicht in Frage. In ganz
Deutschland konnten sie sich somit nur auf diesen Weg politisch engagieren.
Gisela Diewald-Kerkmann, eine Historikerin an der Universität Bielefeld, die
sich seit einiger Zeit mit dem Phänomen der weiblichen Terroristen beschäftigt,
stützt diese These mit der Begründung, dass Frauen grundsätzlich weniger zu
verlieren hätten als Männer.[39] Es galt sich politisches Gehör zu verschaffen, sich
den Vorgaben der Gesellschaft zu widersetzen und ein eigenständiges Leben
aufbauen zu können, völlig frei von irgendwelchen Zwängen. Die Frauen hatten

---

[37] Viett (1997), S. 18.

[38] Vgl. Bundeszentrale für politische Bildung (2011).

[39] Vgl. Die Zeit (2007, Nr. 40).

genau genommen nicht viel zu verlieren. Der Gefängnisaufenthalt entsprach für viele dem exakten Gleichnis ihres vorherigen Lebens, lediglich verpackt in ein weniger schönes Erscheinungsbild. Mussten sie zu Hause dem Ehemann gehorchen, so mussten sie dies im Gefängnis eben dem Wärter usw.

Allerdings war die Emanzipation der Frauen innerhalb terroristischer Gruppen nur ein notwendiger Nebeneffekt. Trotzdem wurde den Frauen der Bewegung 2. Juni und der RAF immer wieder vorgeworfen, ihr einziger Grund zur bewaffneten Revolution sei, die Emanzipation der Frau mit Waffengewalt durchzusetzen. Der ehemalige Verfassungsschutz-Chef Günther Nollau wertete das Verhalten der terroristischen Frauen als „Exceß [sic!] der Befreiung der Frau"[40]. Das sahen die Frauen selbst allerdings anders. Inge Viett äußerte sich in einem Interview dazu:

> „Wir sind alle nicht aus der feministischen Bewegung gekommen. [...] Wir haben nicht bewusst so einen Frauenbefreiungsprozess für uns durchleben wollen. [...] Es war für uns keine Frage Mann-Frau. Das alte Rollenverständnis hat für uns in der Illegalität keine Rolle gespielt"[41].

Und die Gesellschaft fand noch weitere Thesen, mit welchem sie unter allen Umständen widerlegen wollten, dass Frauen tatsächlich freiwillig und aus vollster politischer Überzeugung Gewalttaten begingen. Ganz oben auf der Liste der Motive stand die sexuelle Hörigkeit. Die Frauen wurden von einem Terroristen verführt, welcher sie schlussendlich zu den Gewalttaten zwang oder sie in dem Maße beeinflusste, dass sie es freiwillig für ihn taten. Damit waren alle Probleme gelöst: Die Männer waren letztendlich die Attentäter, die Frauen nur Opfer ihrer eigenen, überemotionalen Schwäche. Wieder spielten sie in den Augen der Gesellschaft ihre untergeordnete, hörige Rolle.[42] Manche Psychologen ließen die Emanzipation aber tatsächlich zur Sprache kommen. Allerdings interpretierten sie sie auf ihre eigene Art und Weise. Emanzipation galt in ihren Augen nicht als Kampf für die rechtliche und gesellschaftliche Gleichstellung von Männern und Frauen, sondern lediglich als der Versuch der Frauen, männlicher zu wirken. „Nur mit der Waffe, dem klassischen Symbol der Männlichkeit, und nur mit besonderer Härte hätten die weiblichen Gruppenmitglieder die Vorstellung

---

[40] Der Spiegel (1977).

[41] Bundeszentrale für politische Bildung (2011).

[42] Vgl. McDonald (1994), S. 18.

verwirklichen können, gänzlich emanzipierte Frauen zu sein"[43]. Mit diesen Worten wird der Psychoanalytiker Friedrich Hacker 1977 vom Spiegel zitiert. Dies war ein weiterer Versuch, die Terroristinnen nicht direkt als Frauen sehen zu müssen. Letztendlich war dies der selbst gebildete Schutz der Gesellschaft vor den weiblichen Terroristen.

Gemeinsamkeiten von Terroristinnen und Terroristen

Nicht nur die Vorbilder fungierten hauptsächlich für beide Geschlechter, auch bei den Beitrittsgründen gibt es viele Übereinstimmungen. Wie Inge Viett zuvor schon zitiert wurde, handeln Frauen der gleichen Überzeugung heraus, wie ihre männlichen Mitkämpfer. Das Entsetzen über den von der US-Regierung brutal geführten Vietnamkrieg und das Schah-Regime in Persien trieb die Menschen massenweise auf die Straßen. Durch die oft gewaltsamen Niederschlagungen der Demonstrationen sahen sich einige, vor allem junge und politisch engagierte Demonstranten gezwungen, ebenfalls mit Waffengewalt der Übermacht der Polizei entgegenzutreten. Der Tod des Studenten Benno Ohnesorg am 2. Juni 1967 gilt als die Geburtsstunde der gleichnamigen Bewegung 2. Juni und der RAF, die ab diesem Tag den bewaffneten Kampf gegen das, aus ihrer Sicht, kapitalistische Staatsgebilde ansagten. Waren diese terroristischen Bewegungen bis dorthin nur von einer geringen Größe (ca. 20 Mitglieder), erfreuten sie sich nach dem Hungertod von Holger Meins großem Zuwachs. Über sieben Wochen Nahrungsverweigerung ließen den 1.83 Meter großen RAF-Terroristen auf nur noch 39 Kilogramm abmagern, obwohl er zwangsernährt worden war.[44] Für die RAF, Bewegung 2. Juni und die Sympathisanten der Stadtguerilla-Gruppen war der Fall klar: Holger Meins wurde doch von der Justiz umgebracht. Sie gaben zwar zu, dass er zwangsernährt worden war, jedoch wurde ihm nur ein Bruchteil der benötigten Kalorienzahl zugeführt, sodass er letztendlich sterben musste. Sieben Wochen Nahrungsverweigerung zeugte von einer übermenschlichen Selbstbeherrschung. „Es sei das schlechte Gewissen gewesen – der da gibt sein Leben, und ich amüsiere mich –, das sie in die Arme der RAF trieb"[45]. Mit diesen Worten zitierte Die Zeit Silke Maier-Witt, die sich nach dem Tod von Holger Meins der RAF angeschlossen hatte und als Illegale in den Untergrund ging. Ohnmächtig, mitansehen zu müssen, wie ein Genosse sein Leben für seine Überzeugung

---

[43] Der Spiegel (1977).

[44] Vgl. Michael Sontheimer (2007): Holger, der Kampf geht weiter! http://einestages. spiegel.de/static/topicalbumbackground/708/_holger_der_kampf_geht_weiter.html.

[45] Die Zeit (2007, Nr. 40).

gab, veranlasste viele Zweifler zum endgültigen Bruch mit der Gesellschaft und ihrem alten Leben. Dabei gab es keinen Unterschied zwischen Mann und Frau.

Lebenslauf einer typischen Terroristin der RAF
und der Bewegung 2. Juni

Das Besondere an den RAF-Frauen war und ist immer noch, dass sie sich im Großen und Ganzen sehr ähnelten. Nicht aufgrund ihrer Überzeugungen und Gewaltbereitschaft, sondern aufgrund ihres Lebenslaufes. So stellte der US-Politologe Richard Clutterbuck fest, dass neun von zehn Guerilla-Führern eine überdurchschnittliche Ausbildung genossen hätten.[46] Genau dies lässt sich auch auf die RAF-Frauen übertragen. Ein Großteil von ihnen absolvierte zum Beispiel ein Studium. Gabrielle Rollnik, eine führende Persönlichkeit in der Bewegung 2. Juni hatte vor ihrer Entscheidung, sich einer terroristischen Vereinigung anzuschließen, an der Universität in Berlin Sozialarbeit studiert und hatte sogar eine Diplomarbeit geplant.[47] Monika Berberich als eines der Gründungsmitglieder der RAF war ausgebildete Juristin und geriet über ihre Stelle bei Horst Mahler, ebenfalls ein frühes Mitglied der RAF, in die Illegalität. Auch Silke Maier-Witt besuchte eine Universität, an der sie Medizin und Psychologie studierte, bevor sie ihre Lebensplanung änderte.[48] Diese drei Frauen sind nur ein Bruchteil derer, die sich der RAF oder der Bewegung 2. Juni angeschlossen hatten, nachdem sie mit ihrem bisherigen Leben unzufrieden waren. Natürlich hatten nicht alle weiblichen Mitglieder studiert, jedoch überragt die Zahl (in der BRD kämpfenden Untergrundorganisationen) auffallend stark. Viele der Frauen stammten zudem aus gutem Hause. Vor allem die Köpfe der RAF, wie Gudrun Ensslin und Ulrike Meinhof, genossen in ihrer Kindheit die Privilegien einer finanziell gesicherten und sozial stabilen Familie. Ensslin wuchs als Tochter eines Pfarrers in Baden-Württemberg auf, während Meinhof von einer sehr religiösen Pflegemutter aufgezogen wurde.[49] Somit kann man der Allgemeinheit dieser Frauen keine psychische Störung aufgrund einer lieblosen oder verwahrlosten Kindheit vorwerfen. Sie erhielten meist eine überdurchschnittlich gute Erziehung und Ausbildung als Töchter von Managern, Rechtsanwälten, Offizieren, Architekten oder Kaufmännern und entsprachen somit den Voraussetzungen der Gesellschaft.[50] Warum gerade gebildete Frauen sich der RAF anschlossen, begründete

---

[46] Vgl. Der Spiegel (1977).

[47] Vgl. Die Zeit (2007, Nr 40).

[48] Vgl. ebd.

[49] Vgl. Der Spiegel (1977).

[50] Vgl. ebd.

der Soziologe Erwin Scheuch mit der Aussage: „Je ethisch anspruchsvoller die Elternhäuser, je stärker die Sensibilisierung für Ungerechtigkeiten, um so extremer und vor allem um so plötzlicher der Ausbruch."[51]

---

[51] ebd.

Darstellung der Terroristinnen in den Medien

Die plötzliche Beteiligung von Frauen an terroristischen Vereinigungen versetzte die deutsche Bevölkerung in einen Schockzustand. Eine Frau, die damals als liebevolle und zarte Ehefrau und Mutter galt, zeigte sich plötzlich als harte, kämpfende und skrupellose Kreatur. Das war kaum vorstellbar und brach mit allen bis dahin bekannten Regeln der Gesellschaft. Eine Welle der Panik erfasste das Volk, denn nun war niemand mehr sicher. Wer konnte versichern, dass die Frau neben einem im Bus keine Terroristin war und schon den nächsten Bombenanschlag plante? Terroristen galten bis dorthin als eiskalte Killer, doch eine Frau und Terrorismus – das passte nicht zusammen. Die Gesellschaft konnte und wollte es nicht verstehen und daher wurden die Terroristinnen als „Abnormalitäten" dargestellt, die sie in deren Augen waren. Sie wurden von der Zeitschrift Der Spiegel als „Flintenweiber" beschimpft und die Welt fasste die allgegenwärtige Angst in Worte, indem sie befürchtete, dass jeder Bürger in Zukunft damit rechnen müsse, dass ihm „der Tod in Gestalt eines jungen Mädchens gegenübertritt[!]".[52]

Allerdings wurde die Angst auch bekämpft, indem man die Tatsachen herunterspielte. Die gefährlichen Frauen wurden zu „Möchtegernheldinnen" herabgestuft. Sie wurden verspottet und als träumende Mädchen dargestellt, die die Welt verbessern wollten. Der Spiegel beispielsweise bezeichnete Die RAF-Frauen als „weibliche Supermänner"[53] und „Amazonen"[54].

Dabei kämpften sie an zwei Fronten: Einerseits mit ihren männlichen Genossen gegen die Unterdrückung des Staates. Andererseits gegen die Gesellschaft, welche sie in eine Rolle stecken wollte, in die die Frauen nicht länger hineingedrängt werden wollten. Dieser Kampf machte sie zu stilisierten, rätselhaften, wilden und auf eine gewisse Weise sogar erotischen Heldinnen.[55] Allerdings sahen das die Gegner der RAF und der Bewegung 2. Juni nicht so. Diese Frauen galten als die Verkörperung des Teufels. Sie wurden von der Gesellschaft nicht länger als Frauen wahrgenommen. Sie wurden als psychisch gestört dargestellt

---

[52] Kellerhoff Sven Felix (2010): Warum dominierten Frauen die Rote Armee Fraktion. http://www.welt.de/kultur/article9896887/Warum-dominierten-Frauen-die-Rote-Armee-Fraktion.html (Stand: 03.01.2012).

[53] ebd.

[54] ebd.

[55] Vgl. Die Zeit (2007, Nr. 40).

und meist auch als lesbisch. Anstatt über ihre Gräueltaten zu berichten, beschäftigten sich die Boulevardzeitungen mit der Sexualität der Terroristinnen oder ihren psychischen Problemen, welche sie zu ihrem „abnormalen" Verhalten trieb. So titelte der Spiegel 1977 „Frauen im Untergrund: Etwas Irrationales"[56] und dient somit als Paradebeispiel für die Auffassung der Gesellschaft von weiblichen Terroristen.

---

[56] Der Spiegel (1977).

Schluss

Insgesamt lässt sich sagen, dass die Frauen der RAF und der Bewegung 2. Juni, aber auch jeder anderen terroristischen Vereinigung in den 60er und 70er Jahren, sich diesen Gruppen hauptsächlich aus dem Grund der politischen Ohnmacht angeschlossen haben. Sie wollten sich wie ihre männlichen Genossen politisches Gehör verschaffen und empfanden die Politik des Staates als ungerecht, unterdrückend und grundlegend falsch. Sie sahen zu dieser Zeit keine andere Möglichkeit, als den bewaffneten Kampf. Diese Seminararbeit soll jedoch keinesfalls die Taten der Terroristen rechtfertigen. Sie soll ausschließlich die besondere Position der Frauen in diesen Rollen herausarbeiten. Bis heute wird behauptet, dass es keine Unterschiede zwischen den Beweggründen von Frauen und Männern gab, einer terroristischen Vereinigung beizutreten. Doch gibt es diese eben doch, wie zuvor ausführlich analysiert wurde, auch wenn sie vielleicht von den Frauen selbst nicht als die Hauptgründe genannte werden.

Es wurde im Vorhergehenden deutlich gezeigt, dass Frauen durchaus zur Waffe greifen können und genauso brutal, ja teilweise brutaler als ihre männlichen Genossen, für ihre Überzeugungen kämpfen. Sie übernahmen Führungsrollen, ließen ihre Familien und sogar Kinder zurück. Wollte die Gesellschaft dies auch noch so sehr verbergen, sie mussten früher oder später zugeben, dass Frauen nicht länger die Rolle des braven Hausmütterchens spielen würden. Unfreiwillig halfen die Frauen der RAF und der Bewegung 2. Juni, die neue Frauenbewegung zu starten.

Literaturverzeichnis

McDonald, Eileen: „Erschießt zuerst die Frauen!", Die weibliche Seite des Terrorismus, Stuttgart 1994.

Pflieger, Klaus: Die Rote Armee Fraktion, 14.5.1970 bis 20.4.1998, 3.erweiterte und aktualisierte Auflage, Baden-Baden 2011

Viett, Inge: Nie war ich furchtloser, 2. Auflage, Österreich 1997

Frauen in der „Roten Armee Fraktion". Weibliche Wege in den Linksterrorismus am Beispiel von Ulrike Meinhof und Gudrun Ensslin

Constanze Mey, 2006

Einleitung

„Keiner von uns ist als Terrorist geboren worden."[57]
(Klaus Jünschke, ehemaliger Terrorist der „Roten Armee Fraktion")

Wer sich mit dem Terrorismus der „Roten Armee Fraktion" (RAF) beschäftigt, an die von der RAF verübten Anschläge denkt, ist, angesichts der Grausamkeit dieser Aktionen, häufig nicht mehr in der Lage oder gewillt, sich mit den Bedingungen des Linksterrorismus auseinanderzusetzen. Man will nicht mehr nach dem „Warum" fragen, sondern die Menschen, die solche Verbrechen begangen haben, in ein „Gut-Böse-Schema" einordnen und verurteilen. Doch die Terroristen stammen aus unserer Gesellschaft, sind in ihr sozialisiert worden und Teil dieser. Es stellt sich die Frage nach einem angemessenen Umgang mit Terrorismus in unserer Gesellschaft. Terrorismusbekämpfung durch die Exekutive ist sicherlich eine notwendige Antwort auf Terrorismus, aber für sich allein nicht ausreichend. Ergiebiger, mit Blick auf die Zukunft, scheint mir ein präventiver Ansatz zu sein, dessen Grundlage, Antwortversuche auf die Frage, warum Menschen aus unserer Gesellschaft zu Terroristen werden, bilden müssen. Nur wer die Bedingungen kennt, unter denen Terrorismus entsteht, kann jenseits von polarisierenden Klassifikationen auf diese Probleme eingehen. Hier könnte Geschichtswissenschaft wichtige Aufklärungsarbeit leisten.

Erschwert wird ein sachlicher Zugang durch die Zugehörigkeit der Geschichte der RAF zur Zeitgeschichte. Zeitgeschichte ist, wie Sabrow/Jesse/Große Kracht feststellen, häufig Streitgeschichte, d.h. Gegenstand nicht nur wissenschaftsinterner, sondern auch in der Öffentlichkeit geführter Debatten mit hohem Erregungspotential. Im Verlauf der vergangenen 30 Jahre wurde das Thema „RAF" von Wissenschaft, Politik, Publizistik, Kunst und Gesellschaft nie völlig aus den Augen verloren. Immer wieder wurde dieses Thema mit hoher Erregtheit und häufig mangelnder Souveränität behandelt, was zu einem erheblichen Teil in dem genuin politischen Charakter des Phänomens „Terrorismus" begründet lag. Wissenschaftler, die sich diesem Thema zuwandten, bemerkten, dass es sich dabei um keinen „normalen" Forschungsgegenstand handelte, da ihre Untersuchungen in einem Feld politischer Polarisierung stattfanden, in dem es schwierig war, differenzierten Standpunkten und Denkweisen Geltung zu verschaffen. Die Position des Verstehens kann in einer derartigen Situation aus der Sicht vieler nur den Sinn einer Entlastung der Terroristen haben und rückt diejenigen, die

---

[57] v. Braunmühl: Erfahrung von Gewalt. S. 184.

versuchen zu verstehen, in Sympathisantennähe. Verständnis muss keine Rechtfertigung oder Verharmlosung der Taten implizieren. Dass, wer auf Erkenntnis
nicht von vornherein verzichten will, die Perspektive von Terroristen rekonstruieren muss und dies nur durch Einfühlung und Identifikation erreichen wird,
wird zwar von Eckert erwähnt, aber sonst regelmäßig übersehen.[58] Es ist also,
wie auch Wittke bemängelt, eine schon viel zu lange in erheblichen Teilen der
wissenschaftlichen Literatur aus Gründen einer „pflichtbewußten Pauschalver-
dammnis des Terrorismus"[59] versäumte Notwendigkeit, die Terroristen nicht zu
dämonisieren, sondern sich in sie „hineinzuversetzen". Diese mangelnde Souveränität beklagt auch Kraushaar, wenn er sich mit den Reaktionen auf die 2003
bekannt gewordenen Pläne zur Kunstausstellung „Zur Vorstellung des Terrors.
Die RAF"[60] beschäftigt. Kraushaar urteilt über die heutige Situation meines Erachtens zu Recht: „Eine überaus neurotische Grundreaktion bleibt offenbar be-
stimmend."[61] Davon bleibt man beim Abfassen einer Arbeit über die RAF nicht
unbeeindruckt, so dass Selbstreflexion helfen kann, inmitten einer stark emotio-
nalisierten, polarisierten Auseinandersetzung, sich der eigenen Position, aber
auch Standortgebundenheit bewusst zu werden und nach dem Verstehen wieder
eine kritische Distanz zum Forschungsobjekt herzustellen.

In meiner Arbeit werde ich mich anhand ausgewählter Beispiele mit den weiblichen Wegen in den Linksterrorismus der RAF beschäftigen. Die Beteiligung
von Frauen am RAF-Terrorismus hat von Anfang an besonderes Interesse in
Publizistik und wissenschaftlicher Forschung hervorgerufen, und dies wohl
nicht zuletzt aus dem Grund, dass Frauen als Terroristinnen anscheinend aus
dem tradierten Frauenbild herausfielen. Sie konterkarierten in verschiedener

---

[58] Vgl. Sabrow/Jessen/Große Kracht: Einleitung: Zeitgeschichte als Streitgeschichte. S. 9ff;
vgl. Jäger/Böllinger: Studien zur Sozialisation von Terroristen. S. 139ff; vgl. Eckert: Terrorismus als Karriere. S. 113.

[59] Wittke: Terrorismusbekämpfung als rationale politische Entscheidung. S. 10.

[60] Auf dieser Ausstellung sollten Arbeiten von Künstlern gezeigt werden, die sich mit der
RAF und ihrer Medialisierung auseinandersetzten. Die teilweise hysterisch-ablehnenden Reaktionen auf die noch sehr vagen Pläne zur Ausstellung zeigten nach Kraushaar deutlich, wie
weit die BRD noch davon entfernt ist, die Konfliktszenarien der 1970er Jahre verarbeitet zu
haben. Die „Bild" eiferte sich darüber, dass Steuergelder in die Finanzierung einer Ausstellung fließen sollten, die den „Gipfel der Geschmacklosigkeit" darstelle und sprach bald nur
noch von einer „Terror-Ausstellung", so dass Ausstellung und Thema affirmativ miteinander
verschmolzen wurden. (siehe Kraushaar: Zwischen Popkultur, Politik und Zeitgeschichte. S.
263f; BILD vom 22. und 23.07.2003, zit. n. Baur: Geschichtsschreibung im Feuilleton. S.
242.)

[61] Kraushaar: Zwischen Popkultur, Politik und Zeitgeschichte. S. 264.

Hinsicht die gesellschaftlichen Erwartungen, u.a., weil ihre Beteiligung am Linksterrorismus mit zwischen 33%[62], 50%[63] und 60%[64] veranschlagt wird, der Anteil weiblicher Täter an der allgemeinen Kriminalität in der BRD in den Jahren 1967 bis 1977 im Unterschied dazu aber nur 11,3% bis 14,9% betrug[65]. Die RAF ohne Frauen ist nicht nur für Koenen unvorstellbar.[66] Sie prägen das öffentliche Bild von der RAF. Ihre „glatten Mädchengesichter"[67] auf den Fahndungsplakaten irritierten viele. Die Suche nach Antworten auf die Frage, warum Frauen Terroristinnen werden, trieb teilweise abstruse und diffamierende Blüten. Die publizistischen, aber auch vermeintlich wissenschaftlichen Reaktionen fallen häufig dementsprechend aus. „Der Spiegel" titelte z.B. 1977 „Frauen im Untergrund: Etwas Irrationales"[68] und der Soziologieprofessor Erwin Scheuch wies nicht als einziger darauf hin, dass „den Führerinnen der Baader-Meinhofs [...] lesbische Neigungen nachgesagt"[69] wurden. Da in dieser Arbeit kein Raum für eine umfassende Untersuchung aller weiblichen Wege in den Linksterrorismus der RAF oder auch nur die der Ersten Generation[70] ist, werde ich mich auf die Wege Ulrike Meinhofs und Gudrun Ensslins beschränken. Ich habe mich aus verschiedenen Gründen für diese beiden Frauen entschieden. Beide gehörten zur Gründergeneration, so dass sie trotz ihres Altersunterschiedes ähnliche gesellschaftspolitische Sozialisationserfahrungen machen konnten. Sie waren führende Gruppenmitglieder und sind auch heute noch die bekanntesten Frauen der RAF. Sie werden häufig miteinander verglichen und mindestens einen Berührungspunkt bildet dabei das Problem, zu verstehen: Wie konnten diese beiden

---

62 Vgl. Schmidtchen: Terroristische Karrieren. S. 23.

63 Vgl. Jubelius: Frauen und Terror. S. 247.

64 Vgl. DER SPIEGEL Nr. 33/1977, S. 22.

65 Vgl. Parczyk: Frauen im Terrorismus. S. 66.

66 Vgl. Koenen: Das rote Jahrzehnt. S. 379.

67 v. Paczensky: Vorwort der Herausgeberin. S. 9.

68 DER SPIEGEL Nr. 33/1977, S. 22.

69 MERKUR 8/1975, zit. n. v. Paczensky (Hg.): Frauen und Terror. S. 8.

70 Die Geschichte der RAF wird in der Regel in Generationen eingeteilt, um die unterschiedlichen Phasen terroristischer Aktivität zu kennzeichnen. Über diese Einteilung in personal verschieden zusammengesetzte und zeitlich voneinander unabhängige Kommandoebenen besteht unter Wissenschaftlern und strafverfolgenden Behörden kein Konsens, dennoch hat sich der Generationenbegriff mittlerweile durchgesetzt und ist in der wissenschaftlichen Bearbeitung unabdingbar (siehe auch Straßner: Die Dritte Generation der „Roten Armee Fraktion". S. 78.).

aus gutbürgerlichen Verhältnissen stammenden, intelligenten, gebildeten und sozial engagierten Frauen, die etablierte Journalistin Meinhof und die Pfarrerstochter und Studentin Ensslin Terroristinnen werden? Außerdem wurde die Gruppe unter der von verschiedener Seite verwandten Bezeichnung „Baader-Meinhof-Gruppe"[71] bekannt, wobei Peters und Aust anmerken, dass, hätte der Name die tatsächlichen Führungsverhältnisse reflektieren sollen, die Gruppe „Baader-Ensslin-Gruppe" hätte genannt werden müssen.[72] Für eine Untersuchung Meinhofs spricht auch die gute Quellenlage, da sie in ihrer über zehnjährigen Tätigkeit als politische Journalistin weit über 100 Texte verfasst hat, die zur Analyse herangezogen werden können. Außerdem wurde über Meinhof im Vergleich zu allen anderen RAF-Terroristinnen am meisten Literatur publiziert. Auf Seiten der RAF-Frauen folgt ihr hinsichtlich der vorteilhaften Literatursituation Ensslin – zwar mit einigem Abstand, aber immer noch umfassender erforscht, als die Biografien der anderen RAF-Frauen.

Wer sich mit der RAF beschäftigt, stößt unweigerlich auf ein weiteres Problem: die Mythisierung der RAF, insbesondere der Gründergeneration, und zwar hier v.a. Baader, Meinhof und Ensslin. Diese Mythen, erzeugt durch die RAF selbst, ihre Sympathisanten, Medien, Politik und Öffentlichkeit zu untersuchen, dürfte ein lohnendes Forschungsvorhaben darstellen. Schon Aust hat darauf hingewiesen, dass die RAF oftmals als Projektionsfläche für Wünsche und Hoffnungen, Ängste und Hassgefühle diente. Für mich folgt aus der Mythisierung vor allem eine Konsequenz: erhöhte Vorsicht im Umgang mit den Bildern anderer, von Meinhof und Ensslin und der RAF im Allgemeinen. Auch Krebs weist auf den Umstand hin, dass er bei der Beschäftigung mit Meinhof das Gefühl hatte, es eher mit einer durch die Erinnerung überhöhten und von den Medien kreierten Figur als mit einem realen Menschen zu tun zu haben.[73]

Nicht zuletzt, um diesem „Mythos RAF" meine eigene Erfahrung entgegensetzen zu können, aber auch um besser zu „verstehen", um nicht nur von Unbeteiligten über die RAF zu lesen, sondern von einer Beteiligten direkt etwas über ihren persönlichen Weg zu erfahren, habe ich mich bemüht, ein Zeitzeugenge-

---

[71] Es ist viel diskutiert worden, ob es sich bei der „Baader-Meinhof-Gruppe" um eine „Gruppe" oder eine „Bande" handelt. Ich schließe mich Lübbe an, der meint, dass es sinnvoller ist, von einer „Gruppe" zu sprechen, um sichtbar zu halten, dass es sich nicht um „gewöhnliche" Kriminelle handelte, sondern dass die RAF-Straftaten der Berücksichtigung ihrer politischen Gesinnung bedürfen. (siehe auch Lübbe: Endstation Terror. S. 19ff.)

[72] Vgl. Peters: RAF. S. 110f; vgl. Aust: Der Baader Meinhof Komplex. S. 121.

[73] Vgl. Aust: Der Baader Meinhof Komplex. S. 584; vgl. Krebs: Ulrike Meinhof. S. 9.

spräch mit der ehemaligen RAF-Terroristin Astrid Proll zu arrangieren, was mir jedoch leider nicht gelungen ist. A. Proll gab an, nicht jeden Interviewwunsch erfüllen zu können und meinte: „Zeitzeugen sind Menschen und keine Maschinen, sie sind nicht immer willig und abrufbar, wenn sie zur journalistischen und historischen Darstellung gebeten werden."[74] Außerdem empfahl sie mir, meinen Titel zu überdenken: „Wege in den Linksterrorismus klingt emotionslos, ist aber aktuell hochgefährlich."[75] Die Erfahrung der Schwierigkeit, die Gesprächsbereitschaft ehemaliger RAF-Terroristen zu wecken, ist offensichtlich nichts Singuläres. Wunschik und Straßner berichten Ähnliches, was bedauerlich ist, da der über terroristische Organisationen forschende Wissenschaftler in besonderem Maße auf Zeitzeugenaussagen angewiesen ist, versuchen diese Organisationen doch besonders konsequent ihr Innenleben gegenüber der Umwelt abzuschirmen. Straßner weist auf das Misstrauen Inhaftierter, aber auch ehemaliger RAF-Terroristen gegenüber dem Wissenschaftsbetrieb hin. Analysen aus diesem Bereich würden des Öfteren als ideologisch gefärbte Propaganda mit dem Ziel, die RAF auf dem „Kehrichthaufen der Geschichte" (Trotzki) abzuladen, abgekanzelt.[76] Die Befürchtung, der Linksterrorismus könne auf diesem „Kehrichthaufen" abgeladen werden, das Ringen um die Bedeutung der eigenen „Mission" – trotz A. Prolls persönlicher Abkehr von der RAF – scheint mir auch in Prolls Worten durchzuscheinen. Backes/Jesse weisen darauf hin, dass in der gegenwärtigen Situation der Linksterrorismus an Boden verliert, der Rechtsterrorismus möglicherweise an dessen Stelle rückt. Die Zahl der Gewalttaten mit linksextremistischem Hintergrund ist seit 1993 rückläufig.[77] Zudem ist spätestens seit dem 11.09.2001 die Gefahr, die von religiös-fundamentalistischem Terrorismus ausgeht, in den Vordergrund der öffentlichen Wahrnehmung gerückt. A. Prolls Hinweis auf die aktuelle Brisanz des Linksterrorismus erscheint mir vor diesem Hintergrund als nicht ganz zutreffend.

Die Erforschung des Terrorismus hat demnach mit einer Fülle von Problemen zu tun, die sich zwangsläufig in der Literatur niederschlagen. Kraushaar spricht auch die sogenannten „weißen Flecken in der Geschichte des bundesdeutschen

---

[74] e-mail von Astrid Proll an mich vom 19.02.2006

[75] e-mail von A. Proll an mich vom 19.02.2006

[76] Vgl. Wunschik: Baader-Meinhofs Kinder. S. 137f; Straßner: Die Dritte Generation der „Roten Armee Fraktion". S. 19f.

[77] Vgl. Backes/Jesse: Politischer Extremismus in der Bundesrepublik Deutschland. S. 244ff.

Terrorismus"[78], z.B. im Zusammenhang mit der Gründung der RAF, an und weist damit auf den nach wie vor lückenhaften Forschungsstand hin. Auch Neidhardt erwähnt die Rekonstruktionsprobleme in Bezug auf die innere Entwicklung der Beteiligten in den Monaten vor der Baader-Befreiung.[79] Christoph Stölzl, der ehemalige Direktor des Deutschen Historischen Museums, irrt meines Erachtens, wenn er meint,

> „was Geschichtswissenschaft und Publizistik, was Theater, Film, [...] Fernsehspiel klären und erklären können, ist bereits getan [...]. Alles Neubefragen wird nichts daran ändern, dass bei der RAF der Anteil des schieren Verbrechens so überwältigend war, dass alles Hin- und Herwenden der abstrusen ‚politischen' Legitimierungsversuche im Nichts endet."[80]

Meiner Ansicht nach ist es vielmehr so, dass sich die Geschichtswissenschaft bisher vor einer Beschäftigung mit dem RAF-Terrorismus gescheut hat und dass auch aus diesem Grund kaum geschichtswissenschaftliche Publikationen zu diesem Thema vorliegen. In geschichtswissenschaftlichen Überblicksdarstellungen[81] werden Linksterrorismus und RAF zwar häufig behandelt, aber die Literaturangaben führen meist aus dem Bereich geschichtswissenschaftlicher Publikationen heraus. Kielmannsegg, der die RAF in „Der lange Weg nach Westen" zwar berücksichtigt, zieht sich dann auf einen meiner Ansicht nach zu engen Geschichtsbegriff zurück, wenn er schreibt, dass die Beschäftigung mit der Frage, wie es zu dem Umschlagen ursprünglich moralischer Impulse in Unmenschlichkeit kommen konnte, „nicht mehr das Feld des Historikers"[82] sei. Die bisherigen Publikationen stammen aus den verschiedensten Fachrichtungen (v.a. der Politikwissenschaft) und sind häufig eher interdisziplinär ausgerichtet. Eine multiperspektivischen Ansprüchen genügende Geschichte der RAF steht nach Kirsch noch aus.[83] Für den Wissenschaftler ist außerdem problematisch, dass ein

---

[78] Kraushaar: Zwischen Popkultur, Politik und Zeitgeschichte. S. 266ff.

[79] Vgl. Neidhardt: Soziale Bedingungen terroristischen Handelns. S. 341.

[80] DER TAGESSPIEGEL, 02.08.2003, zit. n. Kraushaar: Popkultur, Politik und Zeitgeschichte. S. 267.

[81] Hier seien Standardwerke wie Winklers „Der lange Weg nach Westen", Brachers et al. „Geschichte der Bundesrepublik Deutschland" und Kielmannseggs „Nach der Katastrophe" beispielhaft angeführt.

[82] Kielmannsegg: Der lange Weg nach Westen. S. 342.

[83] Vgl. Kirsch: Debatte: Mythos RAF? S. 260.

Großteil der Publikationen zur RAF eher populärwissenschaftlicher Natur ist und damit häufig nicht wissenschaftlichen Kriterien genügt. Zu den Standard-Gesamtdarstellungen der Geschichte der RAF zählen Austs „Der Baader Meinhof Komplex" und Peters' „RAF". Aust verzichtet jedoch auf Quellen- und Literaturangaben, so dass keine Überprüfung möglich ist. Zu berücksichtigen ist, dass Aust Meinhof persönlich kannte und aktiv an der Studentenbewegung teilnahm. Es gilt beim zeitgeschichtlichen Thema „RAF" verstärkt, was allgemein für das Rezipieren von Literatur gilt: Man muss Informationen über den Autor haben, wissen, wie sein Bezug zum Thema aussieht, um entsprechend mit den Informationen umzugehen. Für die Beschäftigung mit dem bundesdeutschen Terrorismus unerlässlich scheint mir die vom Bundesministerium des Inneren herausgegebene Buchreihe „Analysen zum Terrorismus" zu sein. Die Autoren konnten große Teile der in den Archiven des Bundeskriminalamts (BKA) befindlichen Unterlagen zur RAF auswerten und beschäftigten sich, zu meinem Vorteil, v.a. mit der Ersten Generation. Nur wenige ausführliche Arbeiten und Aufsätze sind bislang zum Thema „Frauen und Terrorismus" erschienen, seit 1978 drei Publikationen und einige Aufsätze von teilweise fragwürdiger Qualität. Zu Meinhofs Leben sind im Wesentlichen drei Publikationen erschienen. Die älteste von Krebs, aber auch die von Prinz geben gut recherchierte Auskünfte über biografische Daten und interessante Einblicke in Zusammenhänge. Ihre Interpretationen bemühen sich um Empathie, sind allerdings mit Vorsicht zu behandeln, da sie teilweise Gefahr laufen, Meinhof zu idealisieren. Im März 2006 ist ein Buch von Meinhofs Tochter Bettina Röhl erschienen, in dem sie die Geschichte ihrer Eltern und der Zeitschrift „konkret" aufarbeitet. Sie bezieht bislang unveröffentlichtes Quellenmaterial ein, beschäftigt sich kritisch mit ihrer Mutter, aber hinsichtlich ihres Weges in den Linksterrorismus relativ knapp und teilweise in einer Schärfe, die Zweifel aufkommen lässt, ob sie nur einer sachlichen Kritik oder vielmehr dem Konflikt zwischen Tochter und Mutter geschuldet ist. „Ulrike Meinhof war, als [...] sie in den Untergrund ging, und erst recht, nachdem sie selbst zur Terroristin geworden war, nicht mehr dieselbe Person, nicht mehr derselbe Mensch, nicht mehr die Schülerin, Studentin, aber auch nicht mehr die Journalistin und Kolumnistin von einst. Es ist unangebracht, die Terroristin Meinhof permanent mit Zügen ihrer Jugend nachzuvergolden, statt sich mit den Taten und Texten der letzten sechs Jahre ihres Lebens zu befassen."[84] Meiner Meinung nach ist es kein Akt des „Nachvergoldens", wenn man

---

[84] B. Röhl: So macht Kommunismus Spass! S. 624.

Meinhofs Biografie nicht aufspaltet, sondern die einzelnen Stationen ihres Lebens zu ihrem Weg in den Terrorismus in Bezug setzt. Hilfreich für die Beschäftigung mit Meinhof sind auch drei Textsammlungen, die einige ihrer Schriften, v.a. ihre Kolumnen enthalten. Bei der Beschäftigung mit Ensslin sind in erster Linie drei Publikationen zu berücksichtigen: Koenens „Das rote Jahrzehnt" und „Vesper, Ensslin, Baader" und der Band von Kapellen, der allerdings nur ihre Tübinger Zeit (1960–1964) beinhaltet. Bei Koenens Werken muss man jedoch berücksichtigen, dass Koenen aktiv an der Studentenbewegung teilnahm und selbst in den 70er Jahren Mitglied im Kommunistischen Bund Westdeutschland war. Außerdem möchte ich auf eine Sammlung mit von ihr während ihrer Haft (1972–1973) verfassten Briefen an ihre Geschwister hinweisen. In den letzten zehn Jahren ist eine Fülle an Erinnerungsliteratur von ehemaligen Linksterroristen und RAF-Mit-gliedern erschienen. Diese geben zwar neue Einblicke in die Geschichte der RAF und ihrer Protagonisten, jedoch muss die Ideologisierung der Beteiligten im Bereich des Linksterrorismus in besonderem Maße berücksichtigt werden.

In meiner Arbeit beginne ich mit einem kurzen Überblick über die außerparlamentarischen Oppositionsbewegungen in der BRD von den Anfängen in den 50er Jahren bis hin zur Studentenbewegung Mitte/Ende der 60er Jahre. Ich habe mich aus verschiedenen Gründen dafür entschieden, die Entwicklung seit den 50er Jahren zu skizzieren. Ausschlaggebend war dabei die Überzeugung, dass die Entwicklung der RAF-Terroristen der Ersten Generation nicht isoliert von der Geschichte der oppositionellen Bewegungen mit ihrem Höhepunkt in den Jahren 1967/68 in der BRD verstanden werden kann. Da der Fokus meiner Arbeit auf den weiblichen Wegen in den Linksterrorismus liegt, halte ich es für notwendig, einen kurzen frauengeschichtlichen Exkurs in den Jahren von Meinhofs und Ensslins Primär- und Sekundärsozialisation zu leisten, nicht zuletzt um ihre Entwicklung besser einschätzen zu können. Dann werde ich in einer knappen Darstellung versuchen, die Geschichte der RAF zu skizzieren, deren Kenntnis insofern erforderlich ist, da die Wege Meinhofs und Ensslins letztlich in dieser Gruppe und ihre Aktivitäten mündeten. Anschließend werde ich zu den Faktoren kommen, die die (weiblichen) Wege in den RAF-Terrorismus beeinflusst haben können und ausgewählte Erklärungsansätze vorstellen. Einen Überblick über den gesamten aktuellen Forschungsstand zu den Bedingungen des Linksterrorismus vermag diese Arbeit nicht zu leisten. Eine zentrale Frage, die mich begleiten wird, ist, ob es überhaupt einen spezifisch weiblichen Weg in den RAF-Linksterrorismus gab. Da diese Erklärungsansätze die Grundlage meiner Analysen der Biografien Meinhofs und Ensslins, ihres Weges in den RAF-Terrorismus bilden, habe ich jene ausgewählt, die mir in diesem Zusammenhang als besonders ergiebig erscheinen. Ich konzentriere mich bei meiner Analyse der weiblichen Wege Meinhofs und Ensslins in den Linksterrorismus auf die Zeit bis zur Baader-Befreiung (1970), die als „Geburtsstunde" der RAF gilt, werde diese Entscheidung aber in den entsprechenden Kapiteln begründen. Methodenpluralismus und interdisziplinäre Zusammenarbeit sind unerlässlich, da die Komplexität des Forschungsgegenstandes zur Folge hat, dass eindimensionale Erklärungsversuche dieser nicht Rechnung tragen und eine Fachdisziplin mit ihren spezifischen Methoden zur Erklärung des Phänomens nicht in der Lage ist. Zur Analyse ihrer Wege werde ich ausgehend von einem weiten Geschichtsbegriff, der die Geschichtswissenschaft als genuin interdisziplinär auffasst, auf die biografische Methode zurückgreifen, die im Bereich der Terrorismusforschung bei vielen Wissenschaftlern Anerkennung genießt. Ein entscheidender Vorzug dieser Methode ist, nach Backes/Jesse, dass sie verschiedene Ansätze integriert, so dass in ihr gesellschaftspolitische, soziologische, psychologische und geschlechtsspezifische Faktoren zusammengeführt werden können. Die biografische Methode birgt laut Wunschik die Möglichkeit, bei kontinuierlicher Betrachtung der lebenslangen Lernprozesse, Erklärungsansätze für die Entwicklung zum Terrorismus zu finden. Außerdem vermag sie, wie Waldmann positiv hervorhebt, das Zusammenspiel von „objektiven" (z.B. gesellschaftlichen Strömungen, zeitgeschichtlichen Konstellationen) und „subjektiven" (z.B. Lebensalltag des Einzelnen, persönlichen Erfahrungen) Faktoren zu verdeutlichen. Sie hat sich nach Waldmann besonders bewährt, um „Normalbürgern" Verständnis für Formen abweichenden Verhaltens nahezubringen. Die biografische, nahe am Lebensalltag bleibende Methode vermag demzufolge besser die sukzessiven Schritte und Schübe, die den Einzelnen in die Gewaltszene führen, verständlich zu machen als sogenannte objektive Methoden, die das Phänomen „Terrorismus" „von außen" aufzuschlüsseln versuchten.[85] Abschließend möchte ich meine Ergebnisse in einen Vergleich der Wege der beiden Frauen einfließen lassen.

Diese Arbeit wird sich, trotz der Tatsache, dass in den 60er und 70er Jahren in Europa die Anzahl links-, wie ab Mitte der 70er Jahre auch rechtsterroristischer Organisationen anstieg und wir es folglich nicht mit einem ausschließlich bundesdeutschen Phänomen zu tun haben, auf die bundesdeutschen Wege in den

---

[85] Vgl. Backes/Jesse: Politischer Extremismus in der Bundesrepublik Deutschland. S. 315ff; vgl. Wunschik: Baader-Meinhofs Kinder. S. 63; vgl. Waldmann: Einleitung. S. 9f.

Linksterrorismus konzentrieren.[86] Einen europäischen oder globalen Blick auf Erklärungsversuche für und Wege in den Terrorismus in anderen Ländern vermag diese Arbeit aus konzeptionellen Gründen nicht zu leisten. Dennoch können sicherlich einige der von mir erläuterten Erklärungsansätze auch auf die Wege von Personen nicht bundesdeutscher Herkunft in den Terrorismus angewandt werden.

Die Begriffe „Extremismus" und „Terrorismus" sind umstritten, doch eine Diskussion der Begriffe würde im Rahmen dieser Arbeit zu weit führen. Ich möchte lediglich darauf hinweisen, dass es keine einheitlichen Definitionen gibt. Beide Begriffe umfassen ein breites Feld politischer Akteure, die sich durch unterschiedliche ideologische Orientierungen, Organisationsformen und Strategien auszeichnen. Ich orientiere mich in meiner Arbeit an Straßners „Extremismus"-Definition:

> „Extremisten sind [...] Personen, welche die Prinzipien der rechtsstaatlichen Demokratie ablehnen und durch ein anderes, an einer entsprechenden Ideologie ausgerichtetes System ersetzen wollen. [...] Das elitärunduldsame Sendungsbewusstsein drängt Extremisten mitunter dazu, sich terroristischer Vorgehensweisen zu bemächtigen, um die angestrebte neue Staats- und Gesellschaftsform auf schnellerem Weg zu erreichen. [...] Der Terrorist entspringt daher immer extremistischen Zusammenhängen, in welche er im Verlauf seiner terroristischen Karriere eingebettet war."[87]

Für meine Arbeit betrachte ich Waldmanns „Terrorismus"-Definitionsvorschlag als Basis: „Terrorismus sind planmäßig vorbereitete, schockierende Gewaltanschläge gegen eine politische Ordnung aus dem Untergrund. Sie sollen allgemeine Unsicherheit und Schrecken, daneben aber auch Sympathie und Unterstützungsbereitschaft erzeugen."[88] Das linksextremistische Menschenbild entspringt laut Straßner einem vereinfachten, romantischen Menschenbild und ursprünglich christlichen, aber in dieser Form pervertierten Gleichheitsmotiven. Für den Linksterroristen selbst bezeichne der Terrorismus den Kampf gegen ein als ungerecht empfundenes System und wurzele damit in ursprünglich christlichen Motiven der Lehre von einem höher legitimierten Recht auf Widerstand

---

[86] Vgl. Nitsch: Terrorismus und Internationale Politik am Ende des 20. Jahrhunderts. S. 209.

[87] Straßner: Die Dritte Generation der „Roten Armee Fraktion". S. 30.

[88] Waldmann: Terrorismus als weltweites Phänomen: Eine Einführung. S. 11.

gegen Tyrannen. Linksterroristen sähen sich folglich nie als Terroristen, sondern als legitime Widerstands- und Freiheitskämpfer gegen ein abgelehntes System. Sie versuchten, sich stets den Status der Legitimität zuzusprechen und beanspruchten nicht selten die Stellung einer regulären Gegenarmee. Die RAF selbst bezeichnete sich als Guerilla.[89] Linksterroristen ziehen nach Straßner ihre Motivation aus den Strukturfeldern des Antikapitalismus, -imperialismus und – rassismus und zeichnen sich dadurch aus, dass sie sich zugunsten eines vermeintlich begünstigten Dritten engagieren.[90] Die RAF erstrebte die Herbeiführung eines revolutionären Wandels in den westlichen Industriestaaten. Mit dem Mittel des „bewaffneten Kampfes", unter Bezugnahme auf den Marxismus-Leninismus, kämpfte sie als Avantgarde für andere, die sich selbst ihrer Unterdrückung noch nicht bewusst seien, um deren „Befreiung" zu erlangen.

Probleme ergeben sich auch bei der Handhabung des Terrorismusbegriffs, da sich die Frage nach der Deutungshoheit unmittelbar anschließt. Die Entscheidung, eine Gruppe als terroristisch zu bezeichnen, hängt nicht zuletzt von der persönlichen Haltung gegenüber einer Gruppe ab. „Der Terrorist des Einen ist der Freiheitskämpfer des Anderen."[91] Die RAF-Mitglieder selbst verstanden sich nicht als Terroristen. Während des Stammheimer Prozesses sagte Meinhof:

> „Terrorismus ist die Zerstörung von Versorgungseinrichtungen, also Deichen, Wasserwerken, Krankenhäusern, Kraftwerken. Eben alles das, worauf die amerikanischen Bombenangriffe gegen Nordvietnam seit 1965 systematisch abzielten. Der Terrorismus operiert mit der Angst der Massen. Die Stadtguerilla dagegen trägt die Angst in den Apparat. Die Aktionen der Stadtguerilla richten sich nie, richten sich nie gegen das Volk. Es sind immer Aktionen gegen den imperialistischen Apparat. Die Stadtguerilla bekämpft den Terrorismus des Staats."[92]

---

[89] Jedoch unterschied sie sich, wie Straßner ausführt, aus verschiedenen Gründen erheblich von einer Guerilla (siehe Straßner: Die Dritte Generation der „Roten Armee Fraktion". S. 33ff.).

[90] Vgl. Straßner: Die Dritte Generation der „Roten Armee Fraktion". S. 28ff.

[91] Straßner zitiert diesen Satz, der in der Terrorismusforschung weitreichende Diskussionen hervorgerufen hat (siehe Straßner: Die Dritte Generation der „Roten Armee Fraktion". S. 41.).

[92] Aust: Der Baader Meinhof Komplex. S. 349f.

Außerparlamentarische Oppositionsbewegungen in der BRD

In der zweiten Hälfte der 50er Jahre begann in der BRD die Geschichte der außerparlamentarischen Oppositionsbewegungen. Die Pläne zur Wiederbewaffnung der BRD, die vor dem Hintergrund der wachsenden blockpolitischen Konfrontationen des Kalten Krieges spätestens seit dem Ausbruch des Korea-Krieges 1950 konkrete Formen annahmen, lösten die erste große außerparlamentarische Oppositionsbewegung der Nachkriegszeit aus. Von den noch frischen Kriegserfahrungen geprägt, wandte sich die Bewegung gegen die Wiederbewaffnungspläne der Adenauer-Regierung. Im Zentrum ihrer Aktivitäten stand das Bemühen um eine Volksbefragung zur Wiederbewaffnung und zum Abschluss eines Friedensvertrags. Trotz dessen, dass die Bundesregierung 1951 die Befragung und alle daran aktiv beteiligten Organisationen verbot, wirkte die Bewegung weiter. Erst nach der Zustimmung des Bundestags zu den Pariser Verträgen[93] im Februar 1955 brach die Initiative auseinander, um sich im Zusammenhang mit der geplanten atomaren Aufrüstung ab 1957 erneut zu formieren. Im Jahr 1958 wurde der Ausschuss „Kampf dem Atomtod" gegründet, der eine Vielzahl von Aktionen ausführte und dem die Gründung weiterer Ausschüsse folgte. Viele Sozialdemokraten und Gewerkschafter, aber auch Kommunisten engagierten sich in dieser Bewegung, die 1959 nach dem Rückzug der SPD und des DGB aus der Bewegung bald an Bedeutung verlor. Ab 1961 fanden in der BRD die „Ostermärsche" gegen Krieg und (Atom-)Rüstung statt, an denen nur Einzelpersonen und keine Organisationen teilnehmen durften und die von sehr unterschiedlichen Menschen überwiegend ethisch-pazifistischer Gesinnung besucht wurden.

Seit Ende der 50er/Anfang der 60er Jahre formierte sich eine zweite, hauptsächlich von den Gewerkschaften getragene Bewegung gegen die von der Adenauer-Regierung geplanten Notstandsgesetze. Man wähnte in den Notstandsgesetzen einen Schritt zur Entdemokratisierung der BRD.

Ab Mitte der 60er Jahre entwickelte sich, inspiriert durch die Studentenbewegung in den USA, (vorerst) in Berlin eine dritte außerparlamentarische Bewegung: die Studentenbewegung. Die US-amerikanische Studentenbewegung rich-

---

[93] Die Pariser Verträge waren ein Vertragswerk, welches das Besatzungsstatut von West-Deutschland beendete und West-Deutschland die Souveränität verlieh, die jedoch bis zur Wiedervereinigung 1990 durch alliierte Vorbehaltsrechte eingeschränkt war. Die Verträge wurden am 23.10.1954 in Paris unterzeichnet, am 27.02.1955 durch den Bundestag ratifiziert und traten am 05.05.1955 in Kraft. Durch die Unterzeichnung der Verträge wurde die BRD zum Beitritt in die NATO eingeladen.

tete sich vor allem gegen den Vietnamkrieg und autoritäre Universitätsstrukturen und griff spätestens seit der Bildung der Großen Koalition 1966 aus CDU/CSU und SPD nicht nur auf deutsche, sondern auch auf andere europäische Universitätsstädte über. An der Freien Universität (FU) West-Berlin erhob sich zuerst der Protest der Studierenden gegen die veralteten Hochschulverhältnisse. Sie forderten die „Demokratisierung der Hochschule". Um die Öffentlichkeit auf ihre Forderungen aufmerksam zu machen, bedienten sie sich provokativer Protestformen, die häufig aus den USA stammten. Den Kern dieser Studentenbewegung bildete zwar der Sozialistische Deutsche Studentenbund (SDS), doch die Bewegung wurde weder zentral koordiniert noch strategisch angeleitet. Eine Vielzahl von Gruppierungen gestaltete sowohl gemeinsame, als auch Einzelaktionen.[94] Der SDS befand sich zu Beginn der 60er Jahre, nachdem sich die SPD vom SDS getrennt hatte, weil dieser sich nicht dem 1959 verabschiedeten, betont antikommunistischen, Godesberger Programm anschloss, auf der Suche nach einem neuen Selbstverständnis. Nicht ganz unwesentlich dürfte in diesem Kontext auch sein, was B. Röhl in Bezug auf das „geistige Vakuum der jungen Intelligenz Westdeutschlands"[95] ausführt. Sie erklärt, die Adenauer-Regierung habe auf Antikommunismus gesetzt und versäumt, sich mit den jungen Intellektuellen in der BRD auseinanderzusetzen. Ein geistiges Vakuum sei die Folge gewesen, welches die junge Intelligenz ideell der Sowjetunion zuführte, deren Propagandaapparat sich um die jungen Leute in Westdeutschland bemühte, wie es am Beispiel der Zeitschrift „konkret" deutlich werden wird. So knüpfte der SDS, angespornt und beeinflusst von ähnlichen Strömungen in den USA, Frankreich und England, an die Ideen der „Neuen Linken" an, die eine Neuinterpretation sozialistischer Politikkonzepte praktizierte. Die bundesrepublikanische „Neue Linke" sah es nach Richter als ihre Aufgabe an, die einzelnen Bewegungen dahingehend zu beeinflussen, ihr Problem im gesellschaftlichen Zusammenhang zu betrachten und festzustellen, dass nur eine Bewältigung des gesellschaftlichen Problems auch eine Lösung ihres speziellen Problems bieten konnte. Sie habe die geistige Orientierung für die verschiedenen Bewegungen geliefert und die Bindungsfähigkeit der Einzelbewegungen untereinander erhöht, indem sie es erlaubte, auf den ersten Blick unverknüpfte Problemstellungen miteinander in Verbindung zu setzen. Als nach der Bildung der Großen Koalition die Opposition im Bundestag auf eine kleine FDP-Fraktion beschränkt war, wurde

---

[94] Vgl. Rucht: Protestbewegungen. S. 11ff.

[95] B. Röhl: So macht Kommunismus Spass! S. 198.

das Fehlen einer wirksamen Opposition von den außerparlamentarischen Bewegungen mit wachsender Besorgnis um den demokratischen Rechtsstaat registriert. Richter führt aus, der „Neuen Linke" sei es in dieser Phase gelungen die Einzelbewegungen (Ostermarsch-, Studentenbewegung, Notstandsgesetz-Opposition) zu einer Bewegung zu formieren und dabei den sogenannten „frame", kollektive Deutungsmuster der entstehenden „Außerparlamentarischen Opposition" (APO), zu bilden.[96] Der SDS bildete auch hier den Kern, doch letztlich handelte es sich um eine spontane Bewegung ohne feste Strukturen, die sich nur zu punktuellen Aktionsbündnissen zusammenfand. Ein alle Beteiligten verbindendes Programm oder eine gemeinsame ideologische Ausrichtung gab es zwar nicht, aber die Vorstellungen der Studenten, die aus einer Vielfalt von ideologischen Wurzeln entwickelt wurden, basierten überwiegend auf marxistischem Gedankengut. Damit berührten sie in Zeiten des Kalten Krieges ein heikles Thema und begaben sich in eine Minderheitenposition, denn angesichts der blockpolitischen Konstellation und Konfrontation und der daraus resultierenden deutschen Teilung hatte die BRD einen westlichen und damit dezidiert antikommunistischen Kurs eingeschlagen. Außerdem verbanden sie gemeinsame Interessen, wie der Protest gegen den Vietnam-Krieg, die Notstandsgesetze und die Macht der Springer-Zeitungen und die Suche nach anderen Lebensentwürfen, als denen der Elterngeneration. Uetz geht von einer Entfremdung der jungen Generation von ihren Eltern aus, die er als Folge einer Kommunikation auf unterschiedlichen Ebenen begreift. Dabei handle es sich um eine materielle Ebene, auf der die ältere Generation, die den Wiederaufbau in Deutschland geleistet habe und v.a. um Sicherheit bemüht gewesen sei, verharrte und eine postmaterielle, welche Teile der jüngeren, mittlerweile durch ihre Eltern materiell weitgehend abgesicherten Generation besetzten. Uetz weist auf die Möglichkeit einer daraus resultierenden Legitimationskrise des bisherigen Wertesystems hin. Insofern kann die Studentenbewegung auch als Generationskonflikt gedeutet werden. Die jüngere Generation machte der älteren den Vorwurf, sich ausschließlich auf den wirtschaftlichen Wiederaufbau konzentriert zu haben und sich dabei nicht oder ungenügend mit ihrer NS-Vergangenheit auseinandergesetzt zu haben. Sie kritisierten, dass ehemalige NSDAP-Mitglieder, wie z.B. Bundeskanzler Kiesinger, wieder in führende Stellungen in Wirtschaft und Politik gelangt waren.[97] Elias spricht in diesem Kontext vom „Verlust einer positiven Identifi-

---

[96] Vgl. B. Röhl: So macht Kommunismus Spass! S. 198; vgl. Richter: Die Außerparlamentarische Opposition in der Bundesrepublik Deutschland 1966-1968. S. 37ff.

[97] Vgl. Uetz: „Schwein oder Mensch". S. 60f; S. 16f.

kation mit der Gesellschaft ihres eigenen Landes"[98] auf Seiten der Kindergeneration und einem tiefen Bruch des Vertrauens in die eigene Gesellschaft. Matz geht von einer „moralischen Hypothek des Dritten Reichs" aus, die die junge BRD als Sonderlast zu bewältigen hatte und zu einer Legitimitätsschwäche des neuen Systems beitrug, so dass auch hier eine Art Vakuum entstand.[99] Die Suche nach anderen Lebensentwürfen spiegelte sich auch in den von den Studenten entwickelten Lebensformen der Kommunen und Wohngemeinschaften wider. Entgegen der Familie, die als „Reproduktionsinstanz der bürgerlichen Gesellschaft"[100] galt, sollte mittels kollektiver Lebensformen ein Milieu geschaffen werden, „in denen die Individuen fähig werden, neue Bedürfnisse und Fantasie zu entwickeln, deren Ziel, die Schaffung des neuen Menschen in einer revolutionierten Gesellschaft ist"[101]. Hier klingen zwei Ziele der Bewegung an: der „neue Mensch" und die „revolutionierte Gesellschaft". Aufgrund der Heterogenität der Bewegung gab es jedoch verschiedene Ansichten, wie diese Gesellschaft aussehen und diese Revolutionierung erreicht werden sollte, aber es bestand ein gewisser Konsens darüber, dass die Gesellschaft nicht im jetzigen Zustand verbleiben könne und der Optimismus, dass die Revolution machbar sei. Sexualität war in den 50er Jahren noch weitgehend tabuisiert worden, doch nun wurde nicht nur innerhalb der Studentenbewegung dieses Thema aufgegriffen, sondern auch in der Öffentlichkeit, die u.a. von Oswald Kolle „aufgeklärt" wurde. In den Kommunen und Wohngemeinschaften sollte Sexualität freier gelebt werden können. Medien und Öffentlichkeit empörten sich regelmäßig über diese Lebensweise, wobei die Realität in den Kommunen anscheinend weniger aufregend war, als sie in den Medien erschien.

Seit Mitte der 60er Jahre kam es verstärkt zu Demonstrationen, anderen Aktionen und infolgedessen zu eskalierenden Auseinandersetzungen zwischen Studierenden und Staatsmacht. Politiker und Polizisten waren überfordert von den Demonstrationen. Viele Bundesbürger schmähten die Demonstranten als undankbare Kinder des Wirtschaftswunders und Kommunisten und forderten ein hartes Vorgehen gegen die „Randalierer". Obwohl ein Zusammenhang mit der Arbeiterbewegung stets betont wurde, fanden die Studenten auch in den Arbei-

---

[98] Elias: Studien über die Deutschen. S. 28.

[99] Vgl. Matz: Gewalt und Legitimität. S. 71f.

[100] Renner: 1968. S. 58.

[101] Kommune 2: Kindererziehung in der Kommune. In: Kursbuch 17. Westberlin 1969, zit. n. Renner: 1968. S. 58.

terschichten keine Zustimmung. Die Berichte großer Teile der Presse, insbesondere der Springer-Presse, trugen zur Verschärfung der Situation bei, indem sie die Studierenden diffamierten. Es fanden keine konstruktiven Gespräche zwischen beiden Seiten statt, so dass sich die Fronten zunehmend verhärteten. Neidhardt spricht in diesem Zusammenhang von Reiz-Überreaktions-Sequenzen, bei denen es schwierig, vielleicht sogar unmöglich ist, den Anfang des Prozesses festzustellen und den „eigentlichen Schuldigen" zu fixieren, denn für jeden Schritt auf der einen Seite lassen sich auslösende Bedingungen einer anderen Seite behaupten. Ich stimme mit Neidhardt darin überein, dass in diesem Eskalationsprozess von Reiz-Überreaktions-Sequenzen gesprochen werden kann und schließe mich dementsprechend seiner Auffassung, von der Unmöglichkeit herauszufinden, wer angefangen hat, an. Wesentlich erscheint mir, dass sich die beiden Seiten in diesem Prozess gegenseitig aufschaukeln und dass jeder dem anderen den Anfang zuschiebt.[102] Die nun folgende Darstellung von Aktionen und Auseinandersetzungen soll lediglich ausgewählte Stationen im Eskalationsprozess veranschaulichen, kann aber nicht die Frage nach dem Beginn beantworten.

Am 05.02.1966 veranstalteten Berliner Studenten eine Anti-Vietnam-Demonstration im Rahmen des an der FU im Wintersemester 1965/66 von den Studierenden erklärten „Vietnam-Semesters". Während dieser Demonstration wurde das Amerika-Haus mit Eiern beworfen und die US-Flagge vom Mast geholt. Polizisten gingen mit Schlagstöcken gegen die Menge vor.

Als am 06.04.1967 der US-Vizepräsident Hubert Horatio Humphrey Berlin besuchte, demonstrierten 2.000 Menschen gegen die Vietnam-Politik der USA und forderten die Freilassung einiger am Vorabend festgenommener Studenten. Die verhafteten Mitglieder der „Kommune 1" hatten angeblich einen Bombenanschlag auf Humphrey geplant. Polizeiliche Ermittlungen ergaben, es habe sich bei den Bomben lediglich um Plastikbeutel mit Puddinggemisch gehandelt, so dass das Ermittlungsverfahren eingestellt wurde. Die Demonstranten warfen am 06.04. Eier, Steine und Flaschen gegen die geparkten Wagen der Humphrey-Kolonne. Polizisten vertrieben die Demonstranten mit Gummiknüppeln, griffen einzelne aus der Menge heraus und verprügelten sie.

Ein für die weitere Entwicklung der Studentenbewegung zentrales Ereignis war der 02.06.1967. An diesem Tag kamen der Schah von Persien, Resa Pahlewi,

---

[102] Vgl. Peters: RAF. S. 51; vgl. Fels: Der Aufruhr der 68er. S. 10; vgl. Neidhardt: Soziale Bedingungen terroristischen Handelns. S. 335f.

und seine Ehefrau Farah Diba auf Staatsbesuch nach West-Berlin. Über die sozialen und politischen Missstände unter der kaiserlichen Diktatur u.a. durch den SDS informiert, kam es zu studentischen Protesten gegen den Empfang des Schahs. Schon im Lauf des Nachmittags ereigneten sich Zusammenstöße zwischen Schah-Gegnern und -Anhängern, bei denen Schah-Gegner von -Anhängern (vermutlich Agenten des iranischen Geheimdienstes SAVAK) verprügelt wurden. Die Polizei ging erst und dann ausschließlich gegen Schah-Gegner vor und verhaftete einige von ihnen. Als der Schah am Abend die Deutsche Oper besuchte, kam es abermals zu gewaltsamen Auseinandersetzungen. Einige Demonstranten warfen Farbbeutel und Steine. Polizisten verfolgten Personen, verprügelten sie und nahmen vermeintliche „Rädelsführer" fest. Der Student Benno Ohnesorg floh während dieser Tumulte in einen Garagenhof, wo er von dem Polizisten Karl Heinz Kurras erschossen wurde. Berlins Bürgermeister Heinrich Albertz erklärte, die Studenten trügen die Schuld an den Auseinandersetzungen, den Verletzten und dem Tod Ohnesorgs und billigte ausdrücklich das Vorgehen der Polizei. Kurras wurde wenige Monate später von der Anklage wegen Totschlags freigesprochen. Der 02.06. markierte laut Uetz einen Wendepunkt in der Geschichte der studentischen Opposition. Von diesem Tag an sei sie, von Berlin ausgehend, zu einer Bewegung in zahlreichen Universitätsstädten der BRD angewachsen. Anlässlich des Todes Ohnesorgs fanden in zahlreichen Städten Trauerfeiern statt. Eine weitere wesentliche Folge dieses 02.06. war eine Radikalisierung einiger Studenten und Diskussionen über die Frage der Legitimität von (Gegen-) Gewalt. Manche suchten nach (vermeintlich) wirksameren Formen des Widerstands und stießen teilweise auf militante Konzepte.[103] Michael Baumann, der sich später der „Bewegung 2. Juni" anschloss, erinnert sich an seine Teilnahme am Berliner Trauerzug: „Irgendwie hat mir das ein irres Ding gegeben damals, Benno Ohnesorg. Echt, sein Sarg, wo der an mir vorbeigefahren ist, hat's richtig kling gemacht. Da ist einfach irgend etwas abgefahren."[104] In einer Allensbach-Meinungsumfrage gaben 65% aller damals immatrikulierten Studierenden im Nachhinein an, durch den 02.06. „entscheidend" beeinflusst und politisiert worden zu sein.[105]

---

[103] Vgl. Peters: RAF. S. 42ff; S. 51; vgl. Uetz: „Schwein oder Mensch". S. 20f.

[104] Peters: RAF. S. 50.

[105] Vgl. SPIEGEL-Special: Die wilden 68er. S. 67.

Für die weitere Entwicklung der Studentenbewegung war das Attentat auf den Studentenführer Rudi Dutschke von zentraler Bedeutung. Der ehemalige Kommunarde Kunzelmann erinnert sich an die Auslöserwirkung des Attentats: „[I]n jedem von uns war nach den Schüssen auf Rudi... etwas zerbrochen. Dieses undefinierbare 'Etwas', eine Verhärtung im Innersten, eine Unversöhnlichkeit mit stark irrationalen Zügen widersprach der Intention einer ganze Lebensbereiche umfassenden spielerisch-hedonistischen Radikalität...“[106] Am 11.04.1968 wurde Dutschke auf dem Kurfürstendamm von Josef Bachmann niedergeschossen. Er überlebte das Attentat, starb aber 1979 an den Spätfolgen. Bachmann erklärte nach seiner Festnahme, er sei durch die Lektüre der „Bild“ und der „Deutschen Nationalzeitung“ zu seiner Tat angeregt worden. Schon im September 1967 wurde infolge der einseitigen Berichterstattung der Springer-Presse vom 02.06.1967 von den Studierenden der FU die Kampagne „Enteignet Springer“ beschlossen, um einem Springer'schen Meinungsmonopol entgegenzuwirken. Der Springer-Presse wurde vorgeworfen, eine systematische Hetzkampagne gegen Studenten und „Linke“ zu führen, indem sie verfälscht über die Studentenbewegung berichte und Wortführer des SDS, wie Dutschke, diffamiere. Das Attentat auf Dutschke löste die schwersten Straßenunruhen in der Geschichte der Bundesrepublik aus: Am 11.04.1968 zogen 2.000 Demonstranten in der Überzeugung, „Bild“ trage eine Mitschuld, zum Springer-Hochhaus, bewarfen dieses mit Steinen, setzten Auslieferungsfahrzeuge in Brand und blockierten die Zufahrtswege. An den folgenden Tagen fanden auch an den westdeutschen Auslieferungsorten des Springer-Konzerns Blockadeversuche statt, aus denen sich in mehreren Fällen Straßenschlachten entwickelten, bei denen zwei Menschen starben, ca. 400 verletzt und ca. 1.000 festgenommen wurden.[107]

Nach dem Höhepunkt der Auseinandersetzungen um die Notstandsgesetze im Mai 1968 und deren Verabschiedung im Bundestag am 30.05. wurden die APO-Aktionen ab Juni weniger spektakulär. Die Bewegung befand sich in der Krise und spaltete sich in eine Vielzahl politisch unterschiedlicher Kleingruppen auf, deren radikalste sich teilweise zu terroristischen Kadern wandelten. Auch der SDS fraktionierte sich. Ab September 1968 eskalierte der Geschlechterkonflikt im SDS und führte dazu, dass in der Folgezeit einige separate Frauenorganisationen gegründet wurden. Teilweise organisierte sich die „Neue Linke“ in der fol-

---

[106] Kunzelmann: „Leisten Sie keinen Widerstand.“ S. 49.

[107] Vgl. Borowsky: Große Koalition und Außerparlamentarische Opposition. S. 17; vgl. Renner: 1968. S. 35ff.

genden Zeit in maoistische „K-Gruppen", schloss sich radikalen Organisationen wie der DKP an oder engagierte sich zu großen Teilen in der SPD und zu einem kleineren Teil in der FDP. Ideologische Kämpfe wurden ausgefochten und viele Gruppen zerfielen bald wieder. 1970 löste sich der SDS auf. Viele Aktivisten und Sympathisanten der APO machten sich auf den „langen Marsch durch die Institutionen", wie Dutschke den Versuch bezeichnet hatte, Gesellschaftsveränderung nicht in einem einzigen revolutionären Akt, sondern durch fortwährende Aufklärung der Bevölkerung und allmähliche Veränderung der Institutionen und Verbände von innen heraus zu bewirken, einige wenige wurden Terroristen.[108]

---

[108] Vgl. Renner: 1968. S. 42f; vgl. Borowsky: Große Koalition und Außerparlamentarische Opposition. S. 20.

Frauen in der BRD

Nach Kriegsende waren die meisten deutschen Großstädte zu erheblichen Teilen zerstört. Es herrschte Mangel an Wohnraum, Nahrung, Rohstoffen, v.a. aber an männlichen Arbeitskräften. Fast vier Millionen Männer waren im Krieg gefallen, rund 12 Millionen saßen in alliierten Kriegsgefangenenlagern, Hunderttausende waren infolge von Kriegsverletzungen arbeitsunfähig. Somit oblag die Organisierung des Überlebens v.a. den Frauen. Bedingt durch diese Notlage wurden nach dem Krieg in verstärktem Maße Frauen in den Arbeitsprozess miteinbezogen. Schon während des Krieges hatten Frauen Männer am Arbeitsplatz ersetzen müssen. Nahezu in allen Wirtschaftsbereichen, auch auf Arbeitsplätzen, die bislang als Männerdomänen galten, waren sie anzutreffen. Allerdings arbeiteten sie meist in un- oder angelernten Positionen und bekamen bei gleicher Arbeit und Leistung häufig weniger Lohn als ihre männlichen Kollegen. Zum „Problem" wurden die berufstätigen Frauen ab 1947, als die Männer aus der Kriegsgefangenschaft zurückkehrten und auf den Arbeitsmarkt drängten. Die Frauen mussten nun die Arbeitsplätze räumen und sich wieder mit der Rolle der Hausfrau und Mutter begnügen. Parallel zur ökonomischen Konsolidierung und der Normalisierung der Lebensverhältnisse setzte die Wiederherstellung überlieferter Normen ein. Die in den Krisenzeiten in den Hintergrund gedrängten geschlechtsspezifischen Rollenmuster gewannen wieder an Bedeutung. Vor allem von Seiten der katholischen Kirche und von konservativen Politikern und Institutionen wurde gefordert, nach Jahren des „lockeren" Lebenswandels und der Gesetzesüberschreitungen Anstand und Sitte wieder Geltung zu verschaffen und sich auf alte, bewährte Tugenden zurückzubesinnen. Nach den Kriegs- und Nachkriegsereignissen, in denen die Familie ständigen Gefährdungen ausgesetzt war, wirkte diese erlebte Bedrohung als Auslöser einer umfassenden Regeneration und Stabilisierung familiärer Bindungen. Auch die ersten christdemokratischen Regierungen bemühten sich eifrig darum, die traditionelle bürgerliche Familie zu konsolidieren. Die wirtschaftliche Lage unterstützte diese Restauration. Die Anfang der 50er Jahre herrschende hohe Arbeitslosigkeit führte dazu, dass Frauen verstärkt aus der Erwerbstätigkeit gedrängt wurden. Die Frauenerwerbstätigkeit sank: Hatte 1939 noch jede dritte Frau gearbeitet, war es 1950 nur noch jede vierte.[109]

---

[109] Vgl. Frevert: Frauen-Geschichte. S. 244ff; S. 253ff; vgl. Ruhl: Frauen in der Nachkriegszeit. S. 7ff; S. 107; vgl. Helwig: Weg zur Gleichberechtigung. S. 15.

Mitte der 50er Jahre, als die konjunkturelle Expansion der westdeutschen Wirtschaft im sogenannten Wirtschaftswunder zu einem Arbeitskräfteengpass führte, wurden die Frauen wieder zur wichtigsten Arbeitskraftreserve. Der Lebensstandard wurde im Laufe des wirtschaftlichen Aufschwungs erhöht und die durch technische Innovationen und Werbung geweckten Konsumwünsche drängten nach Erfüllung, so dass der Verdienst des Ehemannes häufig nicht mehr ausreichte, um die steigenden Ansprüche zu befriedigen. Die Erwerbsquote verheirateter Frauen stieg von 26,4% im Jahr 1950 auf 36,5% im Jahr 1961 an.[110]

Am 01.07.1958 trat das sogenannte „Gleichberechtigungsgesetz" nach über acht Jahre andauernden Verhandlungen innerhalb des Bundestags, flankiert von einer kontroversen Diskussion in der Öffentlichkeit, in Kraft. Damit wurden theoretisch alle gesetzlichen Bestimmungen ungültig, die Frauen gegenüber Männern diskriminierten, wie z.B. §1345 im Bürgerlichen Gesetzbuch (BGB), der dem Ehemann allein die Entscheidung „in allen das gemeinschaftliche eheliche Leben betreffenden Angelegenheiten" zugestand. Allerdings wurde an den §§1356 und 1360 des BGB, die besagten, dass Frauen „in der Regel durch die Führung des Haushalts" zum Unterhalt der Familie beitrugen und einer Erwerbstätigkeit nur nachgehen durften, sofern „dies mit ihren Pflichten in Ehe und Familie vereinbar ist", nichts geändert, so dass sich letztlich am im BGB verankerten Leitbild der Hausfrau nicht allzu viel änderte. Zwar hatten verheiratete Frauen nun das Recht, berufstätig zu sein, aber durch die Regelung wurde ihre Doppelbelastung in Familie und Beruf vom Gesetzgeber offiziell sanktioniert.[111]

Frevert ist der Meinung, dass die 60er keinen Umbruch der Geschlechterverhältnisse markierten, sondern mindestens bis Mitte der 60er Jahre in der Tradition der 50er Jahre standen und bezogen auf Eheschließung und Familienplanung den damals begonnenen Trend, wenn auch verlangsamt, fortsetzten. Angesichts des massiven öffentlichen Drucks ist es ihrer Meinung nach nicht verwunderlich, dass die meisten jungen Frauen ihr Leben auch noch in den frühen 60ern nach dem altbewährten Muster einrichteten und die geschlechtstypischen Rollenbilder weitgehend konstant blieben. Erst ab Mitte der 60er Jahre machten sich Veränderungen bemerkbar.[112]

---

[110] Vgl. Ruhl: Frauen in der Nachkriegszeit. S. 205; vgl. Frevert: Frauen-Geschichte. S. 255f.

[111] Vgl. Frevert: Frauen-Geschichte. S. 267f.

[112] Vgl. Frevert: Frauen-Geschichte. S. 257; vgl. Frevert: Umbruch der Geschlechterverhältnisse? S. 642ff.

Es waren v.a. Frauen aus der Studentenbewegung, die sich seit Ende der 60er/Beginn der 70er Jahre gegen die geltenden Normen auflehnten, denen zufolge Frauen sich unterordnen und aus Öffentlichkeit und Politik fernhalten sollten. Sie rebellierten gegen weibliche Rollenklischees und Autoritäten. Zwar waren weder Frauenunterdrückung noch Frauensolidarität zentrale Anliegen der Studentenbewegung, doch die Rebellion gegen Autoritäten galt als allgemeines Ziel der Bewegung, das auch die Frauen internalisierten. Indem sie gegen Autoritäten in ihrem Umfeld rebellierten, überschritten sie nach Kätzel, zunächst eher unbewusst, die Grenzen der traditionellen Frauenrolle.[113]

Auch für viele Frauen spielte der SDS eine wichtige Rolle innerhalb der Bewegung. Zwar waren die Männer auch hier in der Überzahl, so dass der SDS insofern ein Spiegelbild der patriarchalischen Gesellschaft war, doch er wies deutlich egalitärere Züge als das gesamte politische Umfeld auf und bestand zu immerhin einem Viertel aus weiblichen Mitgliedern. Insofern hatten Frauen hier, wie auch allgemein in der Studentenbewegung, eine Position inne, die ihnen im sonstigen politischen Leben der westdeutschen Demokratie (in Gewerkschaften, Kirchen, Parlamenten und Regierung) verwehrt war. Sie waren an den Aktionen der Studentenbewegung beteiligt, jedoch nicht in gleichberechtigter Weise.[114]

Für Frauen zeigte sich z.B. die in den neuen Lebensformen propagierte neue sexuelle Freiheit ambivalent: Einerseits konnten sich Frauen in sexueller Hinsicht nun anders verhalten, als ihre Mütter es von ihnen verlangt hatten. Sie mussten nicht mehr als Jungfrauen in die Ehe gehen und es fand ein positiverer und „lockerer" Umgang mit Sexualität statt. Dass 1961 die Anti-Baby-Pille auf den bundesdeutschen Markt kam, gab (bei weitem nicht allen) Frauen die Möglichkeit, nun relativ angstfrei sexuelle Erfahrungen mit Männern sammeln zu können. Andererseits aber bedeutete die „sexuelle Revolution" für viele Frauen eine neue Form der Bevormundung. Die Pille verstärkte diesen Druck noch. Mit den Folgen ungewollter Schwangerschaften mussten Frauen vielfach allein fertig werden, wobei Abtreibungen bis 1976 in der Bundesrepublik grundsätzlich verboten waren.[115] Dagmar Przytulla, Mitbegründerin der „Kommune 1", meint, die Frauen in der „Kommune 1" hätten unter den Zuständen gelitten und die sexuel-

---

[113] Vgl. Kätzel: Die 68erinnen. S. 9ff.

[114] Vgl. Koenen: Das rote Jahrzehnt. S. 125; vgl. Kätzel: Die 68erinnen. S. 15f.

[115] Vgl. Kätzel: Die 68erinnen. S. 17.

le Befreiung längst nicht so umsetzen können wie die Männer.[116] Auch sonst ist sie der Ansicht, dass

„[d]ie patriarchale Struktur der Gesellschaft [...] in dieser Kommune verstärkt zum Ausdruck gekommen [ist], obwohl man sich etwas ganz anderes aufs Banner geschrieben hatte. Denn die Männer haben es weit von sich gewiesen, an sich selbst etwas ändern zu müssen. Sie hatten zwar das theoretische Konzept, aber im Handeln waren sie weit davon entfernt. [...] [I]n der Kommune 1, in der die Männer ihrer narzisstischen Profilierungssucht frönten, war kein Platz für Frauen, die sich in Solidarität mit den Männern von herkömmlichen Verhaltensmustern frei strampeln wollten. [...] [Auch] [b]ei Aktionen und bei den Flugblättern war auch immer einer der Männer federführend.“[117]

Die Dominanz der Männer blieb also in den Kommunen weitestgehend erhalten.

Über den bereits geschilderten Prozess, Autoritäten infrage zu stellen, setzte bei einigen Frauen ein Bewusstsein dafür ein, dass sie als Frauen gegen zusätzliche männlich geprägte Autoritätsstrukturen und Hierarchien kämpfen mussten und sogar über Schichtgrenzen hinaus miteinander verbunden waren. So erhielten manche Frauen, v.a. weibliche SDS-Mitglieder, einen Anstoß zu der, keineswegs von vornherein intendierten, Formierung einer „Neuen Frauenbewegung“ durch den Willen, sich nicht mehr mit der geschlechtsspezifischen Arbeitsteilung der Protestbewegung abzufinden und durch die Erkenntnis, dass sie im SDS von ihren männlichen Genossen in der Forderung nach der Behandlung des Themas der gesellschaftlichen Unterdrückung der Frauen nicht ernstgenommen wurden. Infolgedessen kam es zu einer „Revolte in der Revolte“[118]. Einige Frauen aus der Studentenbewegung stellten einen deutlichen Widerspruch zwischen dem Verhalten ihrer männlichen Genossen und ihren politischen Lösungen fest.[119] So trugen die 60er Jahre bezüglich der Frauenbewegung, wie Frevert meint, ein Stück weit den „Charakter einer Inkubationszeit“[120].

---

[116] Vgl. Kätzel: Die 68erinnen. S. 208f.

[117] Kätzel: Die 68erinnen. S. 218.

[118] Kätzel: Die 68erinnen. S. 10.

[119] Vgl. Kätzel: Die 68erinnen. S. 16; Helwig: Frau und Gesellschaft. S. 27f.

[120] Frevert: Umbruch der Geschlechterverhältnisse? S. 650.

Die „68erin" Elke Regehr stellt fest, dass sie sich „eigentlich damals so gefühlt [hat], als wenn [sie] vom Regen in die Traufe gekommen wäre, von einer Familie in die nächste. In der Zeit um `68 war es eben die sozialistisch geprägte „Familie", die Ansprüche an [sie] stellte, indem sie verlangte: ‚Sei sozialistisch.'"[121] Die „68erin" Hedda Kuschel meinte dazu: „Heute denke ich, dass die Frauen dem viel näher waren, sich auch als Individuen wirklich verändern zu wollen. Die Männer hingegen schwangen revolutionäre Parolen und haben an sich selbst vorbeigeguckt."[122] Auch die „68erin" Sarah Haffner meint: „Ich denke sogar, dass die Frauen der revolutionärste Teil dieser etwas revolutionären Bewegung waren, weil sie wirklich ihre eigene Situation infrage gestellt haben."[123]

Die traditionelle Frauenrolle wurde von vielen 68erinnen abgelehnt. Die klassische Rollenaufteilung blieb dennoch bei den Frauen aus der Studentenbewegung, wenn auch teilweise unbewusst, fest verankert. Sobald sie Mutter wurden, konnten sie diesem Dilemma nicht mehr ausweichen. Es bestand eine Diskrepanz zwischen den eigenen Wünschen und der Orientierung an herrschenden Normvorstellungen, die immer noch weitgehend an der traditionellen Frauenrolle festhielten, was zu einem relativ unklaren Rollenbild führte.[124] Frauen, die die traditionelle Frauenrolle nicht akzeptieren wollten, standen vor dem Problem, dass es bislang kaum andere Konzepte gab, an denen sie sich hätten orientieren können.

So begannen die neuerlich politisierten Frauen in der Folgezeit Frauengruppen, wie z.B. im Januar 1968 den „Aktionsrat zur Befreiung der Frau", aber auch Kinderläden zu gründen. Sie eröffneten in den 70er Jahren u.a. Frauenzentren, gründeten feministische Frauenzeitschriften und erweckten damit die „Neue Frauenbewegung" zum Leben. Dass Frauen seit den 70er Jahren immer häufiger eine Alternative zur traditionellen Familienrolle suchten und mit wachsendem Selbstbewusstsein Ansprüche an individuelle Freiräume und Lebenschancen anmeldeten, hing auch damit zusammen, dass ein immer größerer Prozentsatz eine bessere Schulbildung genoss und entsprechend höhere Erwartungen an die persönliche Zukunft formulierte. Besuchten 1960 noch 13,4% aller 17-jährigen Jungen und 8,7% aller gleichaltrigen Mädchen ein Gymnasium, waren es 1979 20% der Jungen und 20,8% der Mädchen. Im Jahr 1960 begannen nur 4,4% aller

---

[121] Kätzel: Die 68erinnen. S. 96.

[122] Kätzel: Die 68erinnen. S. 130.

[123] Kätzel: Die 68erinnen. S. 151.

[124] Vgl. Kätzel: Die 68erinnen. S. 16f; vgl. Helwig: Frau und Gesellschaft. S. 27.

19–21-jährigen Frauen ein Studium, 20 Jahre später waren es 16%. Die Studentinnenquote stieg von 1960 23,9% auf 1980 39,7%. Von der in den 60er Jahren einsetzenden Bildungsexpansion konnten Mädchen und Frauen in erheblichem Maße profitieren. Sie schuf die strukturellen Voraussetzungen für die „Neue Frauenbewegung".[125]

---

[125] Vgl. Frevert: Frauen-Geschichte. S. 281; vgl. Helwig: Frau und Gesellschaft. S. 27ff; vgl. Frevert: Umbruch der Geschlechterverhältnisse? S. 650f.

Geschichte der „Roten Armee Fraktion"

Nach einem Kaufhausbrand in Brüssel im März 1967 publizierte die „Kommune
1" mehrere Flugblätter, in denen sie den Brand mit den Napalm-Bombardements
der Amerikaner in Vietnam in Zusammenhang brachte:

> „Ein brennendes Kaufhaus mit brennenden Menschen vermittelte
> zum erstenmal in einer europäischen Hauptstadt jenes knisternde Vi-
> etnamgefühl (dabeizusein und mitzubrennen), das wir in Berlin bisher
> noch missen müssen. [...] Wann brennen die Berliner Kaufhäu-
> ser?"[126].

Am 02.04.1968 setzten Gudrun Ensslin, Andreas Baader, Thorwald Proll und
Horst Söhnlein diese Idee in die Tat um. Ensslin und Baader deponierten im
Frankfurter Kaufhaus Schneider Brandsätze, die nachts zündeten. Ein weiterer
Sprengsatz zündete zur selben Zeit im Frankfurter „Kaufhof". Eine Beteiligung
der vier an dieser Brandstiftung konnte ihnen nicht nachgewiesen werden. In
beiden Kaufhäusern entstand in dieser Nacht insgesamt ein Sachschaden von
fast 700.000 Mark, Menschen wurden jedoch nicht verletzt. Am nächsten Morgen wurden die Brandstifter festgenommen. Der Prozess gegen die Kaufhaus-
brandstifter begann am 14.10.1968. Die Verteidigung übernahm u.a. Horst Mahler. Ensslin und Baader gaben zu, die Brandsätze im Kaufhaus Schneider gelegt
zu haben und erläuterten ihre politische Motivation.[127] Ensslin gab an: „Wir taten es aus Protest gegen die Gleichgültigkeit, mit der die Menschen dem Völ-
kermord in Vietnam zusehen."[128] Baader bezog sich in seiner Aussage auf die
Situation der APO, die seiner Meinung nach Gefahr liefe, vom System „gefres-
sen und verdaut" zu werden, wenn nicht zur „Aktion" übergegangen würde. Er
betonte, dass sie nicht beabsichtigt hätten, Menschen zu verletzen. Am
31.10.1968 wurden die vier zu drei Jahren Haft wegen „versuchter menschenge-
fährdender Brandstiftung" verurteilt. Das Strafmaß war höher, als die meisten
Prozessbeobachter erwartet hatten und stieß auf Kritik.[129]

Acht Monate später, am 13.06.1969 wurden Ensslin, Baader, Söhnlein und Th.
Proll vorläufig aus dem Gefängnis entlassen. Im November sollte über die Revi-

---

[126] Aust: Der Baader Meinhof Komplex. S. 43.

[127] Vgl. Aust: Der Baader Meinhof Komplex. S. 61; S. 68f.

[128] Aust: Der Baader Meinhof Komplex. S. 69.

[129] Vgl. Peters: RAF. S. 54ff.

sion ihrer Urteile entschieden werden. Als der Bundesgerichtshof im November die Revision ablehnte, tauchten Ensslin, Baader und Th. Proll in Paris unter. Th. Proll kehrte bald nach Deutschland zurück, seine Schwester Astrid, die ihnen nach Paris gefolgt war, blieb bei Baader und Ensslin. In Italien bekamen sie Besuch von Mahler, der ihnen von Plänen berichtete, in Berlin eine militante Gruppe, eine Art „APO-Avantgarde", aufzubauen und ihnen vorschlug, nach Berlin zu kommen, um sich daran zu beteiligen. Ensslin und Baader kehrten daraufhin im Februar 1970 nach Deutschland zurück und quartierten sich vorübergehend bei Ulrike Meinhof ein.[130]

Es folgten zahlreiche Gespräche mit verschiedenen Personen über die Formierung einer militanten Gruppe. Als „harter Kern" dieser entstehenden Gruppe kristallisierten sich u.a. Baader, Ensslin und Mahler heraus. In diesem Kontext wurde auch über die Beschaffung von Waffen beratschlagt. Während einer von dem Verfassungsschutzagenten Peter Urbach organisierten und verratenen Waffenbeschaffungsaktion am 04.04.1970 wurde Baader festgenommen.[131]

In den Tagen nach der Festnahme schmiedete die Gruppe Pläne zur Befreiung Baaders. Unter dem Vorwand, Baader plane, gemeinsam mit Meinhof ein Buch zu verfassen, bat Meinhof um seine Ausführung in das Berliner Institut für Soziale Fragen. Am 14.05.1970 wurde Baader in das Institut gebracht, wo ihn Meinhof bereits erwartete. Bei der Befreiungsaktion wurde ein Institutsangestellter angeschossen. Die Befreier Irene Goergens, Ingrid Schubert, Ensslin, ein unbekannter männlicher Befreier, Baader und Meinhof flohen. Peters bezeichnet sie als die „Geburtsstunde der Roten Armee Fraktion", die vorerst in den Medien meist „Baader-Meinhof-Bande/-Gruppe" genannt wurde. Der Name „Rote Armee Fraktion" und das Emblem der RAF, der Stern mit der Maschinenpistole, wurden erst in dem im April 1971 verfassten „Konzept Stadtguerilla" verwendet.[132]

In der folgenden Zeit wurde in Berlin intensiv nach Baader und seinen Fluchthelfern, v.a. Meinhof, gefahndet. Mit Hilfe des ersten Steckbriefes seit Kriegsende wurde unter der Überschrift „Mordversuch in Berlin – 10.000 Mark Belohnung" Meinhof gesucht.

---

[130] Vgl. Peters: RAF. S. 54ff.

[131] Vgl. Aust: Der Baader Meinhof Komplex. S. 89ff.

[132] Vgl. Peters: RAF. S. 81; vgl. Aust: Baader Meinhof Komplex. S. 160.

Drei Wochen später rechtfertigten sie auf einem Tonband ihre Tat, bezogen zur geäußerten Kritik Stellung und äußerten sich zur Gewaltanwendung gegenüber Polizeibeamten.

Im Juni 1970 reisten Meinhof, Baader, Ensslin, Mahler und einige andere Mitglieder der Gruppe in ein Camp der militanten Palästinenser-Organisation El Fatah nach Jordanien, um sich dort militärisch ausbilden zu lassen.

Im August kehrten sie nach Berlin zurück und begannen mit dem Aufbau der „Logistik" für den „bewaffneten Kampf". Sie stahlen Autos, besorgten sich Waffen und Munition, mieteten Wohnungen an und überfielen Banken.

Am 08.10.1970 wurden die ersten RAF-Mitglieder, u.a. Mahler, verhaftet. Um der verschärften Fahndung zu entgehen, verließen einige RAF-Mitglieder nach den Verhaftungen Berlin und gingen nach Westdeutschland, um sich dort um weitere Stützpunkte zu kümmern. Während der nächsten eineinhalb Jahre reisten RAF-Mitglieder durch die Republik und kümmerten sich darum, die Voraussetzungen für eine „Terrorwelle" zu schaffen. Die Gruppe hoffte darauf, dass sich angesichts einer „Terrorwelle" „unterdrückte, revolutionäre Massen" erheben und ihnen anschließen würden.

Um die Fahndung nach der RAF zu erleichtern, wurde im Januar 1971 das BKA mit dieser Aufgabe betraut, das zu diesem Zweck eine Sonderkommission Baader/Meinhof gründete.[133]

Im April 1971 erschien die erste Kampfschrift der RAF, das „Konzept Stadtguerilla". Sie formulierte darin das „Primat der Praxis", in der sie sich selbst in der Rolle einer Avantgarde sah. Sie habe das Konzept „Stadtguerilla" aus Lateinamerika übernommen, um mit dessen Hilfe den staatlichen Herrschaftsapparat punktuell zu treffen, dadurch den Mythos von der Unangreifbarkeit des Systems zu zerstören und andere zu ermutigen, ebenfalls den Kampf gegen das undemokratische System aufzunehmen.[134]

In der nächsten Zeit gelangen zwar einige Verhaftungen, aber es gab auch die ersten Toten. Im Mai wurde A. Proll verhaftet. Am 15.07.1971 wurde Petra Schelm in einem von ihr eröffneten Schusswechsel von Polizisten getötet. Bei dem Versuch, drei Verdächtige (Margrit Schiller, evtl. Meinhof und Gerhard Müller) zu überprüfen, wurde am 22.10.1971 in Hamburg der Polizist Norbert

---

[133] Vgl. Peters: RAF. S. 84ff.

[134] Vgl. RAF: Texte und Materialien zur Geschichte der RAF. S. 27-48.

Schmidt von Müller erschossen. Wenige Stunden später wurde Schiller, die sich in der Nähe des Tatortes aufgehalten hatte, verhaftet. Zwei Monate später, am 22.12.1971 wurde während eines Überfalls auf die Bayerische Hypotheken- und Wechselbank in Kaiserslautern der Polizist Herbert Schoner von Jünschke erschossen. Bei der Verhaftung Manfred Grashofs und Wolfgang Grams' am 02.03.1972 erschoss Grashof den Polizisten Hans Eckhardt.[135]

Die zweite Kampfschrift der RAF „Stadtguerilla und Klassenkampf" erschien im April 1972. Mit dieser Schrift intendierte die RAF v.a. zweierlei: Der Sympathisantenszene sollte erklärt werden, warum sich die RAF bisher ausschließlich um den Aufbau ihrer Logistik gekümmert hatte und es sollte an die Solidarität der Unterstützer appelliert werden.[136]

Im Mai 1972 verminte die US-Luftwaffe Häfen in Nordvietnam. Baader, Jan-Carl Raspe, Holger Meins, Ensslin und Müller waren, als dies in der Bundesrepublik bekannt wurde, in Frankfurt und entschieden sich für eine Gegenaktion. Am 11.05.1972 detonierten drei von ihnen installierte Bomben im US-Hauptquartier des V. Corps der US-Armee in Frankfurt. US-Oberstleutnant Paul Bloomquist wurde hierbei getötet und 13 weitere Personen verletzt. Mit diesem Anschlag wurde die „Terrorwelle" eröffnet. In der Erklärung dazu hieß es:

> „Für die Ausrottungsstrategen von Vietnam sollen Westdeutschland und West-Berlin kein sicheres Hinterland mehr sein. Sie müssen wissen, daß ihre Verbrechen am vietnamesischen Volk ihnen neue, erbitterte Feinde geschaffen haben, daß es für sie keinen Platz mehr geben wird in der Welt, an dem sie vor den Angriffen revolutionärer Guerilla-Einheiten sicher sein können."[137]

Am 12.05.1972 explodierten zwei Bomben in der Polizeidirektion Augsburg. Sieben Polizisten wurden verletzt. Vor dem Landeskriminalamt München explodierte am selben Tag eine Autobombe. Zehn Menschen wurden verletzt, 60 Autos beschädigt. Am 15.05.1972 explodierte in Karlsruhe das Auto des Bundesrichters Wolfgang Buddenberg, der für die Ermittlungen gegen die Baader-Meinhof-Gruppe zuständig war. Buddenbergs Frau, die an diesem Tag zufällig das Auto benutzte, wurde schwer verletzt. Am 19.05.1972 detonierten im Ver-

---

[135] Vgl. Aust: Der Baader Meinhof Komplex. S. 171f; S. 182ff.; vgl. B. Röhl: So macht Kommunismus Spass! S. 611f; vgl. Peters: RAF. S. 107f.

[136] Vgl. RAF: Texte und Materialien zur Geschichte der RAF. S. 112-144.

[137] Aust: Der Baader Meinhof Komplex. S. 233.

lagshaus Springer in Hamburg zwei Bomben und verletzten ca. 38 Menschen. Drei Tage nach dem Anschlag bekannte sich ein „Kommando 2. Juni" mit einer von Meinhof verfassten Erklärung zu der Tat. Im Stammheim-Prozess distanzierte sich die RAF von diesem Anschlag. Am 24.05.1972 wurden im Heidelberger Hauptquartier der US-Landstreitkräfte in Europa durch zwei Autobomben drei Soldaten (Clyde Bonner, Charles Peck und Ronald Woodward) getötet und fünf Menschen verletzt. Dieser „Terrorwelle" folgten einige Verhaftungen, eingeleitet von der Baaders, Meins' und Raspes am 01.06.1972. Eine knappe Woche später, am 07.06. wurde Ensslin in Hamburg, zwei Tage später wurden Brigitte Mohnhaupt und Bernhard Braun in Berlin, am 15.06.1972 Meinhof und Müller in Hannover und am 09.07. Jünschke und Irmgard Möller in Offenbach verhaftet.[138]

Damit schien die Baader-Meinhof-Gruppe zerschlagen zu sein. Die RAF-Gefangenen verbrachten getrennt voneinander und vom normalen Anstaltsbetrieb das erste Jahr ihrer Haft. In den Gefängnissen leisteten sie gezielt Widerstand und verfolgten ihre Ziele weiter, so dass man Peters zustimmen kann, die Gefängnisse waren für die RAF-Mitglieder letztlich nur eine weitere Front, an der sie kämpften. Nach der Verlegung der Hauptangeklagten Baader, Ensslin, Raspe und Meinhof nach Stuttgart-Stammheim nahm ihre (Öffentlichkeits-)Wirksamkeit erheblich zu. Die Stammheimer Gefangenen wussten laut Oesterle spätestens seit ihrem Einzug dort, dass alle Welt auf sie schaute, ihre Behandlung im Gerichtssaal und Gefängnis als Bewährungsprobe für den deutschen Rechtsstaat verstanden wurde.[139] Insbesondere während ihrer Haft trug die RAF zur Entstehung des „Mythos RAF" bei. Inhaftiert entdeckte die RAF sich selbst als Kampfthema. Sie kämpfte gegen die Haftbedingungen mit der Behauptung, es handle sich um „Isolationsfolter".[140] Bubeck berichtet allerdings Details von den Haftbedingungen der Stammheimer Inhaftierten, die ihre Privilegiertheit im Vergleich zu anderen bundesdeutschen Häftlingen zeigen und ihre Beschwerden als Propagandatricks enthüllen. Bubeck: „Was die vier alles unternommen haben, um mit dem Komplex ‚Haftbedingungen' erfolgreich zu agitieren, das kann

---

[138] Vgl. Pflieger: Die Rote Armee Fraktion. S. 31f; vgl. Peters: RAF. S. 120ff; vgl. Aust: Der Baader Meinhof Komplex. S. 375.

[139] Vgl. Aust: Der Baader Meinhof Komplex. S. 257; vgl. Peters: RAF. S. 139ff; vgl. Oesterle: Stammheim. S. 35.

[140] Vgl. Peters: RAF. S. 150.

man auch unter den Gesichtspunkten des modernen Marketing nur genial nennen."[141] In Bezug auf ihre Beteiligung an der Erschaffung des

> „Mythos RAF" und ihre zu diesem Zweck entwickelte Propaganda muss allerdings ihr Selbstverständnis berücksichtigt werden. Oesterle weist zu Recht darauf hin, dass „[d]ie RAF-Kämpfer der ersten Generation [...] sich als Revolutionäre [sahen], denen in ihrem Krieg alles erlaubt war, auch die Lüge."[142]

In den ersten fünf Jahren traten die RAF-Gefangenen fünf Mal wegen ihrer Haftbedingungen in Hungerstreik, wobei der dritte Hungerstreik vom 13.09.1974 bis zum 05.02.1975 einen Höhepunkt markierte. Während dieses Hungerstreiks starb Meins (09.11.1974). Die heftig und kontrovers diskutierte „Zwangsernährung", die bei fast allen Streikenden gegen ihren Willen eingesetzt wurde, hatte Meins nicht am Leben erhalten können. Über ihre Strafverteidiger hielten sie untereinander Kontakt. Ab Anfang 1973 wurde das sogenannte „info" aufgebaut, ein Kommunikationssystem, das den Zusammenhalt der Gruppe sichern sollte und in dem einige ihrer Anwälte als „Postboten" fungierten. Nicht wenige ihrer Anwälte machten sich damals zu Komplizen.[143] Am 21.05.1975 begann der Prozess in Stammheim gegen die Angeklagten Baader, Meinhof, Ensslin und Raspe. Im Mittelpunkt der Anklage standen die sechs Bombenanschläge im Mai 1972. Die Anwälte führten die von den Angeklagten geforderte „politische Verteidigung". Sie versuchten, die politische Dimension der Taten deutlich zu machen und hervorzuheben, dass es sich nicht – wie es u.a. das Gericht und die Bundesanwaltschaft sahen – um einen normalen Strafprozess gegen Kriminelle handle.[144]

Während des Prozesses erhängte sich Meinhof (09.05.1976).

Am 28.04.1977 wurden Baader, Ensslin und Raspe folgender Vergehen für schuldig befunden: a) drei tateinheitliche Morde in Tateinheit mit sechs versuchten Morden, b) einen weiteren Mord in Tateinheit mit einem versuchten Mord und zusätzlich weiteren Mordversuchen in Tateinheit mit Sprengstoff-

---

[141] Oesterle: Stammheim. S. 121.

[142] Oesterle: Stammheim. S. 118.

[143] Weiterführend zum Aspekt „RAF-Anwälte", aber umstritten: Kirn, Thomas/Brunn, Hellmut: Rechtsanwälte – Linksanwälte. 1971 bis 1981 – das rote Jahrzehnt vor Gericht. Frankfurt am Main 2004.

[144] Vgl. Peters: RAF. S. 157ff; S. 144ff; S. 268ff; S. 181f.

Anschlägen sowie der Bildung einer kriminellen Vereinigung. Sie wurden zu lebenslanger Haft verurteilt. Ihre Anwälte legten Revision ein.[145]

Nachdem die Anführer der Baader-Meinhof-Gruppe im Sommer 1972 verhaftet worden waren, formierten sich neue Gruppen, die unter der Bezeichnung die „Zweite Generation" zusammengefasst werden können. Für ihr Vorgehen und ihr ideologisches Verständnis knüpften sie an die „Tradition" des Stadtguerilla-kampfes der Ersten Generation an. Die inhaftierten Genossen leiteten sie dabei an. Das oberste Ziel dieser Gruppen war die Befreiung der RAF-Gefangenen aus den Haftanstalten, um anschließend gemeinsam den Untergrundkampf fortzusetzen.[146]

Am 25.04.1975 besetzten bewaffnete RAF-Mitglieder die bundesdeutsche Botschaft in Stockholm und nahmen 11 Geiseln. Sie forderten die Freilassung von 26 Gefangenen, unter ihnen Meinhof, Baader, Raspe und Ensslin, doch die Bundesregierung gab ihren Forderungen nicht nach. Im Laufe der Besetzung wurden Militärattaché Andreas v. Mirbach und Wirtschaftsattaché Dr. Heinz Hillegart erschossen. Versehentlich gezündet, explodierte der von den Terroristen installierte Sprengstoff. Die RAF-Terroristen Ulrich Wessel und Siegfried Hausner starben.[147]

Am 07.04.1977 wurden Generalbundesanwalt Siegfried Buback, sein Fahrer Wolfgang Göbel und der Chef der Fahrbereitschaft der Bundesanwaltschaft Georg Wurster im Auto von RAF-Mitgliedern erschossen.[148]

Am 30.07.1977 versuchten RAF-Mitglieder (u.a. Susanne Albrecht und Mohnhaupt) Jürgen Ponto, den Vorstandssprecher der Dresdner Bank, zu entführen. Als die Entführung nicht nach Plan verlief, erschoss Mohnhaupt ihn.

Am 25.08.1977 installierten RAF-Mitglieder in einer der Bundesanwaltschaft gegenüberliegenden Wohnung eine Raketenwerferanlage, mit Hilfe derer sie die Bundesanwaltschaft unter Beschuss nehmen wollten. Die Anlage funktionierte jedoch nicht.

Am 05.09.1977 entführte die RAF Hanns-Martin Schleyer, Präsident der Arbeitgeberverbände und des Bundesverbandes der Deutschen Industrie und Vor-

---

[145] Vgl. Peters: RAF. S. 173ff; Aust: Der Baader Meinhof Komplex. S. 323ff.

[146] Vgl. Peters: RAF. S. 190.

[147] Vgl. Peters: RAF. S. 199ff.

[148] Vgl. Peters : RAF. S. 222f.

standsmitglied von Daimler-Benz. Dabei töteten sie seinen Fahrer Heinz Marcisz und drei ihn begleitende Polizisten (Reinhold Brändle, Roland Pieper, Helmut Ulmer). Die Entführer forderten u.a. die Freilassung von zehn RAF-Gefangenen (u.a. Baader und Ensslin) im Austausch gegen Schleyer. Der am selben Abend von Bundeskanzler Helmut Schmidt einberufene „Große Krisenstab" verständigte sich auf eine Verzögerungstaktik, die zwar zum Inhalt hatte, die Gefangenen nicht freizulassen, aber den Anschein erweckte, man würde auf die Forderungen der RAF eingehen, so dass man die gewonnene Zeit für eine intensive Ermittlung nutzen konnte.

Die Situation spitzte sich weiter zu, als am 13.10. vier arabische Terroristen die Lufthansa-Maschine „Landshut", in der sich 86 Passagiere und fünf Besatzungsmitglieder befanden, auf dem Flug von Mallorca nach Frankfurt entführten. Die Flugzeugentführer wollten mit ihrer Aktion die Forderungen der RAF unterstützen, aber auch die Geldforderungen erhöhen und zwei in Istanbul inhaftierte Palästinenser freipressen. Die Bundesregierung entsandte daraufhin eine GSG 9-Einheit. Die „Landshut" flog in den Tagen vom 13. bis zum 17.10. von Mallorca über verschiedene Stationen nach Mogadischu. In Aden erschoss einer der Entführer den Flugkapitän Jürgen Schumann. Am 17.10 stürmte die GSG 9-Einheit in Mogadischu die „Landshut". Drei Entführer wurden getötet, alle Geiseln lebend befreit.

Die Ereignisse der folgenden Nacht in der Stammheimer Justizvollzugsanstalt konnten bis heute nicht restlos rekonstruiert werden. Ensslin erhängte, Baader erschoss und Raspe verletzte sich so schwer mit einer Schusswaffe, dass er am Morgen des 18.10.1977 im Krankenhaus starb. Auch Möller fügte sich mit einem Anstaltsmesser mehrere Stichverletzungen zu, überlebte aber als einzige die Nacht. Die Untersuchungen einer internationalen Obduktionskommission ergaben, dass „die bisherigen Feststellungen bei allen drei Toten [...] nicht gegen Selbstmord [sprechen], sondern [...] sich alle durch Selbstmord erklären [lassen]"[149]. Vor allem aus dem Umfeld der RAF und ihrer Sympathisanten wurde trotzdem behauptet, dass es sich nicht um Selbstmord, sondern um Mord handle.[150] Möller berichtete von der Stammheimer Nacht: „Plötzlich sackte ich weg und verlor das Bewusstsein, es ist alles sehr schnell gegangen. [...] Ich habe weder einen Selbstmordversuch begangen noch intendiert, noch war eine Abrede

---

[149] Aust: Der Baader Meinhof Komplex. S. 579.

[150] Vgl. Peters: RAF. S. 267.

dagewesen."[151] Bis heute ranken sich Mythen um die Stammheimer Nacht. Die Frage, wie die Waffen in die Anstalt kamen, konnte bislang nicht endgültig geklärt werden.

Am 19.10. teilten die Entführer in einem Kommuniqué die Ermordung Schleyers mit.[152]

Trotz der seit 1992 weit verbreiteten und kontrovers diskutierten Verschwörungstheorie, die Dritte Generation der RAF habe nicht existiert und sei nur ein behördliches Konstrukt gewesen, um geheimdienstliche Aktivitäten zu verschleiern, möchte ich, ohne mich an dieser Kontroverse zu beteiligen, einen kurzen Überblick über die der Dritten Generation der RAF zugeschriebenen Aktivitäten geben.

Nach der Verhaftung führender RAF-Mitglieder der Zweiten Generation 1982 herrschte ca. zwei Jahre Ruhe. In diesen beiden Jahren regenerierte sich die RAF personell, es wurden wieder Waffen und Geld beschafft, die Dritte Generation bildete sich heraus.

Peters fasst drei wesentliche Punkte für die Dritte Generation zusammen: 1. bemühte sie sich, eine „west-europäische antiimperialistische Front" aufzubauen, 2. änderte sich die Zielrichtung der Gruppe, die Gefangenenbefreiung trat völlig in den Hintergrund, stattdessen konzentrierten sie sich darauf, bessere Haftbedingungen für die einsitzenden Genossen zu fordern und v.a. auf Angriffe gegen die „US-/NATO-Militärmaschine", den „militärisch-industriellen Komplex" und 3. hatte die Dritte Generation ihre Arbeitsweise optimiert. Seit Februar 1985 fehlten der Polizei „personenbezogenen Hinweise".[153]

Im Jahr 1984 scheiterte ein Sprengstoffanschlag auf die NATO-Oberschule in Oberammergau.

Die RAF und die linksterroristische französische Action Directe verfassten im Jahr 1985 ein gemeinsames Kommuniqué, in dem sie für die antiimperialistische westeuropäische Front eintraten. Kurze Zeit später ermordete die Action Directe René Audran und die RAF den Vorstandsvorsitzenden der Maschinen- und Turbinenunion Ernst Zimmermann (01.02.1985). Außerdem ermordeten RAF-Mitglieder in diesem Jahr den US-Soldaten Edward Pimental (07.08.), um seine

---

[151] Aust: Der Baader Meinhof Komplex. S. 577.

[152] Vgl. Peters: RAF. S. 227ff.

[153] Vgl. Peters: RAF. S. 335f.

Identifizierungskarte für die Installation einer Autobombe auf der US-Airbase in Frankfurt zu nutzen. Bei der Explosion wurden zwei Menschen getötet.

Im Jahr 1986 ermordete die RAF mittels einer Sprengladung das Siemens-Vorstandsmitglied Karl Heinz Beckurts und seinen Fahrer Eckhard Gröppler in Straßlach (09.06.) und den Abteilungsleiter des Auswärtigen Amtes, Gerold von Braunmühl in Bonn (10.10.1986). Am 20.09.1988 scheiterte in Bonn ein Anschlag auf den Finanzstaatssekretär Hans Tietmeyer. Am 30.11.1989 ermordete die RAF in Bad Homburg den Deutsche Bank-Vorstandssprecher Alfred Herrhausen mit einer Sprengladung.[154]

Im Juni 1990 wurden in der ehemaligen DDR zehn ehemalige RAF-Mitglieder der Zweiten Generation enttarnt. Über Kontakte zum Ministerium für Staatssicherheit war es der RAF gelungen, seit 1980 einige „ausstiegswillige" RAF-Mitglieder in der DDR unterzubringen.[155] Am 27.07.1990 entging Innenstaatssekretär Hans Neusel einem Sprengstoffanschlag der RAF.

Im Jahr 1991 feuerte ein RAF-Kommando 250 Gewehrpatronen auf die US-Botschaft in Bonn ab (13.02.) und ein RAF-Scharfschütze ermordete den Treuhandchef Detlev Karsten Rohwedder in Düsseldorf (01.04.).[156]

Nach der „Kinkel-Initiative" Anfang 1992, bei der der damalige Justizminister Klaus Kinkel angeregt hatte, RAF-Gefangene, bei denen eine großzügige Auslegung der Gesetze dies zuließe, vorzeitig aus den Gefängnissen zu entlassen, erklärte die RAF im April die vorläufige Rücknahme der Eskalation und den Verzicht auf *„Angriffe auf führende Repräsentanten aus Wirtschaft und Staat"*[157], um den *„jetzt notwendigen Prozeß"*[158] zu unterstützen. Dieser Schritt zur Deeskalation war innerhalb der RAF allerdings durchaus umstritten und sollte später eine Ursache ihrer Spaltung darstellen. Aufgrund der „Kinkel-Initiative" kamen zwischen Januar und September 1993 neun Häftlinge vorzeitig frei.[159]

---

[154] Vgl. Peters: RAF. S. 341ff.

[155] Ausführlicher dazu: Peters: RAF. S. 11ff; S. 299ff.

[156] Vgl. Peters: RAF. S. 398ff.

[157] RAF: Texte und Materialien zur Geschichte der RAF. S. 412

[158] RAF: Texte und Materialien zur Geschichte der RAF. S. 412.

[159] Vgl. Peters: RAF. S. 443ff.

Am 27.03.1993 wurde ein Anschlag auf den Neubau der Justizvollzugsanstalt Weiterstadt bei Darmstadt verübt.[160]

Am 27.06.1993 kam es in Bad Kleinen während der Festnahme der RAF-Mitglieder Grams und Birgit Hogefeld zu einem Schusswechsel, bei dem der GSG 9-Beamte Michael Newrzella und Grams starben. Nach Bad Kleinen vertiefte sich die Spaltung zwischen den sogenannten „Hardlinern" der RAF, die eine Veränderung ihrer Politik kategorisch ablehnten und den „Freunden der Vernunft", einer innovativeren, aber keineswegs gemäßigten Fraktion der RAF. Das öffentliche Austragen der Differenzen führte in der Folge zu einem Autoritätsverlust und zur Spaltung der RAF auf der Ebene der Inhaftierten, aus welcher das Auseinanderbrechen der Gesamtorganisation hervorgehen sollte. Zum offenen Bruch kam es 1993. Danach setzte die Phase des endgültigen Zerfalls ein.[161] Den Schlusspunkt der RAF setzte eine Erklärung vom 28.04.1998, in welcher die RAF ihre eigene Auflösung bekannt gab: „Vor fast 28 Jahren, am 14. Mai 1970, entstand in einer Befreiungsaktion die RAF: Heute beenden wir dieses Projekt. Die Stadtguerilla in Form der RAF ist nun Geschichte. Wir, das sind alle, die bis zuletzt in der RAF organisiert gewesen sind."[162]

---

[160] Vgl. Peters: RAF. S. 452ff

[161] Vgl. Peters: RAF. S. 459ff; vgl. Straßner: Die Dritte Generation der „Roten Armee Fraktion". S. 235ff.

[162] Pflieger: Die Rote Armee Fraktion. S. 179.

Erklärungsversuche für Wege in den Linksterrorismus

Bei der Präsentation von Erklärungsmodellen gilt es, Zurückhaltung zu üben. Die verschiedenen Faktoren sind keinesfalls deterministisch aufzufassen, da den späteren Terroristen zum Zeitpunkt des Einstiegs eine Vielzahl anderer Verhaltensoptionen offen stand. Letztlich muss sich der Forschende eingestehen, dass der individuelle Schritt in die Illegalität nicht vollständig erklärbar ist.

Gesellschaftspolitische Faktoren

Erklärungsversuche, in deren Mittelpunkt die Analyse der gesellschaftspolitischen Faktoren steht, gehen meist davon aus, dass die politisch-historischen Wurzeln der RAF in der Studentenbewegung liegen und betrachten sie als ein Zerfallsprodukt der auseinanderdriftenden Studentenbewegung. Auch die RAF selbst sieht ihre Wurzeln in der Studentenbewegung, wie Meinhof 1975 beschreibt:

> „jeder von uns kommt daher: aus den straßenkämpfen der berliner studenten `67/68 gegen die polizei, von den demos, teach-ins und den versuchen,... auf dem boden der legalität sozialistische politik zu machen... wir haben die ohnmacht dieser versuche erfahren."[163]

Matz ist der Auffassung, die RAF habe, wie z.B. auch die „Bewegung 2. Juni", ein Potential realisiert, das in der Studentenbewegung angelegt war.[164] Worin bestehen also die Zusammenhänge und Kontinuitäten zwischen Studentenbewegung und RAF bzw. Linksterrorismus? Dabei muss die personelle Kontinuität beachtet werden, denn ein Großteil der RAF-Terroristen der Ersten Generation und auch Personen, die sich an anderen linksterroristischen Gruppierungen beteiligten, hatten sich vorher in der Studentenbewegung engagiert.

Matz unterscheidet zwischen den „Eliten" der Studentenbewegung und dessen Gefolgschaft. Er meint, der SDS, die „Kommune 1" u.a. hätten diese „Eliten" dargestellt und der Bewegung Themen, Zielrichtung und Aktionsformen vorgegeben. Er ist der Überzeugung, sie haben diese Vorgabefunktion hinsichtlich der Grundmuster der Gesellschaftsanalyse und der daraus resultierenden politischen Praxis auch für den späteren Linksterrorismus besessen. Matz geht davon aus,

---

[163] Neidhardt: Soziale Bedingungen terroristischen Handelns. S. 339. Die für RAF-Äußerungen typische Kleinschreibung werde ich beim Zitieren dieser beibehalten.

[164] Vgl. Matz: Über gesellschaftliche und politische Bedingungen des deutschen Terrorismus. S. 92.

dass bei den Führern der Bewegung eine ausgeprägte Prädominanz von Ideologie herrschte, so dass Erfahrungen, wie z.B. die gewalttätigen Auseinandersetzungen mit der Polizei, ihre systemkritischen Theorien lediglich belegten. Die konkreten Anliegen der Bewegung stellen für ihn in Bezug auf die „Eliten" in erster Linie Vorwände für Regelverletzungen dar, um das System als solches, zu dem die „Eliten" in einer abstrakten Kontraposition standen, zu provozieren und um potentielle Anhänger zu mobilisieren. Er geht dementsprechend auf Seiten der „Eliten" von einer Instrumentalisierung der angeblichen Anliegen aus. Matz ist der Ansicht, dass der Terrorismus in dieser Hinsicht in unmittelbarem Traditionszusammenhang mit den „Eliten" der Studentenbewegung stand.[165] Ich halte Matz' Ansatz für bedenkenswert, bin aber der Meinung, dass Matz' scharfe Trennung zwischen „Eliten" und „Gefolgschaft" ein Defizit aufweist, weil sie nicht diejenigen erfasst, die sich im Laufe der Bewegung von der „Gefolgschaft" zur „Elite" entwickelten. Ihre Motivation, ihr Weg zu einer, wie Matz es nennt, „abstrakten Kontraposition zum System als solchen" bleibt dabei unbeachtet. Der Ansatz erscheint mir insofern als zu starr, zu wenig die persönliche Entwicklung des Einzelnen in der Bewegung berücksichtigend. Ich denke, dass Frustration und Verzweiflung über die Entwicklung der Bewegung und die Reaktion des Staates und der Öffentlichkeit zumindest bei der „Gefolgschaft" eine gewisse Radikalisierung hervorrufen konnten, die bei manchen in eine geistige „Eliten-Kontraposition" mündete, die sie aber innerhalb der Bewegung nicht mehr unbedingt ausagierten.

Das Scheitern der Bewegung dürfte „Eliten" und jene mit geistiger „Eliten-Kontraposition" gleichermaßen frustriert haben, so dass sie nach anderen Wegen suchten ihr „Programm" der Studentenbewegung konsequent in die Tat umzusetzen. Mahler:

> „Wir konnten uns nicht mit dem Gedanken befreunden, daß jetzt diese Mobilisierung abebbt [...]. Wir haben uns also überlegt, wie das unter allen Umständen fortzusetzen ist. Wir haben uns überlegt, woran lag es, daß wir nicht weiterkamen, und wir waren damals der Auffassung, wir seien an der staatlichen Machtbarriere gescheitert. Daraus ergab sich logischerweise die Frage: Kann man in diese Barriere einzelne Breschen schlagen [...], so daß der Widerstand wieder Mut bekommt, daß dies Ohnmachtsgefühl überwunden wird. Und das war

---

[165] Vgl. Matz: Über gesellschaftliche und politische Bedingungen des deutschen Terrorismus. S. 34ff.

der Weg hin zu dem Konzept, das später als Konzept Stadt-Guerilla bekannt geworden ist."[166]

Die RAF übernahm aus dem „Programm" der Studentenbewegung verschiedene Aspekte und Ansätze, teilweise, wie von den „Eliten" in einigen Fällen vorgedacht, zum Teil radikalisiert und meiner Ansicht nach teilweise auch instrumentalisiert. Zum einen seien hier angeführt die Gegnerschaft der Bewegung zum Vietnamkrieg, die im Imperialismusvorwurf der RAF kulminierte, die studentische Verurteilung der mangelnden NS-Vergangenheits-bewältigung und der nicht zuletzt aus dieser resultierende Faschismusvorwurf der RAF. Zum anderen möchte ich die aus der vehementen Kritik der Bewegung am Staat resultierende Ablehnung des Staates, die schon Teile der Bewegung ergriff, aber in der RAF Grundvoraussetzung zum „bewaffneten Kampf" wurde, die bereits von Teilen der Bewegung diskutierte Nicht-Anerkennung des staatlichen Gewaltmonopols, die sich in „Gegengewalt" gegen den Staat manifestierte und von der RAF als Recht zur vermeintlich widerständischen Gewalt in Anspruch genommen wurde und ein dichotomes Freund-Feind-Denken, wie bspw. die Formulierung Meins' „entweder mensch oder schwein"[167] verdeutlicht, das bereits bei den Studierenden ein moralisches Überlegenheitsgefühl, teilweise ein arrogantes Avantgarde-Denken implizierte und in der RAF in verschärfter Form weiterlebte, erwähnen. Die Solidarität mit der Dritten Welt und utopische Visionen, wie z.B. der Glaube an einen „neuen Menschen" und die Weltrevolution waren sowohl Kennzeichen der Studentenbewegung, als auch der RAF.[168]

Rohrmoser ist der Auffassung, die revolutionäre Zielsetzung beider Gruppierungen sei grundsätzlich identisch[169] und Funke meint, „Terror wurde zur Fortsetzung des Protests mit anderen Mitteln"[170]. Bezüglich der Strategien scheint der Unterschied zwischen beiden besonders deutlich zu werden. Formulierten die Studenten ihre Kritik oft verbalradikal, so setzten sie sie insgesamt, wie Wunschik meint, noch relativ moderat in die Wirklichkeit um. Mit ihrer Strategie der „begrenzten Regelverletzung" seien ihre Verstöße, verglichen mit dem RAF-

---

[166] Bäcker/Mahler: Die Linke und der Terrorismus. S. 178f.

[167] Diese Worte schrieb Meins in einem Brief acht Tage vor seinem Hungertod an Grashof. (siehe Bakker Schut (Hg.): das info. S. 184.)

[168] Vgl. Wunschik: Baader-Meinhofs Kinder. S. 122.

[169] Vgl. Rohrmoser: Emanzipation der Gewalt. S.40.

[170] Funke: Was führte und verführte zum Terror? S. 221.

Terrorismus, quantitativ geringfügig gewesen.[171] In diesem Zusammenhang muss auch darauf hingewiesen werden, dass der Weg in den Terrorismus nicht die einzige Möglichkeit am Ende der Studentenbewegung war. Die Studentenbewegung und ihr revolutionäres „Programm" können folglich nicht als alleinige Erklärung dienen. Es stellt sich die Frage, warum einige wenige „Studentenbewegte" den Weg in die Gewalt einschlugen, warum sie zu RAF-Terroristen wurden? Weitere Faktoren müssen folglich untersucht werden.

Soziologische Faktoren

Jünschke hat zu Recht darauf hingewiesen, „daß schon sehr bald Anfang der 70er Jahre unsere Biographien auf Besonderheiten hin abgeklopft worden sind, und die Polizei herausfand, daß es weder einen ‚typischen Terroristen' noch besondere Merkmale gibt, über die man dem ‚Terrorismus zugeneigte Personen' identifizieren könnte"[172]. Dennoch haben einige Forscher, wie z.B. Schmidtchen, bei der Untersuchung der Biografien von RAF- bzw. Linksterroristen einige Überschneidungspunkte feststellen können:

Die untersuchten Linksterroristen entstammten, hinsichtlich des väterlichen Berufs, einem überdurchschnittlich hohen Herkunftsniveau. 47% der Terroristen und 60% der Terroristinnen haben Väter aus gehobenen Berufskreisen – gegenüber nur 12% ihrer Altersgenossen in der Gesamtpopulation. Schmidtchen verweist auf amerikanische Studien, aus denen bekannt sei, dass ein Hintergrund von wirtschaftlicher Sicherheit nach vorauslaufender Radikalisierung die Entscheidung, sich an gewaltsamen Aktionen zu beteiligen, begünstigen könne. Des weiteren führt er aus, dass ein hohes Herkunftsniveau eine Quelle relativ hoher Ansprüche an sich selbst und an die Umwelt sein kann und er weist darauf hin, dass damit ein Großteil der Terroristen Kinder einer Elterngeneration war, der häufig der Zugang zum gesellschaftskritischen Denken der jungen Generation schwergefallen sein dürfte, da dieses mit dem eigenen Standort stark kontrastierte, so dass ein Versiegen der politischen Kommunikation und die politische und psychologische Entfremdung als Konsequenz folgen konnte.[173]

Schmidtchen ist der Meinung, die Jugend der Terroristen sei an biografischen Belastungen, Brüchen in der Sozialisation, desozialisierenden Entscheidungen und Konflikten überdurchschnittlich reich gewesen. Als Beispiel nennt er u.a.

---

[171] Vgl. Wunschik: Baader-Meinhofs Kinder. S. 123.

[172] Uetz: „Schwein oder Mensch". S. 57.

[173] Vgl. Schmidtchen: Terroristische Karrieren. S. 21f.

das unvollständige Elternhaus, in dem jeder vierte Terrorist nach seinem 14. Lebensjahr aufwuchs, 5% der Terroristen wuchsen sogar als Vollwaisen auf. Jedoch sind in der Vergleichsgruppe 87% auch nach dem 14. Lebensjahr in einer vollständigen Familie aufgewachsen. Ein weiterer Aspekt in diesem Zusammenhang ist nach Schmidtchen die religiöse Desozialisation. 68% der Terroristen wuchsen im evangelischen Milieu auf (Vergleichsgruppe 49%). Schmidtchen hält einen protestantischen Familienhintergrund bei minimaler religiöser Sozialisation für charakteristisch und meint, dass

> „ohne die Inhalte der eigentlichen kirchlichen Theologie und der Erfahrungswelt des Gemeindelebens [...] das Freisetzungspotential, das in der protestantischen Kultur steckt, ungebrochen zur Wirkung [kommt]. Die mystische Komponente des deutschen Protestantismus macht sich in der säkularen Erziehung durch die Betonung der Autonomie der eigenen Überzeugungen bemerkbar. [...] Alles wird richtig, wenn nur die Überzeugungen richtig sind; und diese sind richtig, wenn man von ihnen ergriffen ist. Ein religiös inhaltsleer gewordener Protestantismus ist das formale Erziehungsgefäß für Ideologen und politische Überzeugungstäter."[174]

Besondere Belastungen stellen Schmidtchen zufolge auch Schulwechsel, räumliche Mobilität, Misserfolg in der Schule und überdurchschnittliche Spannungen im Elternhaus dar. Rossi gibt aber an, dass 67% der RAF-Mitglieder die Beziehung zu ihren Eltern als konflikt- und gewaltfrei beschrieben hätten.[175]

Misserfolgsbelastung wird von Süllwold, bezogen auf den eigenen Anspruch der Betreffenden, als das homogenste Merkmal der Gesamtgruppe linker Terroristen genannt. Die Ursachen ihres Misserfolgs sähen die Betreffenden weniger in der eigenen mangelnden Leistungsfähigkeit als in den äußeren Umständen und in den vom Staat gesetzten Rahmenbedingungen. Dementsprechend werde die Überwindung der Probleme in der Veränderung der äußeren Bedingungen gesucht.[176] „Die Möglichkeit, statt der Änderung der eigenen Person, die der Verhältnisse zum Ziel zu nehmen, kann eine gruppenkonforme Strategie zur Entlastung von individuellen Problemen sein."[177] Der Beitritt zu einer linksterroristi-

---

[174] Schmidtchen: Terroristische Karrieren. S. 31f.

[175] Vgl. Schmidtchen: Terroristische Karrieren. S. 29ff; vgl. Rossi: Untergrund und Revolution. S. 123.

[176] Vgl. Süllwold: Stationen in der Entwicklung von Terroristen. S. 91ff.

[177] Vgl. Süllwold: Stationen in der Entwicklung von Terroristen. S. 94.

schen Organisation verspricht durch die Zugehörigkeit zur Gruppe wie auch durch das Ziel, die gesellschaftlichen Strukturen insgesamt zu verändern, zusätzlich eine Aufwertung des mangelnden Selbstbewusstseins. Trotz mancher Diskontinuität, die laut Schmidtchen ca. 2/3 aller Linksterroristen widerfährt, besitzen sie ein überdurchschnittlich hohes Bildungsniveau: Ein Großteil der RAF-Mitglieder absolviert, ihren Herkunftsfamilien entsprechend, die schulische Ausbildung auf Gymnasien. 47% der Terroristen verfügen laut Schmidtchen über Abitur (Vergleichsgruppe 19%). 66% beginnen ein Studium, zumeist der Sozialwissenschaften (Pädagogik, Psychologie, Soziologie), oft auch der Geistes-, Sprach- oder Kulturwissenschaften, wobei Schmidtchen anmerkt, dass sie offensichtlich Fächer bevorzugen, die Stoff für die Thematisierungen hergeben, die später auch in die Motivation terroristischen Handelns eingehen. Zu diesem Zweck ziehen sie aus ihren Heimatorten meist in große Universitätsstädte (v.a. Berlin). Circa die Hälfte der späteren RAF-Mitglieder zieht während dieser Zeit in eine Kommune. Zwischen der gewählten Wohnform und der politischen Einstellung ist laut Süllwold ein Zusammenhang feststellbar, denn viele Wohngemeinschaften machen die politische Position von Neuzugängen zum Kriterium für deren Aufnahme. Prozesse der gegenseitigen Bestätigung und Verstärkung der politischen Meinung seien auf diese Weise absehbar. Ende der 60er/Anfang der 70er Jahre sei das Leben in der Gruppe meist gleichzeitig „ein Stück Theorie" gewesen. Ihr Universitätsstudium oder auch ihre berufliche Ausbildung verbinden viele nach Uetz mit sozialem und/oder politischem Engagement in verschiedenen legalen linken Organisationen. Parallel zu ihrem steigenden sozialpolitischen Engagement komme es bei vielen zu Brüchen in der universitären oder beruflichen Ausbildung, so dass bei ihrem Eintritt in die RAF lediglich die Hälfte der Mitglieder eine abgeschlossene Berufsausbildung besitze, 35% einen Studienabschluss. Vor dem Wechsel in die Illegalität üben nur wenige Linksterroristen einen Beruf aus (35%). 42% von ihnen befinden sich, so Schmidtchen, in einem „beruflichen Schwebezustand", zwischen Ausbildung und Start ins Berufsleben.[178]

Bei ihrem Entschluss, die RAF zu gründen bzw. ihr beizutreten, sind die Betreffenden Uetz zufolge relativ jung (18-37 Jahre alt). Die meisten sind zwischen 23 und 27 Jahre alt, so dass es sich um eine sehr altershomogene Gruppe handelt.[179]

---

[178] Vgl. Schmidtchen: Terroristische Karrieren. S. 24ff; vgl. Süllwold: Stationen in der Entwicklung von Terroristen. S. 82f; vgl. Uetz: „Schwein oder Mensch". S. 59.

[179] Vgl. Uetz: „Schwein oder Mensch". S. 59.

Ein Drittel der Linksterroristen verübt nach Schmidtchen bereits vor dem Wechsel in die Illegalität Straftaten. Jeder vierte ist in nicht einschlägiger Weise vorbestraft. Wunschik weist darauf hin, dass Auseinandersetzungen mit der Polizei und Erfahrungen mit der Strafverfolgung die Hemmschwelle vor einer kriminellen Entwicklung herabsetzen und die politische Radikalisierung forcieren können.[180]

Psychologische Faktoren

Meves führt das Fehlen von Geborgenheitserlebnissen in der Kindheit, infolge zu geringer Möglichkeiten der Bindung an Pflegepersonen, Verlust eines Elternteils, überfordernde Erziehung, Heim- und Krankenhausaufenthalte zur Erklärung an. Diese Defizite in der Kindheit könnten als Bedingungen für das von Wasmund betonte starke Bedürfnis der späteren Terroristen nach Gruppenbindung, das schon in ihrer Entscheidung für ein Leben in einer Kommune zum Ausdruck kommt und auch den Weg der späteren Terroristen in die terroristische Gruppe bestimmt, gesehen werden. Laut Wasmund übt die Scheingeborgenheit radikaler Gruppen mit ihrem Absolutheitsanspruch und der totalen persönlichen Vereinnahmung auf ich- und kontaktschwache Naturen eine starke Faszination aus. In diesen Gruppen, so hofften sie, werde die Sehnsucht nach Gemeinschaft, Kontakt und Bindung erfüllt. Die Ich-Schwäche werde durch das Wir-Gefühl gemeinsamer Stärke kompensiert. Durch die totale Übergabe der eigenen Person entstehe das Erlebnis einer absoluten Gruppensolidarität. Wunschik bezeichnet die Erfahrung, sich bestimmten linksradikalen Gruppen im Um- oder Vorfeld des Terrorismus zugehörig zu fühlen (insbesondere bei der Ersten RAF-Generation die APO), als wichtige Sozialisationsstufe späterer Linksterroristen. Mit dem Beitritt zu einer terroristischen Gruppe erhofften sich die Betreffenden, dieses „Gruppenerlebnis" noch einmal zu durchleben.[181]

Das spezifische Milieu (z.B. Kommune, Gruppierung innerhalb der Studentenbewegung), in dem die späteren Terroristen verkehren, zeichnet sich, so Wunschik, durch ideologische Konformität aus. Die späteren Terroristen haben laut Schmidtchen somit schon vor ihrem Eintritt in eine terroristische Vereinigung geraume Zeit nicht mehr in einem pluralistischen Diskussionskontext gelebt.

---

[180] Vgl. Schmidtchen: Terroristische Karrieren. S. 33; vgl. Wunschik: Baader-Meinhofs Kinder. S. 72.

[181] Vgl. Meves: Psychologische Voraussetzungen des Terrorismus. S. 73f; vgl. Wasmund: Zur politischen Sozialisation in terroristischen Gruppen. S. 150ff; vgl. Wunschik: Baader-Meinhofs Kinder. S. 80f.

Durch die Abgeschlossenheit dieser „Szene" würden die Ansichten jedes einzelnen Mitglieds verfestigt, Andersdenkenden werde das „falsche Bewusstsein" attestiert, eine „reine Lehre" etabliere sich.[182] Mit dem Eintritt in solche (noch nicht terroristischen) Gruppen verlieren nach Süllwold die bisherigen Bindungen an Bedeutung,

> „die Gruppe übernimmt quasi alle Funktionen, sie vermittelt emotionale Zuwendung, ideelle Gemeinsamkeit, Lebensrezepte, Schutz vor materiellen Nöten und gleichzeitig eine solidarische Abwehr von Sanktionen, die ein Mitglied treffen könnten durch Institutionen wie Polizei usw."[183]

Daneben sind, so Wunschik, auch persönliche Bindungen vor und bei dem Eintritt in eine terroristische Gruppe von großer Bedeutung. Freunde und Bekannte vermögen durch einen besonderen Wissensstand, revolutionäres Gedankengut betreffend, Interesse zu wecken, was zur Folge haben könne, dass sich die zwischenmenschlichen Sympathien auf die Ebene politischer Inhalte übertrügen. Einzelne Partnerschaften hätten unter Umständen noch größeres Gewicht. Den Gefühlen für den Partner könne zugleich eine politische Funktion zukommen. Dies gelte besonders dann, wenn der eigene Lebensgefährte aus der Haft befreit werden soll.[184]

> „Wo viele, um die geworben wurde, sich versagten, oder, als es wirklich ernst wurde, noch absprangen, haben andere aufgrund persönlicher Loyalitäten und z.T. intimer Bindungen zueinander mitgemacht. In einer Reihe von Fällen sind neben allen sonstigen Umständen Freundschaften, Liebschaften und Verwandtschaften wohl das Moment gewesen, das vorhandene Ambivalenzen zugunsten der Teilnahme entscheiden konnte."[185]

Uetz nennt moralischen Rigorismus als einen häufig anzutreffenden psychologischen Hintergrund der RAF-Terroristen.[186] „Terroristen beginnen", laut Schmid-

---

[182] Vgl. Wunschik: Baader-Meinhofs Kinder. S. 81; vgl. Schmidtchen: Terroristische Karrieren. S. 45f.

[183] Vgl. Süllwold: Stationen in der Entwicklung von Terroristen. S. 84.

[184] Vgl. Wunschik: Baader-Meinhofs Kinder. S. 82f.

[185] Neidhardt: Linker und rechter Terrorismus. S. 455.

[186] Vgl. Uetz: „Schwein oder Mensch". S. 63.

tchen, „als Moralisten"[187]. Der ehemalige RAF-Terrorist Werner Lotze, der von sich selbst sagt, als „'Moralist zur Gewalt' gefunden zu haben"[188] und Mahler, der den moralischen Rigorismus als eine der Wurzeln des Terrorismus ansieht, bestätigen dies. Mahler:

> „Das Problem ist in erster Linie für moralisch eingestellte Leute, die Skrupel zu überwinden, auf andere Menschen zu schießen oder mit diesem Gedanken wenigstens umzugehen. Und da findet eine Übersteigerung des moralischen Wertsystems statt. Man hält sich stets vor Augen, welche kolossalen Leiden und Verbrechen dieses bekämpfte System begeht, und eben nur – so war die Auffassung damals – beseitigt werden kann, indem man es mit gewaltsamen Mitteln angreift. [...] Das war eine moralische Verpflichtung, zu töten [...]."[189]

Lübbe meint,

> „[n]icht das ausgelöschte, vielmehr das überspannte Gewissen [...], [n]icht die moralische Indifferenz, vielmehr die skrupellose Gewißheit durch Orientierung an höchsten Zwecken im Recht zu sein [...], [n]icht kriminelle Gesinnung, vielmehr der angespannte Politmoralismus ideologisch formierter Gesinnung macht terrorfähig"[190].

Der Zweck heiligt aus dieser Sicht die Mittel. Im Laufe ihrer Biografie scheint, wie Uetz feststellt, ein hohes Maß an Moral in eine Fundamentalkritik umzuschlagen, welche die soziale Wirklichkeit nur noch an einer unerbittlichen Moral misst, woran jede soziale Realität scheitern muss. Die utopischen Ideale können nicht erreicht werden, was zu Frustrationen und Aggressionen, aber auch einer gewissen Arroganz führt. Die Überzeugung von der Richtigkeit des eigenen Weltbildes lässt Uetz zufolge bei vielen ein elitäres Avantgarde-Denken entstehen. Überzeugt vom ausschließlich repressiven Charakter des Systems, in völliger Ablehnung des Status quo, würden in einem solchen Denken alle Reformbemühungen als Verschleierungstaktik. Erst mit dem optimistischen Glauben an

---

[187] Schmidtchen: Bewaffnete Heilslehren. S. 51.

[188] Peters: RAF. S. 436.

[189] Bäcker/Mahler: Die Linke und der Terrorismus. S. 191f.

[190] Lübbe: Politischer Moralismus. S. 41ff.

die unmittelbare Umsetzbarkeit von Utopien könne aus einer (theoretischen) Ablehnung des Status quo das militante Handeln der RAF erwachsen.[191]

Mit dem Motiv des moralischen Rigorismus ist meines Erachtens auch der Fanatismus der RAF-Mitglieder verwoben. Das Wort „Fanatismus" wird meist im religiösen Bereich verwendet, die etymologische Wurzel ist „fanaticus" (=lat.; göttlich inspiriert). Der Etymologie des Wortes folgend wird sozusagen von einer Erleuchtung durch eine höhere Macht ausgegangen. Fanatismus bezeichnet im weiteren Sinn das Besessensein von und das unbedingte Festhalten an einer Idee und ist durch Intoleranz gegenüber jeder anderslautenden Meinung gekennzeichnet. Von der Richtigkeit und dem hohen Wert seiner Anschauung ist der Fanatiker überzeugt und verteidigt sie vehement gegen jede Infragestellung. Die idealisierte Vorstellung ist seinem kritischen Denken bzw. Reflexionsvermögen entzogen. Damit verbundene negative Konsequenzen für sich selbst oder andere werden als solche nicht er- bzw. anerkannt.[192]

Ein wichtiger Gegenstand der Kontroverse über den Linksterrorismus ist stets die Frage gewesen, ob die Akteure egoistische oder altruistische/idealistische Motive leiteten. Ihre Rücksichtslosigkeit und ihre Brutalität machen es auf den ersten Blick schwierig, den Tätern idealistische Beweggründe zuzubilligen. Jedoch sind sie „zu Bankräubern nicht in der Absicht geworden, sich einen feinen Tag zu machen"[193]. Sie „trachten nicht nach persönlichem Vorteil"[194] und haben, so Wunschik, teilweise idealistische Ansichten unreflektiert adaptiert. Sie identifizierten sich auf intellektueller Ebene mit den Schwachen und Unterdrückten dieser Welt und traten mit dem moralischen Anspruch an, die Welt gerechter und humaner zu gestalten. Bevor die Akteure in das militante Milieu involviert wurden, konnte ihre Zielsetzung, wie Wunschik ausführt, sogar bis hin zu einem „tiefverwurzelten Pazifismus" reichen.[195] Ich stimme Lübbe zu: „Der klassische Terrorist ist ein ‚Idealist'."[196] Eine starke idealistische Einstellung mündet bei vielen in eine hohe Opferbereitschaft. Insoweit handelt es sich um einen altruistischen Ansatz. Diese selbstlosen Absichten können allerdings individuell in ei-

---

[191] Vgl. Uetz: „Schwein oder Mensch". S. 63f.

[192] Vgl. auch Brockhaus. Bd. 8. S. 755f; vgl. Meyers Enzyklopädisches Lexikon. Bd. 8. S. 499.

[193] Lübbe: Endstation Terror. (In: Geißler (Hg.): Der Weg in die Gewalt.) S. 97.

[194] Laqueur: Interpretationen des Terrorismus. S. 37.

[195] Vgl. Wunschik: Baader-Meinhofs Kinder. S. 73f.

[196] Lübbe: Endstation Terror. S. 20.

nem Zusammenhang mit persönlichen Beweggründen stehen, wie z.B. Schuldgefühlen der oft privilegierten Terroristen gegenüber sozial Schwächeren, persönlichen Schwierigkeiten/Konflikten, Lust an der Ausübung von Macht und Gewalt zur Kompensation von Ohnmachtsgefühlen. Becker ist der Ansicht, dass ihre Identifikation mit den Leidenden nicht durch Mitleid erzeugt wurde, sondern es sich vielmehr um aus Schuld und Scham bedrohte Sehnsucht nach Selbstbewusstsein, „Leidensneid", gehandelt habe. Um ihre Distanzierung von der in der NS-Zeit schuldig gewordenen Elterngeneration zu beweisen, seien sie zu Terroristen geworden – ihr vorgegebenes Mitleid sei lediglich ein „selbstgefällige[r] Vorwand" [...], [...] eine Art moralischer Kosmetik"[197]. „Und dennoch waren einige der Terroristen", wie Becker hervorhebt, „Idealisten"[198]. Was im ersten Moment als Widerspruch erscheint, kann bei genauerer Betrachtung aufgelöst werden. Ich kann Beckers Meinung nachvollziehen, die Terroristen hätten sich des Mitleids als eines Instruments bedient, um ihre Aktivitäten zu rechtfertigen, dieses aber nicht emotional empfunden. Die emotionale Identifikation mit den vermeintlich Leidenden (z.B. den Arbeitern) gelang den überwiegend bürgerlichen Kreisen entstammenden Terroristen meiner Ansicht nach nicht. Es handelte sich dabei lediglich um eine verstandesmäßige Identifikation aus der marxistisch-ideologisierten intellektuellen Einsicht heraus, dass die „unterdrückten Massen" das revolutionäre Subjekt bilden und sich die Avantgarde demzufolge diesem Subjekt zuwenden muss. Aus intellektuellem Idealismus, der zwar moralischen Rigorismus und Fanatismus erzeugte, aber kein Mitleid, resultierte meiner Ansicht nach ein Teil der Motivation zum Linksterrorismus. Auch Beckers These, die Terroristen hätten mit ihren Aktivitäten eine extreme Distanzierung von der NS-Vergangenheit ihrer Eltern und eine Aufwertung ihres durch diese Vergangenheit geschädigten Selbstbewusstseins intendiert, halte ich für nachvollziehbar.[199] Dubiel sieht im RAF-Terrorismus ebenfalls eine „überkompensierende[n] Reaktionsbildung auf die unterbliebene Auseinandersetzung der Gründergeneration der Bundesrepublik mit dem Nationalsozialismus"[200]. Laqueur formuliert folglich meines Erachtens zu recht: „Idealismus und Interessen können koinzidieren."[201] Wirths These schließt sich an den Komplex vom

---

[197] Becker: Hitlers Kinder? S. 282.

[198] Becker: Hitlers Kinder? S. 282.

[199] Becker: Hitlers Kinder? S. 281.

[200] Dubiel: Niemand ist frei von der Geschichte. S. 149.

[201] Laqueur: Interpretationen des Terrorismus. S. 37.

unterlassenen Widerstand der Eltern und dem übersteigerten Widerstand der RAF an, wenn er ausführt einige RAF-Mitglieder hätten im unbewussten Auftrag ihrer Eltern gehandelt, indem sie auf einer weitgehend unbewussten Ebene das nachholten, was ihre Eltern während der NS-Zeit versäumt hatten zu tun: Widerstand leisten. „Die junge Generation übernimmt [...] stellvertretend für die Eltern-Generation die ‚heilige' Aufgabe, in einem Kreuzzug gegen den faschistischen Staat sich selbst und das deutsche Volk von dem Fluch des Nationalsozialismus zu reinigen."[202]

Geschlechtsspezifische Faktoren

Die bislang angeführten Erklärungsversuche gelten für Männer und Frauen gleichermaßen. Bei genauerer Sichtung der von der entsprechenden Literatur erörterten Erklärungsversuche fällt auf, dass frauenspezifische Faktoren nur einen Ansatzpunkt unter vielen bilden, Wege in den Linksterrorismus zu erklären. Geschlechtsübergreifende Erklärungsversuche nehmen also einen breiten Raum ein. Dennoch sollen in einer Arbeit, die nach den Wegen der Frauen in den Linksterrorismus fragt, diese Ansätze nicht unberücksichtigt bleiben, wobei sie meines Erachtens dringend der Kombination mit anderen Modellen bedürfen und für sich nur sehr partiell Erklärungen liefern können.

Eine von vielen Wissenschaftlern vertretene These besagt, die Sozialisation von Frauen führe dazu, dass sie eher als Männer bereit seien, sich ganz einer Idee hinzugeben, da Opferbereitschaft einen wichtigen Bestandteil des traditionellen Rollenbildes der Frau ausmache. Die Sozialisation von Frauen zielt nach Einsele/Löw-Beer auf den persönlichen Einsatz für außergewöhnliche Ziele, meist für andere Menschen. Dieser Einsatz werde um den Preis der Selbstaufgabe von Frauen erwartet. Verschöben sich die Inhalte für diese anerzogene Einsatz- und Selbstaufgabebereitschaft, bleibe möglicherweise die Bereitschaft, für etwas Außergewöhnliches bis zum äußersten Einsatz der eigenen Person zu gehen. Die Opferbereitschaft äußere sich dann u.a. in der Bereitschaft für den „bewaffneten Kampf" alte soziale Kontakte (z.B. Familie) aufzugeben, aber auch in der Lebensweise der Gruppe im Untergrund, denn während des Lebens in der Gruppe mussten die Terroristinnen ihre persönlichen Bedürfnisse weitestgehend ignorieren. MacDonald vermutet, dass der „bewaffnete Kampf" zu einer Art „Kindersatz" werden kann, da sie für diesen gegebenenfalls die wirklichen Muttergefühle geopfert haben. Parczyk verweist in diesem Zusammenhang auf Meinhof und

---

[202] Wirth: Versuch, den Umbruch von 68 und das Problem der Gewalt zu verstehen. S. 31.

Ensslin, die ihre Kinder für den „bewaffneten Kampf" verließen, und bezeichnet dies als Beispiele für die klassische Opferbereitschaft. Sie erwähnt, dass diese Art der Opferbereitschaft auf den ersten Blick widersprüchlich zur traditionellen Frauenrolle anmutet, da die Sozialisation von Frauen meist die Einsatz- und Selbstaufgabebereitschaft für andere Menschen, nicht aber für Ideen beinhaltet. Allerdings, so meint Parczyk, könnte die Opferbereitschaft der beiden Frauen, die sich scheinbar auf etwas Abstraktes verschoben hatte, auch als klassische Opferbereitschaft im extremsten Sinne verstanden werden: Sie opferten ihre Kinder zugunsten eines höheren Zieles, da dieser Kampf für eine andere Gesellschaft für alle Menschen, auch für die eigenen Kinder, geführt werde.[203] Jedoch muss berücksichtigt werden, dass die männlichen RAF-Terroristen für ihren „bewaffneten Kampf" ebenfalls „Opfer" leisteten, so dass Opferbereitschaft meines Erachtens nicht unbedingt ausschließlich Frauen zugeschrieben werden kann.

Die Erziehung von Mädchen zielt darauf ab, sie auf ein Leben als fürsorgliche, sozial engagierte Frauen vorzubereiten. Dies gilt verstärkt für die Jahre, in denen die RAF-Terroristinnen der Ersten Generation herangewachsen sind. Straßner weist darauf hin, dass die weibliche Motivation, in terroristische Geheimbünde sozialrevolutionärer Prägung einzutreten, ihrer überwiegend sozialen Veranlagung zugeschrieben wird.[204] Ich möchte aber betonen, dass es sich dabei keineswegs um eine von Geburt an bestehende Veranlagung handelt, sondern vielmehr um das Ergebnis weiblicher Sozialisation und Erziehung. Unter Berücksichtigung dieses Einwands halte ich es für möglich, dass die Erziehung von Mädchen zu sozialen Frauen sie in besonderem Maße für soziale Probleme sensibilisiert.

Schwarzer betont, dass Frauen „nicht von Natur aus gut oder friedfertig [sind] – es wird ihnen nur eingeredet, daß sie so zu sein hätten"[205], in der Gesellschaft seien sie einem weit höheren seelischen Druck ausgesetzt und deshalb stärker mit zurückgestauten Aggressionen aufgeladen. Fabricius-Brand meint, wenn das Ausagieren der aufgestauten Aggressionen erfolge, werde dies mit besonderer Ablehnung und Verurteilung der Gesellschaft geahndet. Sie spricht in diesem Zusammenhang von einem Aufschaukelungsprozess, bei dem die Frau die ab-

---

[203] Vgl. Parczyk: Frauen im Terrorismus. S. 83ff; vgl. Einsele/Löw-Beer: Politische Sozialisation und Haftbedingungen. S. 27; vgl. MacDonald: „Erschießt zuerst die Frauen". S. 222f.

[204] Vgl. Straßner: Die Dritte Generation der „Roten Armee Fraktion". S. 93.

[205] Schwarzer: Terroristinnen. S. 5.

lehnenden Reaktionen der Umwelt antizipiert und weiß, dass es keinen Weg „zurück" mehr gibt, so dass dessen Resultat die völlige Enthemmung der Frau sein kann.[206]

Die besondere Attraktivität terroristischer Gruppen für Frauen könnte darin liegen, dass im Vorfeld weder eine geschlechtsspezifische Rollenverteilung existiert, noch eine (von Männern dominierte) Hierarchie. Frauen, denen in der bundesdeutschen Öffentlichkeit und Politik kaum Mitwirkungsmöglichkeiten offenstanden, wird hier eine größere Möglichkeit zu öffentlich beachtetem und gesellschaftlich relevantem Handeln geboten als in anderen politischen Organisationen. Auch Süllwold weist auf dieses „Mitwirkungsangebot" hin, „das dem traditionellen Rollenverständnis der Frau widerspricht"[207]. Parczyk weist in ihrer Untersuchung nach, dass alle vorstellbaren und notwendigen Tätigkeiten in der RAF von Frauen wahrgenommen wurden, von der Formulierung des ideologischen Hintergrundes über die Führung der Gruppe bis zur Ausführung der Aktionen. Eine spezifische „Frauenrolle", derzufolge die weiblichen RAF-Mitglieder eher die „Hilfsdienste" auszuführen hatten, während die männlichen Mitglieder die Kommandogewalt innehatten, lässt sich also keineswegs belegen. Zwölf der 14 von Parczyk untersuchten Frauen wurden mindestens wegen eines Mordversuchs angeklagt.[208]

Das Ohnmachtsgefühl, das im Zusammenhang mit den „Studentenbewegten" beiderlei Geschlechts angesprochen wurde, aber bei Frauen aufgrund ihrer Position in der Gesellschaft deutlich stärker gewesen sein dürfte, könnte in der terroristischen Gruppe kompensiert worden sein, Macht konnte ausgeübt werden. Der ehemalige RAF-Terrorist Volker Speitel erinnert sich:

> „Der Eintritt in die Gruppe, das Aufsaugen ihrer Norm und die Knarre am Gürtel entwickeln ihn dann schon, den ‚neuen' Menschen. Er ist Herr über Leben und Tod geworden, bestimmt, was gut und böse ist, nimmt sich, was er braucht und von wem er es will; er ist Richter, Diktator und Gott in einer Person – wenn auch für den Preis, daß er es nur für kurze Zeit sein kann."[209]

---

[206] Vgl. Schwarzer: Terroristinnen. S. 5; vgl. Fabricius-Brand: Frauen in der Isolation. S. 63f.

[207] Süllwold: Stationen in der Entwicklung von Terroristen. S. 106.

[208] Vgl. Parczyk: Frauen im Terrorismus. S. 48ff.

[209] Reemtsma: Was heißt „die Geschichte der RAF verstehen"? S. 114.

Einen weiteren Ausgangspunkt bei den Erklärungsversuchen für weiblichen Terrorismus bilden Feminismus und Emanzipation. Dabei wird entweder davon ausgegangen, dass weiblicher Terrorismus aus Emanzipation und Feminismus resultiere oder dass mangelnde Emanzipation der Terroristinnen eine Bedingung für ihren Weg in die Gewalt sei. Von den RAF-Terroristinnen selbst liegen kaum Aussagen vor, die sich als Bekenntnis zu den Zielen des Feminismus interpretieren lassen. Verfassungsschutzchef Günther Nollau glaubte, im weiblichen Terrorismus einen „Exzeß der Befreiung der Frau"[210] zu erkennen. Scheuch meinte, die Identifikation mit dem Mann stelle die Grundursache dar. Der „begierige Griff nach der Waffe"[211], die bisher dem Mann vorbehalten war und angeblich ein Phallussymbol darstelle, vermittle der Frau ein Gefühl der Befreiung.[212] Auf den ersten Blick bestätigt werden diese Vermutungen durch eine Aussage der ehemaligen RAF-Terroristin Beate Sturm: „Eines fand ich damals Klasse, daß man als Frau wirklich emanzipiert war, daß man manche Sachen einfach besser konnte als die Männer. Wir haben uns einfach stärker gefühlt."[213] Fabricius-Brand weist darauf hin, dass es sich hierbei wohl um missverstandene Emanzipation handele und dass dadurch, dass Männer und Frauen das Gleiche tun, Handeln nicht emanzipierter werde. Sie sieht im Handeln der Terroristinnen keine emanzipatorischen Elemente. Emanzipation sei nur innerhalb der Gesellschaft möglich. Gerade durch ein Leben im Untergrund blieben Terroristinnen Auseinandersetzungen, die Frauen in der Gesellschaft austragen müssten, erspart. Fabricius-Brand betont, dass Terroristinnen in mindestens einer Hinsicht dem Bild der unemanzipierten Frau entsprächen. Als Terroristinnen lebten sie im Untergrund unter Bedingungen, in denen sie ihre Bedürfnisse verleugnen und auf die Durchsetzung der eigenen Interessen verzichten müssten. Sie müssten sich der Gruppendisziplin unterwerfen. Sie äußert die Vermutung, die meisten Frauen der RAF seien eher der Ansicht, ihr Geschlecht sei völlig bedeutungslos, und geht davon aus, die RAF-Frauen wollten sich geschlechtslos als „Revolutionäre", als „Kämpfer" innerhalb ihrer Bewegung verstanden wissen. Auch Quensel glaubt, es bestehe kein Zusammenhang mit einer Emanzipation, sondern in

---

[210] v. Paczensky (Hg.): Frauen und Terror. S. 7.

[211] Mitscherlich-Nielsen: Hexen oder Märtyrer? S. 19.

[212] Vgl. Mitscherlich-Nielsen: Hexen oder Märtyrer? S. 19.

[213] DER SPIEGEL Nr. 33/1977, S. 25.

der Gruppe erfolge vielmehr eine Entwicklung in Richtung geschlechtsloser Uniformierung.[214]

Der Behauptung, feministische Vorstellungen hätten die beteiligten Frauen zum Terrorismus geführt, wird ebenfalls und meines Erachtens zu Recht, von einigen Wissenschaftlern widersprochen. In diesem Zusammenhang halte ich den Vergleich, den Jubelius zwischen Feminismus und Terrorismus durchführt, für aufschlussreich. Er stellt fest, dass Feminismus und Terrorismus sich in Zielen und Methoden erheblich unterscheiden: Der Feminismus ziele auf die Aufhebung des Patriarchats, die Veränderung der Situation der Frau und das Ende ihrer Diskriminierung, Identitätsfindung der Frau und ihre direkte Bedürfnisbefriedigung ab. Er lehne die fremdbestimmte Aufopferung ab und fordere stattdessen eigenverantwortliche Selbstbestimmung. Der Feminismus verlange für die Verwirklichung seiner Ziele die Verwertung breitgestreuter, unmittelbarer Erfahrungen der Frauen. Der Linksterrorismus hingegen wolle den kapitalistischen Staat aufheben, die Situation der Frau sei für den Linksterrorismus nur ein Nebensektor von Unterdrückung. Er gehe vom Primat der gesellschaftlichen Interessen gegenüber den individuellen Bedürfnissen aus, stelle die persönlichen Belange zurück, verlange den Terroristinnen Selbstaufgabe und Aufopferung in extremster Form ab, und das, wie Schwarzer feststellt, für eine Sache, „die oft so abstrakt ist, dass sie mit ihrer Person kaum noch zu tun hat"[215]. Der Linksterrorismus erhebe den Anspruch, stellvertretend für andere zu handeln. Die Mittel zur Erreichung der Ziele unterscheiden sich nach Jubelius erheblich: Der Feminismus sehe im Gegensatz zum Terrorismus gewaltfreie Möglichkeiten zur Veränderung des bestehenden Zustands. Gemeinsamkeiten bestehen nach Jubelius lediglich in der Tatsache, dass beide Bewegungen außerhalb der demokratischen Institutionen stehen und sich im Handeln am unterdrückten Subjekt orientieren.[216]

A. Proll bestreitet ebenfalls den Zusammenhang zwischen Feminismus und RAF: „Die RAF hat keine Frauenpolitik gemacht."[217]

---

[214] Vgl. Fabricius-Brand: Frauen in der Isolation. S. 62f; vgl. Quensel: Auf der Suche nach Identität. S. 69f.

[215] Schwarzer: Terroristinnen. S. 5.

[216] Vgl. Jubelius: Frauen und Terror. S. 252f.

[217] STERN 1978, zit. n. Parczyk: Frauen im Terrorismus. S. 78.

Der Eindruck, Terroristinnen seien brutaler, entschlossener und aggressiver als Männer, scheint bei vielen vorzuherrschen. Eine Erklärung für diesen Eindruck sehe ich darin, dass Frauen nach Parczyks Angaben seltener Straftaten mit Gewaltausübung als Männer begehen. Sie werden immer noch als das „sanfte Geschlecht" angesehen. Es ist aus diesem Grund schlichtweg ungewohnt und entspricht nicht den gesellschaftlichen Erwartungen an die Frauenrolle, Frauen als Mörderinnen, Bankräuberinnen und Entführerinnen zu erleben. Möglicherweise werden Terroristinnen aus diesem Grund als brutaler wahrgenommen. Dann würde es sich um eine Frage der Perzeption handeln. Wenn es aber tatsächlich so sein sollte, dass Terroristinnen brutaler sind, dann ließe sich das mit Uetz' Strukturprinzip der „Verdeckten Männlichkeit" erklären. Uetz meint, trotz des relativ hohen Frauenanteils in der RAF (auch in Führungspositionen innerhalb der RAF), hätten innerhalb der RAF Kommunikationsformen, Aushandlungsprozesse und Verhaltensmuster vorgeherrscht, wie sie für eine männliche Lebensbewältigung kennzeichnend sind. Wer innerhalb der RAF etwas habe gelten wollen, habe sich weitgehend einem herrschenden Verhaltenskodex anpassen müssen. Bestimmte „Qualifikationen" seien zum Aufstieg innerhalb der RAF nötig gewesen („Kontrollstelle Männlichkeit"). Zwar beharrte die RAF auf ihrem Kollektivitätspostulat, nach dem innerhalb der kollektiven Struktur der Gruppe jedes Mitglied die Möglichkeit erhalten sollte, gleichberechtigte Erfahrungen zu machen und diese im Diskussionsprozess zu äußern, doch Uetz ist der Überzeugung, dass das Prinzip „Verdeckte Männlichkeit" dieses Postulat zerstörte und mitverantwortlich war für den Aufbau einer informellen, aber flexiblen Hierarchie. Uetz vermutet, dass die informelle Hierarchie der RAF immer diejenigen Männer und Frauen an die Spitze brachte, die sich an die Struktur einer „verdeckten Männlichkeit" in der RAF am besten anpassen und diese für sich nutzen konnten. Weiter glaubt er, dass die männliche Strukturierung der RAF tendenziell den Lebensbewältigungsstrategien der Männer entsprach und diese damit bevorteilte („Patriarchale Dividende"). Uetz vermutet, Frauen würden in der RAF nur dann Wertschätzung erfahren, wenn sie den eingeschlagenen „typisch männlichen" Weg nicht verließen. Möglicherweise könnte hieraus eine größere Einsatzbereitschaft, aber auch Brutalität auf Seiten der Frauen resultieren, da diese nicht über die „Patriarchale Dividende" verfügten und sich den Aufstieg über die „männlichen Qualifikationsmerkmale" noch stärker „erarbeiten" mussten. Süllwolds Ausführungen zu den inhaftierten Terroristinnen, die sich in internen Briefwechseln besonders radikal äußerten und insbesondere Schwächen ihrer Geschlechtsgenossinnen mit Aggression beantworteten, könnten diese Vermutung belegen. Frauen bemühten sich, so Süllwold, besonders durch Introspektion den eigenen Fanatismus immer wieder einer Überprüfung zu unterziehen – und unterschieden sich darin anscheinend von Männern, deren Briefe tendenziell eher einen persönlichen Bezug aufwiesen.[218] Süllwold kommt zu folgendem Schluss:

> „So erscheinen die Frauen in der Extremsituation der Gefangenschaft in einem besonderen Maße ihrer Menschlichkeit beraubt, überangepaßt an ein Klischee des Revolutionärs [...], ständig die letzten Reste ihrer individuellen Existenz zu tilgen. Die Unterwerfung trägt [...] nicht die Züge der Aufopferung, des Märtyrertums, sondern die eines kalten Perfektionismus. Diese musterschülerhafte Anpassung ist das Gegenteil eines ‚Exzesses der Selbstbefreiung‘, der den weiblichen Terroristinnen mitunter zugeschrieben worden ist, sie ist vielmehr deren völlige Verleugnung.“[219]

Wie oben bereits ausgeführt, meine ich, dass die Frauen sich sehr wohl aufopferten – nur nicht für Menschen, sondern für eine Idee – und das eben bis zur eigenen Entpersönlichung, Entindividualisierung. In polizeilichen Verhören sollen sie, wie MacDonald ausführt, ohne Rücksicht auf persönliche Vor- oder Nachteile seltener als Männer Informationen preisgegeben haben. Außerdem treten die Frauen nach Straßner im Regelfall weit später als die Männer aus der RAF aus.[220] Viele Personen, die sich mit den RAF-Terroristen beschäftigt haben, stellen fest, dass sie ab einem gewissen Punkt „verschwinden“. Prinz berichtet bspw. über Meinhof, dass sie „allmählich verschwunden ist. Und zurück blieb ein Netz von Gedanken, so eng und fest, dass ich sie dahinter kaum mehr sehen konnte.“[221] Diesen Eindruck kann ich sehr gut nachvollziehen, denn je weiter sich die Betreffenden in die Gruppe und ihre Ideologie verstricken, desto unnahbarer, unverständlicher werden sie für den Nicht-Ideologisierten. Die RAF-Schriften und teilweise auch die Aussagen von RAF-Angeklagten vor Gericht seien hier als Beispiel angeführt. Manche sprechen sogar von „Entmenschlichung“. B. Röhl z.B. meint, das Verhalten ihrer Mutter sei nach der Verlegung Ensslins zu ihr nach Köln-Ossendorf „seiner letzten menschelnden Reste verlus-

---

[218] Vgl. Parczyk: Frauen im Terrorismus. S. 66; vgl. Uetz: „Schwein oder Mensch“. S. 79ff; vgl. Süllwold: Stationen in der Entwicklung von Terroristen. S. 109f.

[219] Süllwold: Stationen in der Entwicklung von Terroristen. S. 110

[220] Vgl. MacDonald: „Erschießt zuerst die Frauen“. S. 225; vgl. Straßner: Die Dritte Generation der „Roten Armee Fraktion“. S. 93.

[221] Prinz: Lieber wütend als traurig. S. 300.

tig gegangen"[222]. Ich bin jedoch der Ansicht, dass „Entmenschlichung" nicht den Kern trifft, sondern vielmehr diffamierend wirkt und einem Verständnis dieser Menschen im Wege steht. Nach dem Motto: Was ich nicht verstehe, ist unmenschlich und sind die Terroristen erst keine Menschen mehr, kann man sich beruhigt von ihnen abwenden, hat nichts mehr mit ihnen zu tun und muss sich nicht mehr mit ihnen geistig auseinandersetzen.

---

[222] B. Röhl: So macht Kommunismus Spass! S. 614.

Weibliche Wege in den Linksterrorismus

Ulrike Meinhof

Ulrike Marie Meinhof wurde am 14.05.1934 als zweites Kind von Werner und Ingeborg Meinhof in Oldenburg geboren. Ihr Vater war Kunsthistoriker und seit dem 01.05.1933 Mitglied der NSDAP, wobei über seine Motivation zum Parteibeitritt nur spekuliert werden kann. Prinz vermutet das Verantwortungsgefühl für die Familie als ausschlaggebend. Ein überzeugter Nationalsozialist scheint W. Meinhof nicht gewesen zu sein, denn ungefähr zeitgleich mit seinem NSDAP-Eintritt trat er auch der „Hessischen Renitenz" bei. Dabei handelte es sich um einen Zusammenschluss freier Gemeinden, der sich strikt gegen jede Einmischung des Staates in religiöse und kirchliche Fragen wandte und unter dem neuen, um Gleichschaltung der Kirchen bemühten NS-Regime seine konfessionelle Selbstständigkeit verteidigte. Die Meinhofs waren eine Familie, die seit vielen Generationen Pastoren hervorgebracht hatte. Auch Meinhofs Vater stammte aus einem Pfarrhaus. Meinhof wuchs laut B. Röhl in einer bürgerlichen, liberalen und modernen Familie auf und wurde im protestantischen Glauben erzogen.[223]

Im Jahr 1936 zogen die Meinhofs nach Jena. Vier Jahre später starb Meinhofs Vater an Krebs. I. Meinhof musste, um die Familie zu versorgen, eine Ausbildung nachholen und entschied sich für ein Studium. In den nächsten Jahren wurden Meinhof und ihre Schwester zur Entlastung ihrer Mutter oft für längere Zeiträume zu Verwandten oder in Schullandheime geschickt. Finanzielle und persönliche Entlastung brachte I. Meinhof die Freundschaft mit der 10 Jahre jüngeren Renate Riemeck, die sie während ihres Studiums kennen lernte und die im Herbst 1941 bei Meinhofs als Untermieterin einzog. Insbesondere zu Meinhof entwickelte sie ein enges Verhältnis. Riemeck wird von vielen als burschikose Frau beschrieben, die sich vorrangig für Bildung interessierte und eher nicht der traditionellen Frauenrolle entsprach. Sie sei, erinnert sich B. Röhl, kein mütterlicher Typ gewesen und habe keinen besonderen Wert auf Äußerlichkeiten gelegt. Meinhof erwähnte einmal, sie sei von Riemeck so erzogen worden, dass weder die Rolle der Frau, noch die der Mutter vorgesehen war. Riemeck nahm als geistige und politische Mentorin, v.a. während Meinhofs Jugend und Studienzeit, auf sie entscheidenden Einfluss, prägte aber auch ihr Äußeres in

---

[223] Vgl. Prinz: Lieber wütend als traurig. S. 26f; vgl. B. Röhl: So macht Kommunismus Spass! S. 136.

Bezug auf Kleidungsstil und Frisur. Sie stand den Nationalsozialisten ablehnend gegenüber, hörte den Radiosender BBC und unterhielt Kontakte zu kommunistischen Arbeitern. In den Jahren 1943/44 promovierten I. Meinhof und Riemeck und absolvierten das Staatsexamen für das Höhere Lehramt.[224]

Über das in der Nähe von Jena gelegene KZ Buchenwald war Meinhof bereits in ihrer Kindheit ansatzweise informiert. 1942 besuchte ihre jüdische Patentante sie, um sich zu verabschieden, da sie mit ihrer baldigen Deportation rechnete. Später erfuhr Meinhof, dass sie kurz nach ihrem Besuch in das KZ Theresienstadt deportiert und dort umgebracht wurde.[225]

Der Krieg gestaltete die Versorgungslage in Jena zunehmend schwieriger. Die Luftangriffe nahmen zu. Meinhof ging es wie den meisten Kindern, die in dieser Zeit aufwuchsen: Entbehrungen, Einschränkungen, Bedrohungen und Angst bestimmten den Alltag. Nach dem schlimmsten Angriff auf Jena, am 19.03.1945, brannte ein Großteil der Stadt. Insgesamt wurden durch Bomben und Artilleriebeschuss während des Kriegs in Jena ca. 700 Menschen getötet und über 2000 Menschen schwer verletzt.[226]

Der Einmarsch amerikanischer Besatzungstruppen in Jena und das anschließende Kriegsende stellten laut Krebs für Meinhof einen tiefen Einschnitt dar. Später sprach sie angeblich wiederholt mit Freunden und Familie über diesen Tag, aber auch über das Versagen der älteren Generation, die das Unrecht im Nationalsozialismus bejubelt oder zumindest geduldet hätte. Ihr sei bewusst gewesen, dass die Deutschen den Nationalsozialismus nicht selbst beseitigt hätten. Krebs ist der Ansicht, dass sie Zeit ihres Lebens Angst davor gehabt hat, wie die ältere Generation zu versagen und dass diese Angst sie ihr gesamtes Leben bewegte.[227] „Nicht zu schweigen, noch weniger: nur zu reden – sondern: etwas tun – das ist es, was Ulrike Meinhof von sich selbst und von anderen gefordert hat. Aus den Erfahrungen einer Zeit, die sie zwar ‚nur' als Kind erlebt, die sie aber nie wieder losgelassen hat."[228]

---

[224] Vgl. B. Röhl: So macht Kommunismus Spass! S. 142ff; S. 327; S. 149; vgl. Prinz: Lieber wütend als traurig. S. 44f.

[225] Vgl. Krebs: Ulrike Meinhof. S. 18; vgl. Prinz: Lieber wütend als traurig. S. 43f.

[226] Vgl. Krebs: Ulrike Meinhof. S. 20; vgl. Prinz: Lieber wütend als traurig. S. 46f.

[227] Vgl. Krebs: Ulrike Meinhof. S. 20.

[228] Krebs: Ulrike Meinhof. S. 21.

Kurze Zeit später flohen Meinhofs mit Riemeck vor den sowjetischen Besatzern nach Bad Berneck. Ende 1945 zogen sie nach Oldenburg.[229]

Im Jahr 1949 starb I. Meinhof an einer Lungenentzündung. Riemeck erhielt das Sorgerecht für die Meinhof-Töchter. Der Verlust beider Elternteile, das Zurückbleiben als Waise, soll in Meinhof, wie Krebs vermutlich nicht zu Unrecht feststellt, tiefsitzende Verlustängste erzeugt haben. Ein ausgeprägtes Bedürfnis nach Gruppenbindung sollte künftig einen großen Einfluss auf ihren Lebensweg behalten.[230]

Während sich nach dem Krieg weitestgehend die alte Rollenverteilung restaurierte, wuchs Meinhof in einem Haushalt auf, in dem eine gebildete Frau das Familienoberhaupt war, für den Lebensunterhalt sorgte und als Hochschuldozentin einen Beruf ausübte, der bislang meist Männern vorbehalten war.[231] Schon als Meinhofs Mutter noch lebte, wurde ihr größere Selbstständigkeit abverlangt, als anderen Kindern ihres Alters, doch nach ihrem Tod erhöhten sich die Anforderungen an Meinhof noch einmal erheblich, insbesondere als Riemeck im Herbst 1949 einen Lehrauftrag in England erhielt und Meinhof ein halbes Jahr in Oldenburg allein zurückblieb.[232] Anschließend erhielt Riemeck einen Ruf an die Hochschule in Braunschweig, so dass Meinhof weiterhin die meiste Zeit auf sich allein gestellt blieb. Kurz nach Riemecks Verbeamtung wurde ihr als jüngster Professorin Deutschlands der Professorentitel verliehen. Dem deutschen Staatsbeamtentum stand sie seit der NS-Zeit skeptisch gegenüber und weigerte sich angeblich, den Beamteneid zu leisten, so dass sie letztlich, wie sie wiederholt betonte, nur sich selbst verpflichtet war. Die Skepsis, die Riemeck gegenüber dem obrigkeitsstaatlichen Verhalten der Deutschen hegte, entging Meinhof vermutlich nicht.[233]

Nachdem Riemeck 1952 ein Angebot des Pädagogischen Instituts in Weilburg an der Lahn erhielt, zogen sie und Meinhof nach Weilburg um. Trotz der vielen Umzüge in ihrer Kindheit und Jugend fand Meinhof immer wieder schnell Anschluss.

---

[229] Vgl. B. Röhl: So macht Kommunismus Spass! S. 150f.

[230] Vgl. Krebs: Ulrike Meinhof. S. 22.

[231] Vgl. Krebs: Ulrike Meinhof. S. 23.

[232] Meinhofs ältere Schwester Wienke lebte zu dieser Zeit schon nicht mehr bei Riemeck.

[233] Vgl. B. Röhl: So macht Kommunismus Spass! S. 163ff; Prinz: Lieber wütend als traurig. S. 64f.

Im Frühjahr 1955 machte Meinhof ihr Abitur und schrieb sich an der Universität Marburg für die Fächer Pädagogik, Germanistik und Psychologie mit dem Berufsziel Lehrerin ein. Die Studienstiftung des Deutschen Volkes bewilligte ihr ein Stipendium. Während ihres Studiums wechselte Meinhof mehrmals die Fächer. Erst tauschte sie Germanistik gegen Geschichte, dann Psychologie gegen Kunstgeschichte. Während ihres Studiums in Marburg lernte sie Lothar Wallek kennen, mit dem sie bald zusammenzog und sich Ostern 1958 verlobte.

Zum Sommersemester 1957 ging Meinhof an die Pädagogische Akademie in Wuppertal und lebte währenddessen bei Riemeck, die mittlerweile dort arbeitete. In diesem Jahr rückte die Frage der Atomrüstung in das Blickfeld Riemecks und Meinhofs. Riemeck beteiligte sich in Wuppertal seit einiger Zeit an einem Kreis, der sich gegen die Politik der Regierung Adenauer und insbesondere gegen jede militärische Rüstung des Westens richtete. Im Februar 1958 trat Riemeck mit dem von ihr formulierten und von 44 Professoren unterschriebenen „Appell an die Gewerkschaften gegen die atomare Aufrüstung der Bundeswehr" an die Öffentlichkeit. Sie stand in dieser Zeit mit vielen wichtigen Persönlichkeiten, die gegen die atomare Bewaffnung der BRD ankämpften, in Kontakt und wurde zu einer Wortführerin der Atomwaffengegner. Als im Herbst 1960 auf einen Beschluss der Ostberliner KPD hin die Deutsche Friedensunion (DFU) gegründet wurde, gehörte Riemeck zu den drei Vorsitzenden der Partei. Die DFU wurde größtenteils von der KPD finanziert und nahm 1961 an den Bundestagswahlen teil. B. Röhl hegt den Verdacht, Riemeck habe von der kommunistischen Unterwanderung der Partei gewusst und sei selbst Kommunistin gewesen.[234]

Meinhof verfolgte aufmerksam Riemecks Aktivitäten und es war laut B. Röhl naheliegend, dass Meinhof, „deren Engagement an der Universität Münster vor diesem Hintergrund gesehen werden muss, sich in diesem Oppositionszusammenhang zu Hause fühlte"[235]. Als Meinhof im Wintersemester an die Universität Münster wechselte, hatte sie sich B. Röhl zufolge verändert:

> „Während sie vorher die an Pädagogik und Kunst interessierte Studentin war, die in Marburg mit ihrem Verlobten ein zurückgezogenes Leben geführt hatte, ist sie im Februar 1958, als sie in Münster zielstrebig einen Anti-Atomwaffen-Ausschuss gründet, bereits eine ton-

---

[234] Vgl. B. Röhl: So macht Kommunismus Spass! S. 182ff; S. 362ff; S. 380.

[235] B. Röhl: So macht Kommunismus Spass! S. 193.

angebende Aktivistin. Das Studium scheint sie kaum noch zu interessieren. Es ist, als hätte sie in dem Zwischensemester in Wuppertal eine Metamorphose erlebt."[236]

Im Februar veranlasste sie im SDS Münster die Gründung des „Arbeitskreises für ein atomwaffenfreies Deutschland" und wurde dessen Sprecherin. Der Arbeitskreis organisierte u.a. eine Kundgebung in Münster, die am 20.05.1958 stattfand und auf der Meinhof eine Rede hielt. In einem von ihr entworfenen Flugblatt hieß es:

> „Wir wollen nicht, daß ‚Hunderte von Millionen' Menschen ermordet werden, wir wollen nicht, daß unsere Kinder als Idioten geboren werden, blind, mit durchlöcherten Knochen, bauchlos und ohne Beine, ohne Gehirn und was des Entsetzlichen noch mehr ist. [...] Wir wollen uns nicht noch einmal wegen ‚Verbrechen gegen die Menschlichkeit' vor Gott und den Menschen schuldig bekennen müssen."[237]

Seifert berichtet, Meinhof habe häufig mit ihm darüber gesprochen, was ihre Eltern damals unter Hitler hätten tun können. „Das habe ihr keine Ruhe gelassen, weil sie tief davon überzeugt gewesen sei, daß ihre Generation auf ähnliche Weise herausgefordert sei wie die ihrer Eltern."[238] Meinhof war außerdem auf ein weiteres Problem gestoßen, das sie in ihrem Flugblatt thematisierte:

> „Man sagt uns, der Protest gegen die atomare Aufrüstung sei demokratisch illegal... und daß unser Parlament repräsentativ sei für die Mehrheitsverhältnisse des Volkes. Was aber ist, wenn das Parlament in einer lebenswichtigen Frage nicht mehr die Meinung des Volkes repräsentiert?"[239]

Sie fühlte sich in dieser für sie (und viele andere) „lebenswichtigen Frage" von den Parlamentariern nicht vertreten und empfand die Verantwortung sich aktiv gegen die Bewaffnung in einer außerparlamentarischen Bewegung zu engagieren. Gemeinsam mit Seifert gab sie in den nächsten Monaten die Zeitschrift „argument" heraus und verfasste für diese Beiträge. Ihr Protest gegen die atomare Bewaffnung speiste sich zu dieser Zeit laut Krebs hauptsächlich aus moralischer

---

[236] B. Röhl: So macht Kommunismus Spass! S. 199.

[237] Krebs: Ulrike Meinhof. S. 38.

[238] Krebs: Ulrike Meinhof. S. 47.

[239] Krebs: Ulrike Meinhof. S. 38.

Empörung und Angst. Riemeck meint, Meinhof habe ihr in dieser Sache zunächst moralisch zugestimmt und dann erst politisch.[240] „Das ist etwas, das sich durch ihr ganzes Leben hindurchzieht: Sie hatte immer einen starken moralischen Anspruch. Sie konnte moralisch auf die Barrikaden gehen."[241] Problematisch für ihr weiteres Leben wurde, was Riemeck weiter ausführt: „Sie war nicht der große politisch-analytische Verstand, den man immer bei ihr vorausgesetzt hat. Sie konnte gar nicht so sehr gut analysieren."[242] Rabert ist der Ansicht, dass sich bei Meinhof allmählich ein manichäistisches Weltbild, getragen von ihren starken moralischen Ansprüchen, entwickelte, in dem sie ihre politischen Gegner immer stärker auch als persönliche Feinde begriff. Er benennt drei für mich nachvollziehbare Charakteristika in ihrem politischen Engagement, die sie seiner Ansicht nach seit ihrer Studienzeit kennzeichneten:

> „1. Viel mehr als andere versuchte sie, Politik nach moralischen Kategorien zu betreiben. Hieraus resultierte der sich später zum Fanatismus gesteigerte Anspruch auf unbedingte Durchsetzung der eigenen Meinung. Gleichzeitig wurde hierdurch jedoch der Grundstein zu ihrem politischen Autismus gelegt, der sich später noch fatal auswirken sollte. 2. Entgegen dem damals vorherrschenden Klima wandte sie sich strikt gegen den Antikommunismus. [...] 3. Meinhof war stets eine Befürworterin einer offeneren Politik gegenüber dem kommunistischen Osten und voller wachsendem Antiamerikanismus."[243]

Als Sprecherin des Münsteraner Arbeitskreises wurde Meinhof zu den Treffen ähnlicher Kreise an anderen Universitäten entsandt. In Frankfurt fiel sie dem Vertreter des Berliner Anti-Atom-Ausschusses, Reinhard Opitz, auf. Opitz war Redakteur bei der KPD-finanzierten linken Zeitschrift „konkret" und Mitglied der in Westdeutschland seit 1956 verbotenen KPD. Er und der Chefredakteur von „konkret", Klaus Rainer Röhl, der seit 1956 ebenfalls Mitglied der KPD war, hatten den Parteiauftrag erhalten, sich an die Spitze der entstehenden Protestbewegung zu stellen. K. Röhl berichtet später davon:

---

[240] Vgl. Krebs: Ulrike Meinhof. S. 40ff.

[241] Krebs: Ulrike Meinhof. S. 43.

[242] Krebs: Ulrike Meinhof. S. 44.

[243] Rabert: Links- und Rechtsterrorismus in der Bundesrepublik Deutschland von 1970 bis heute. S. 179f.

Opitz war in diesem Zusammenhang sehr an Meinhof interessiert. In der folgenden Zeit bemühte sich Opitz, Meinhof von einer Zusammenarbeit mit „konkret"
zu überzeugen. Meinhof zeigte sich jedoch vorerst skeptisch, da sie bereits zwei
kommunistische Unterwanderungsversuche innerhalb des Arbeitskreises erlebt
hatte und eine Vereinnahmung des Arbeitskreises durch Kommunisten ablehnte.
Im Mai 1958 lernten Meinhof und K. Röhl sich auf einem Treffen der Atomaus-
schüsse kennen.[245] Später sagte er über diese erste Begegnung:

K. Röhl und Meinhof werden nicht zuletzt von B. Röhl als sehr unterschiedliche
Charaktere beschrieben. Meinhof sei eine ernsthafte, intellektuelle und relativ
asketisch anmutende junge Frau gewesen, der damals dreißigjährige K. Röhl
habe als schicker Lebemann, der im Ruf stand, nichts richtig ernst zu nehmen
und, obwohl verheiratet, dauernd Affären hatte, gegolten.[247]

Meinhof gefiel die zunehmende Vereinnahmung des Anti-Atom-Ausschusses
durch „konkret" nicht. Riemeck soll sie dazu ermuntert haben, mit den „konkret"-Leuten politisch zusammenzuarbeiten. Im Sommersemester 1958 begann
Meinhof sich für „konkret" einzusetzen.[248]

---

[244] B. Röhl: So macht Kommunismus Spass! S. 207f.

[245] Vgl. B. Röhl: So macht Kommunismus Spass! S. 211ff.

[246] K. Röhl: Fünf Finger sind keine Faust. S. 130.

[247] Vgl. Prinz: Lieber wütend als traurig. S. 95f.

[248] Vgl. B. Röhl: So macht Kommunismus Spass! S. 216f.

Am Ende des Sommersemesters 1958 skizzierte Meinhof in einem Artikel ihre persönlichen Erfahrungen und stellte fest, dass aus einem „weitgehend emotional getragenen"[249] Protest die Einsicht gewachsen sei, „die atomare Aufrüstung in ihrem politischen Rahmen zu sehen"[250]. Gemeinsam mit Seifert sprach sie sich gegen Antikommunismus aus, da dieser Völkerhass erzeuge und als Begründung für eine Rüstungspolitik diene. „Antikommunismus ersetzt den Antisemitismus"[251] war ihre Meinung.

Meinhof suchte nach für sie neuen, ihr unverdächtigen politischen Konzepten, die ihrer Ansicht nach eher den Frieden gewährleisten würden, als die aktuell verfolgte politische Linie und stieß auf bzw. wurde von den „konkret"-Leuten, Riemeck und ihren kommunistischen Bekannten, aber auch ihren politischen Gegnern auf den Kommunismus gestoßen. Im Rahmen ihrer Anti-Atom-Arbeit war sie von der gegnerischen Seite schon längst als Kommunistin diffamiert worden. Der Marxismus stellte, so Prinz, (nicht nur) für sie das Gegenbild zu allem, was „Faschismus" bedeutete, zu den NS-Verbrechen der älteren Generation und zu Zwängen und Ungerechtigkeiten der jetzigen Gesellschaft dar. Wienke Meinhof sagt, sie und Meinhof hätten damals gedacht, dass, wenn das, was sie wollen, kommunistisch sei, der Kommunismus gar nicht so falsch sein könne.[252] In einem Brief an Seifert vom 14.10.1958 schrieb Meinhof: „[...] es gibt wenige, die die Aufrüstung ablehnen, weil sie Sozialisten sind, es gibt aber viele, die durch ihre Gegnerschaft aus x anderen Gründen zwangsläufig nach links rutschen, sofern sie nur weiterdenken."[253]

Im September 1958 besuchten die „konkret"-Leute sie in Marburg, um mit ihr Fragen hinsichtlich des für 1959 geplanten Anti-Atom-Kongress in Berlin zu besprechen, sie „einzuweihen" und in die Partei zu holen. In einem Café, erinnert sich K. Röhl, leistete er bei Meinhof Überzeugungsarbeit:

---

[249] Meinhof/Seifert: Unruhe in der Studentenschaft. In: Blätter für deutsche und internationale Politik. Köln. Heft 7/1958. S. 524ff, zit. n. Krebs: Ulrike Meinhof. S. 44.

[250] Meinhof/Seifert: Unruhe in der Studentenschaft. In: Blätter für deutsche und internationale Politik. Köln. Heft 7/1958. S. 524ff, zit. n. Krebs: Ulrike Meinhof. S. 44.

[251] Meinhof/Seifert: Der neue Erbfeind. In: argument, Nr. 8. Flugschrift des Studentischen Arbeitskreises... Archiv Seifert, zit. n. Krebs: Ulrike Meinhof. S. 45.

[252] Vgl. Prinz: Lieber wütend als traurig. S. 98f; vgl. Leßner: Ulrike Meinhof. 2. Teil Min. 5:20-5:30.

[253] B. Röhl: So macht Kommunismus Spass! S. 237.

> „Ich redete vom Fortschritt, vom Frieden und vom Sozialismus. Ich
> [...] zitierte Lenin, Marx und die Bibel, alles durcheinander, redete
> vom Traum der Gerechtigkeit, von Güte und vom Gegenteil, vom
> Hass, und eroberte so das Herz deiner Mutter... Ja, absichtlich redete
> ich auch viel vom Christentum, obwohl ich selber Atheist bin, aber ich
> spürte, dass sie darauf anspringen würde."[254]

„Ich schilderte ihr den Sozialismus als einzige Möglichkeit, alles zu verwirklichen, was die wirklichen Christen wirklich gewollt hatten."[255] Prinz meint, dass
es K. Röhl in diesem Gespräch anscheinend gelungen sei, Meinhof einen Weg
aufzuzeigen, wie sie ihre moralischen Grundsätze und ihren Wunsch, zu wirken,
verbinden kann. Er habe die Ähnlichkeit der marxistischen Utopie mit dem
christlichen Versprechen von einer gerechteren Welt genutzt – mit dem Unterschied, dass bei Marx diese Ziele schon in dieser Welt erreicht würden. Hier
sieht Prinz den Ansatzpunkt, um Meinhof für den Kommunismus zu interessieren: Meinhof wollte etwas verändern, sie wollte laut Seifert „unbedingt wirken"[256] und ein nur auf ein Jenseits vertröstendes und Missstände in der Gegenwart hinnehmendes Christentum genügte ihr nicht.[257] Der Kommunismus
scheint das offensichtlich auch von Meinhof empfundene ideologische Vakuum
der jungen BRD-Intelligenz gefüllt zu haben und sie erbrachte damit für sich
einen Beweis ihrer Distanzierung zur NS-Vergangenheit Deutschlands.

In dieser Zeit trat Meinhof nicht nur dem SDS und der illegalen KPD bei, sondern verliebte sich B. Röhl zufolge auch in K. Röhl. Dieser meinte im Nachhinein:

> „Ulrike musste nicht erst groß überredet werden, als Genossin legte
> sie gleich Tempo vor. Kumpf und Kapluck [als Abteilungsleiter für ‚Ju-
> gend und Kultur' der West-KPD für die Zeitschrift „konkret" zustän-
> dig] waren begeistert. Ulrike fand es spannend, undercover zu arbei-
> ten. Das S-Bahn-wechseln, die geheimen Treffen, all das nahm sie
> anders als ich wahnsinnig ernst und hatte zugleich ein deutlich sicht-
> bares Vergnügen daran."[258]

---

[254] B. Röhl: So macht Kommunismus Spass! S. 230f.

[255] K. Röhl: Fünf Finger sind keine Faust. S. 131.

[256] Prinz: Lieber wütend als traurig. S. 100.

[257] Prinz: Lieber wütend als traurig. S. 100f.

[258] B. Röhl: So macht Kommunismus Spass! S. 241.

Schon 12 Jahre bevor Meinhof in den Untergrund abtauchte, führte sie somit das Leben einer Illegalen, die theoretisch ständig mit Verhaftung und Gefängnis rechnen musste. Opitz erinnert sich, dass Meinhof, kaum in die KPD aufgenommen, begann, „als sei sie eine geschulte Kaderleiterin, sie, die keine Zeile von Marx und Lenin kannte"[259]. B. Röhl betont ausdrücklich, der Kommunismus sei Meinhofs große Leidenschaft gewesen und sie sei ihrer kommunistischen Gesinnung im Prinzip bis an ihr Lebensende treu geblieben. Unrecht in kommunistischen Ländern, das Meinhof, so B. Röhl, sehr wohl wahrnahm, tolerierte sie in der Hoffnung, am Ende einer Revolution würde das „kommunistische Paradies" stehen, welches sie wohl für in absehbarer Zeit erreichbar hielt.[260]

In diesem Herbst 1958 trennte sie sich von Wallek. Er schrieb dazu, Meinhofs Hinwendung zur KPD habe einen zunehmenden Abstand in die Beziehung gebracht. Auch Seifert bemerkte bei ihrer Rückkehr nach Münster eine Distanzierung vom Ausschuss und einen „Gesinnungswandel".[261] Ihren Beitritt in die KPD verschwieg sie ihm und trieb damit ein „kaschiertes Spiel", das sie ihm in anderem Kontext in einem Brief erläuterte:

> „Wenn eine Zeitung die Zeitung [...] der ‚Linken' heißt, dann mag da vieles drinstehen, das mancher gutheißen würde, wüßte er nicht, daß es eben von links kommt und deshalb schlecht ist. [...] Du kannst mir vorwerfen, ein kaschiertes Spiel spielen zu wollen. Aber das stimmt insofern nicht, als ich der Meinung bin, daß man inhaltlich unbedingt sagen sollte, was man denkt, wenn auch erst allmählich [...]."[262]

Meinhof war offensichtlich schon zu diesem Zeitpunkt so stark ideologisiert, dass sie mit einem moralischen und intellektuellen Überlegenheitsgefühl voranschritt und dabei ein ansatzweise arrogantes Avantgarde-Denken offenbarte. Möglicherweise meint Seifert mit Distanzierung auch, dass es Meinhof bald nicht mehr vorwiegend um den Kampf gegen die Atomrüstung ging, sondern gegen das westdeutsche System insgesamt. Sie instrumentalisierte das Thema, wie viele, die die Anti-Atomwaffen-Bewegung kommunistisch unterwanderten, für linksextremistische Ziele. Am 14.10.1958 schrieb sie an Seifert:

---

[259] K. Röhl: Fünf Finger sind keine Faust. S. 132.

[260] Vgl. B. Röhl: So macht Kommunismus Spass! S. 336.

[261] Vgl. B. Röhl: So macht Kommunismus Spass! S. 236; S. 240.

[262] B. Röhl: So macht Kommunismus Spass! S. 238.

„Wir sind uns darüber einig, daß die positive Alternative zur westlichen Politik im Sozialismus zu sehen ist, daß personelle Veränderungen in den Regierungen das Grundübel nicht ausrotten können, sondern nur eine Veränderung der wirtschaftlichen Verhältnisse, d.h. eben gesellschaftlichen Verhältnisse. [...] Geht's in der gegenwärtigen Situation primär darum, diese Alternative voranzutreiben und ihr Boden zu verschaffen, oder geht es darum, die westdeutsche Politik ohne Umschweife zu bekämpfen? [...] Wo liegen die besten Ansatzpunkte für diesen ‚Kampf'? Ich glaub', wir sind uns darin einig, daß es mehr Menschen gibt, die die westdeutsche Politik ablehnen, als solche, die das Grundübel im Kapitalismus [...] sehen. Angesichts dieser Tatsachen meine ich nun, dass man auf breitester Ebene gegen die westdeutsche Politik kämpfen sollte und diese Gegnerschaft allem vorziehen sollte."[263]

Sie stand nun in regem Briefkontakt mit den „konkret"-Genossen und fuhr immer öfter in die Hamburger „konkret"-Redaktion, v.a. um den anstehenden Anti-Atom-Kongress vorzubereiten, aber vermutlich auch wegen K. Röhl, mit dem sich langsam eine Beziehung entwickelte. Meinhof begeisterte sich für seine lockere Lebensart, die ganz im Gegensatz zu dem von ihr sowohl bei Riemeck, als auch in Marburg und Münster praktizierten Lebensstil stand.[264]

Am 03. und 04.01.1959 fand der Kongress statt. Vor allem zwei Richtungen waren Gegenstand der Auseinandersetzung: die der zahlenmäßig größeren SPD-nahen Studenten, die sich für eine gleichgewichtige Abrüstung in Ost und West einsetzten und die kommunistische, die die einseitige atomare Abrüstung im Westen verlangte. Die Kommunisten, d.h. die „konkret"-Fraktion, bestimmte, obwohl in der Minderheit, am Ende das Ergebnis, die Schlussresolution. K. Röhl gesteht eine Manipulation des Kongresses ein. Meinhof hatte auf der Seite von „konkret" und damit im Sinne der KPD mitgefochten. Sie zeigte sich hier besonders engagiert und spielte bei der Beeinflussung des Kongresses eine wesentliche Rolle.[265]

Im August 1959 entzog sich Meinhof durch freiwilligen Austritt aus dem SDS einem Ausschluss. Der SDS-Bundesvorstand hatte zu dieser Zeit in Absprache

---

[263] B. Röhl: So macht Kommunismus Spass! S. 237.

[264] Vgl. B. Röhl: So macht Kommunismus Spass! S. 244ff.

[265] Vgl. B. Röhl: So macht Kommunismus Spass! S. 268f; vgl. K. Röhl: Fünf Finger sind keine Faust. S. 110f; S. 142.

mit der SPD beschlossen, sich von der „konkret"-Gruppe zu trennen, um einer weiteren kommunistischen Unterwanderung zu entgehen. Kurze Zeit darauf veröffentlichte sie ihren ersten Artikel in „konkret".[266]

In den Wintersemesterferien 1959 war Meinhof regelmäßig zu Gast in den „konkret"-Redaktionsräumen, nicht zuletzt um mit K. Röhl, der seit seiner Scheidung dort „wohnte", Zeit zu verbringen. Innerhalb eines Jahres veränderte Meinhof ihr Aussehen fast vollständig und passte sich optisch K. Röhls Frauenideal an. K. Röhl verdrängte den Einfluss Riemecks, er wurde jetzt wichtiger für sie. Dennoch kehrte sie im März 1959 wieder nach Münster zurück, um ihr Studium trotz der Verlockung, nur noch für die „politische Sache" und „konkret" zu arbeiten, zu beenden. In der folgenden Zeit pendelte sie zwischen Münster und Hamburg. Ihr Studium trat in den Hintergrund. Stattdessen arbeitete sie in der Redaktion und besprach mit K. Röhl und der KPD-Parteiführung in Ost-Berlin das weitere Konzept im Kampf gegen das westdeutsche System und für die Zeitschrift. Meinhof wollte zwar eine Dissertation schreiben und plante dafür ein Semester nach Jena zu gehen, doch Anfang 1960 brach sie ihr Studium ab und zog im Herbst auf Kosten der Partei nach Hamburg, nachdem diese ihren Willen bekundet hatte, sie als festangestellte Journalistin in die Redaktion aufzunehmen. In Hamburg zog sie bald mit K. Röhl zusammen. Am 13.09.1960 verlobten sie sich.[267]

Im Jahr 1960 begann Meinhof die von der Bundesregierung geplanten Notstandsgesetze in „konkret" zu thematisieren. B. Röhl ist der Ansicht, Meinhof habe dieses Thema ebenfalls instrumentalisiert, um eine Mobilisierung der Massen zu erreichen. Klassenkampf und kommunistische Weltrevolution seien ihre „Triebfeder" gewesen. Kritik an den Notstandsgesetzen war jedoch nicht genuin kommunistisch, nur mündete Meinhofs Kritik in eine sich mit der Zeit radikalisierende Staatskritik. In dem 1960 erschienen Artikel „Notstand? Notstand!"[268] behauptete sie, mit einem Verweis auf das Ermächtigungsgesetz, eine Ähnlichkeit zwischen dem Deutschland von 1960 und dem von 1933. Sie ging davon aus, dass das Grundgesetz, wie die Weimarer Verfassung, in der letzten Zeit manipuliert wurde und mit Notstandsgesetzen, die sie als analog zum Ermächtigungsgesetz beschrieb, die „Phase der legalen christlich-demokratischen-

---

[266] Vgl. B. Röhl: So macht Kommunismus Spass! S. 302ff.

[267] Vgl. Röhl: So macht Kommunismus Spass! S. 287f; S. 313f.

[268] Meinhof: Die Würde des Menschen ist antastbar. S. 14 – 19.

rüstungsindustriellen Statthalterschaft"[269] beginnen sollte und deutete damit an, die BRD befände sich auf dem Rückweg zum Faschismus. Der Artikel von 1968 war mit der bezeichnenden Überschrift „Notstand – Klassenkampf"[270] betitelt. Meinhof schrieb hier:

> „Weil wir uns auf einen reinen Verfassungsstreit eingelassen haben, weil wir so getan haben, als wären unsere Gegner ihrem Gewissen verpflichtete Parlamentarier, nicht ihren Konzernen verpflichtete Masken und keine Sozialdemokraten [...], weil wir die Notstandsgesetze nicht zum Gegenstand von Klassenkampf gemacht haben – deshalb ist Bonn erleichtert. [...] Zahlenmäßig sind wir stark genug um schon etwas auszurichten. [...] Die Demokratisierung von Staat und Gesellschaft sind das Ziel. Der Kampf gegen die Notstandsgesetze ist ein Mittel unter anderen, dieses Ziel zu erreichen, d.h. die Diktatoren in Staat und Gesellschaft zu entmachten. Das schafft man aber nicht, wenn man sich nur gegen den Wechsel von der großen in die kleine Gefängniszelle wehrt und darüber vergißt, den Ausbruch vorzubereiten."[271]

Der Staat war aus ihrer Sicht demzufolge undemokratisch, eine kapitalistischen Interessen verpflichtete Diktatur, bei der das Volk, unabhängig von Notstandsgesetzen, bereits gefangen war. Die Notstandsgesetze waren für Meinhof, wie sie es selber deutlich sagte, nur ein Mittel zum Zweck, ihren Angaben nach die „Demokratisierung". B. Röhl deutet diese Phrase jedoch als Verklausulierung eines Aufrufs zur Revolution, zum Aufstand gegen die damalige Bundesregierung. Bei dem Kampf sei den Notstandsgesetzesgegnern insofern ein strategischer Fehler unterlaufen, da sie sich nur auf dieses Problem konzentriert hätten und dabei dessen Ursache, die „falsche" Regierung, übersehen hätten. Diese extremistischen Intentionen sollen keinesfalls beschönigt werden. Es muss jedoch berücksichtigt werden, dass Meinhof diese Absichten nicht hegte, um der Bevölkerung zu schaden, sondern dass sie aus einem besserwisserischen Idealismus, aus einer kommunistischen Ideologisiertheit heraus agierte. Sie glaubte den Weg zum „Heil" zu kennen und verfolgte diesen. Von einer fortschreitenden Faschisierungstendenz der BRD war Meinhof vermutlich wirklich überzeugt. Prinz führt aus, Linkssein habe für Meinhof bedeutet, sich klar gegen die fa-

---

[269] Meinhof: Die Würde des Menschen ist antastbar. S. 14.

[270] Meinhof: Die Würde des Menschen ist antastbar. S. 142 - 145.

[271] Meinhof: Die Würde des Menschen ist antastbar. S. 143ff.

schistische Vergangenheit abzugrenzen. Und wie laut Prinz viele Linke in Deutschland betrachtete sie den Faschismus nicht als einmaliges historisches Ereignis, das mit dem Ende des Zweiten Weltkriegs abgeschlossen war, sondern fürchtete dessen Wiederaufleben.[272] Meinhof schrieb 1964: „Es ist an der Zeit zu begreifen, daß der Kampf der Männer und Frauen des 20. Juli im Widerstand gegen Unrecht und Gewalt noch nicht endgültig gewonnen ist."[273]

Ab März 1961 wurde Meinhof infolge eines Parteibefehls Chefredakteurin bei „konkret". Sie wird von damaligen Mitarbeitern als ehrgeizige Journalistin beschrieben, die als Chefredakteurin streng der Parteilinie folgte. Nach ihrem damaligen Arbeitskollegen Jürgen Manthey verkörperte sie in dieser Zeit den „typischen Apparatschik"[274]. Manthey erinnert sich: „Sie hat einen Gestus gehabt, der war oft unglaublich elitär. Sie hatte etwas Besonderes, Überlegenes. Und das kehrt für mich nachher ja wieder in ihrer Untergrundzeit."[275]

Im Mai 1961 verfasste Meinhof anlässlich des Eichmann-Prozesses den Artikel „Hitler in Euch"[276]. Darin kritisierte sie die politische Aufarbeitung des Nationalsozialismus und forderte:

> „Die Antwort auf den Nationalsozialismus muss innen- und außenpolitisch gefunden werden, für heute und morgen; sie heißt: Freiheit für den politischen Gegner, Gewaltenteilung und Volkssouveränität, sie heißt: Versöhnung mit dem Gegner von damals, Koexistenz statt Krieg, verhandeln statt rüsten."[277]

B. Röhl stellt nicht zu Unrecht fest, dass Meinhof auch hier versucht das Thema „NS-Vergangenheitsbewältigung" in den Dienst ihrer kommunistischen Sache zu stellen.[278] Die von Meinhof gezogene Konsequenz, Toleranz gegenüber Andersdenkenden als Lehre aus dem Nationalsozialismus, finde ich nachvollziehbar, aber in diesem Fall nicht unproblematisch, da sie damit vermutlich einem verfassungsfeindlichen Kommunismus den Weg ebnen wollte. In dem Satz

---

[272] Vgl. B. Röhl: So macht Kommunismus Spass! S. 332ff; vgl. Prinz: Lieber wütend als traurig. S. 116.

[273] Meinhof: Die Würde des Menschen ist antastbar. S. 51.

[274] B. Röhl: So macht Kommunismus Spass! S. 329.

[275] Krebs: Ulrike Meinhof. S. 76f.

[276] Meinhof: Deutschland Deutschland unter anderm. S. 38-42.

[277] Meinhof: Deutschland Deutschland unter anderm. S. 41.

[278] Vgl. B. Röhl: So macht Kommunismus Spass! S. 348.

„Wie wir unsere Eltern nach Hitler fragen, so werden wir eines Tages nach Herrn Strauß gefragt werden."[279] wird abermals ihre ablehnende Haltung gegenüber einer ihrer Meinung nach latent faschistischen Regierung deutlich. Meinhof hatte schon in Zusammenhang mit der Atombewaffnung gesagt, dass sie sich nicht noch einmal für „Verbrechen gegen die Menschlichkeit" verantworten will. Strauß erstattete daraufhin wegen Beleidigung Anzeige gegen Meinhof, infolge derer es zwar zu keinem gerichtlichen Verfahren kam, aber durch die Meinhof deutschlandweit bekannt wurde. Das Thema „NS-Vergangenheitsbewältigung", insbesondere der Aspekt der personellen Kontinuität, beschäftigte Meinhof. Sie schrieb im August 1962 über den ehemaligen NS-Richter Wolfgang Fränkel, der in der BRD als Bundesanwalt und Leiter der Bundesanwaltschaft tätig war. Es entsetzte sie, dass Personen, die unter Hitler Karriere gemacht hatten, in der BRD wieder zu hohen Ämtern kamen und leistete der von ihr empfundenen Legitimitätsschwäche der BRD Vorschub.[280]

Im Laufe des Jahres 1961 wurde „konkret" von einer Studentenzeitschrift auf eine allgemeine Zeitschrift umgestellt. Infolgedessen wurde die Zeitschrift einer anderen Ost-Berliner Abteilung unterstellt. Bis zu diesem Zeitpunkt hatte K. Röhl die Zusammenarbeit folgendermaßen wahrgenommen: „Wir wurden nicht gelenkt. [...] Wir lenkten uns selbst. Die konnten uns ab und zu mal einen guten Tip geben, nun macht das mal."[281] Dies mag naiv wirken, aber man muss sich vor Augen führen, dass Meinhof und K. Röhl Kommunisten waren und insofern mit der politischen Linie ihrer Genossen zu großen Teilen übereinstimmten. Sie mussten dafür also nicht unbedingt Befehle empfangen. Wolfgang Gehrcke, damals Vorsitzender der Hamburger Jugendkommission der KPD, leitete zeitweise das „konkret"-Projekt und bestätigt K. Röhls Aussage, wenn er erklärt,

> „[e]s sei falsch, sich das so vorzustellen, als habe es eine Leitung gegeben, die Kommandos gegeben und gesagt hätte: Schreibt den und den Artikel, oder: Macht die Demos. [Man habe] eher auf eine Identifizierung gesetzt, auf bestimmte ideelle Momente, die so stark wirkten, dass man sich sicher gewesen sei, diese Leute auch emotional an die Partei gebunden zu haben. [...] Dies alles habe einen Rahmen ge-

---

[279] Meinhof: Deutschland Deutschland unter anderm. S. 42.

[280] Vgl. Prinz: Lieber wütend als traurig. S. 116ff.

[281] B. Röhl: So macht Kommunismus Spass! S. 324.

schaffen, darüber habe man nicht reden müssen, in diesem Rahmen habe man gelebt"[282].

Die neuen Genossen aber forderten mehr Mitspracherecht in Bezug auf Inhalt und Autoren. K. Röhl und Meinhof wehrten sich gegen diesen neuen „Führungsstil". Es kam wiederholt zu Auseinandersetzungen um die politische Linie der Zeitschrift. [283]

Am 27.12.1961 heirateten Meinhof und K. Röhl.[284] Kurz darauf bezogen sie ihr erstes gemeinsames Haus. B. Röhl berichtet, dass sie an der Wohlstandsentwicklung der 60er Jahre partizipierten. Freunde erinnern sich, so Krebs, an einen eigenartigen Widerspruch, in dem Meinhof in diesen Jahren gelebt habe. Während sie sich als Journalistin gegen das Spießbürgertum der BRD wandte, lebte sie privat in teilweise sehr ähnlichen Verhältnissen. Einen Monat nach ihrer Heirat war Meinhof schwanger. Während der Schwangerschaft litt sie unter heftigen Kopfschmerzen, weshalb die Geburt bereits am 21.09.1962 eingeleitet wurde. Meinhof gebar Zwillinge: Bettina und Regine, die sie nicht religiös erzog. Ihren Kindern gegenüber begründete sie dies mit den Marx'schen Worten, die Kinder sollten nicht durch das „Opium des Volkes" vergiftet werden. Über ihre Mitarbeit bei der KPD hatte sie sich offensichtlich immer stärker von ihren christlichen Vorstellungen gelöst. Wenige Wochen nach der Geburt wurde sie am Kopf operiert. Es wurde ein Blutschwamm gefunden, der mit einer Metallspange abgeklemmt wurde.[285] Prof. Dr. Pfeiffer, der Meinhofs Gehirn nach ihrem Tod untersuchte, kam zu dem Schluss, dass dieses infolge der Operation Abweichungen von der Sollbeschaffenheit aufwies und beschäftigte sich mit der Frage, ob und inwieweit die Hirnschäden sich auf ihre Persönlichkeitsentwicklung ausgewirkt haben könnten. Er vermutete eine Kausalität zwischen Meinhofs Hirnveränderungen und ihren terroristischen Aktivitäten und erhob Zweifel an Meinhofs Zurechnungsfähigkeit. Sowohl Riemeck als auch K. Röhl erinnern sich, dass Meinhof nach der Operation stark verändert gewesen sei.[286] Ob die Hirnschäden

---

[282] Vgl. B. Röhl: So macht Kommunismus Spass! S. 355.

[283] Vgl. B. Röhl: So macht Kommunismus Spass! S. 395.

[284] Meinhof nahm den Namen ihres Ehemannes, Röhl, an. Ich werde sie jedoch im Verlauf der Arbeit aus Gründen der Übersichtlichkeit weiterhin Meinhof nennen.

[285] Vgl. B. Röhl: So macht Kommunismus Spass! S. 19ff; S. 388ff; vgl. Krebs: Ulrike Meinhof. S. 97.

[286] B. Röhl kritisiert in diesem Kontext v.a. die Zeitschrift „Spiegel", aber auch andere Medien, RAF-Anwälte und die damalige Linke, die diese Ergebnisse der Öffentlichkeit über 30 Jahre vorenthielten und betreibt diesbezüglich Ursachenforschung. Sie kommt zu dem

sich auf Meinhofs Handeln nach 1962 auswirkten, vermag ich nicht zu beurteilen. Berücksichtigt werden muss diese Möglichkeit jedoch. Jedoch soll hier nicht einer Pathologisierung der Meinhof'schen terroristischen Aktivitäten – und im Allgemeinen des RAF-Terrorismus – das Wort gesprochen werden. Nach ihrer Rückkehr arbeitete Meinhof viel zu Hause, während Angestellte sich um ihre Kinder und den Haushalt kümmerten.

Im Frühjahr 1964 eskalierten die Auseinandersetzungen zwischen der „konkret"-Redaktion und den Ost-Berliner Genossen. Meinhof, die an den Verhandlungen mit der Partei teilnahm, zeigte sich danach von dieser enttäuscht, und, wie sie sagte, „um viele Illusionen ärmer"[287]. Die Partei brach mit der Zeitschrift und stellte die Zahlungen ein. K. Röhl und Meinhof beantragten ihren Austritt. Im selben Jahr wurde K. Röhl aus der Partei ausgeschlossen. Meinhof blieb Parteimitglied – sie hätte ausgeschlossen werden müssen.

Meinhof und K. Röhl starteten zur Rettung der Zeitschrift einige erfolgreiche Aktionen. Die nächste Ausgabe von „konkret" wurde ca. 50.000 Mal verkauft (dreimal so oft, wie die von Ost-Berlin finanzierte Version). Meinhof schrieb in dieser Ausgabe ihre erste Kolumne. Nach dem Bruch mit der Partei bemühte sie sich parallel um Aufträge bei anderen Zeitungen, beim Rundfunk und gab ihren Chefredakteurin-Posten auf.[288]

Aust lernte sie zu dieser Zeit kennen und erinnert sich, dass sie davon ausging, dass „[w]enn man nicht einer Meinung mit ihr war, [...] man unpolitisch [war]"[289]. Sie sei davon überzeugt gewesen, „im Besitz der reinen Lehre"[290] zu sein.

Die Auflage von „konkret" steigerte sich 1965 auf 100.000 Exemplare, 1967 verdoppelte sie sich. Zwei Themenkomplexe wurden in der Zeitschrift in den

---

Schluss, dass sich dahinter Kalkül verberge, um den „Meinhof-Mythos" von der überintelligenten und -sensiblen Journalistin, einer der geistigen Ikonen der 68er Bewegung, die in den Terrorismus abglitt und selbst dort diesem noch den intellektuellen Anstrich gab, nicht zu gefährden. Meinhof habe nicht geistig-pathologisch krank sein dürfen, da dies eine Art „Mauerfall" des deutschen 68er-Terrorismus dargestellt hätte. Eine pathologisch-wahnhaft agierende Meinhof wäre demnach eine Katastrophe für die eigene linke radikale Identität und die Rechtfertigung des deutschen Terrorismus gewesen. (siehe auch
http://www.bettinaroehl.de/Mythos_RAF/Ulrike_Meinhof/ulrike_meinhof.html (09.05.2006))

[287] B. Röhl: So macht Kommunismus Spass! S. 408.

[288] Vgl. B. Röhl: So macht Kommunismus Spass! S. 406ff.

[289] B. Röhl: So macht Kommunismus Spass! S. 487.

[290] B. Röhl: So macht Kommunismus Spass! S. 487.

nächsten Jahren besonders häufig berührt: Sex und Revolution. Die Unabhängigkeit vom Osten und die steigende Auflage ihrer Zeitung machten Meinhof und K. Röhl gesellschaftsfähig. Sehr schnell wurde das Ehepaar in das Hamburger Medienestablishment aufgenommen, feierte in dieser Szene Partys oder fuhr in das noble Kampen auf Sylt. Sie lebten nun einen neuen Lebensstil.[291] Rühmkorf erinnert sich an diese Zeit:

> „Wenn einer von den Röhls zielsicher und kontaktstrebig auf die [...] Society zusteuerte, dann war es vor allem Ulrike [...]. Während man ihn [K. Röhl] als unvermeidlichen Kotzbrocken mit in Kauf nahm, zog man sie liebreich an die Brust und schmückte sich mit ihr; und sie schmückte sich für die Gesellschaft und trug zum Gloria-Modellkleid gern das handgehämmerte Skoludagehänge. [...] Sie war sicher ein Schoßkind der Gesellschaft. [...] Sie war viel eingeladen, und man schmückte sich sogar mit ihr als [...] einem linken Teil innerhalb dieser pluralistischen Palette."[292]

Sie lebte zu dieser Zeit, wie Rühmkorf berichtet, in zwei Welten: „ganz oben und ganz unten, in [der] lichten Sphäre der Medien und [der] lichtlose[n] von Elendsquartieren, Bewahrungsheimen, Gastarbeiterquartieren, Fließbandhallen und Fürsorgeanstalten."[293] Im Jahr 1965 erstellte sie ihre erste Rundfunksendung über Heimkinder in der Bundesrepublik. Weitere Rundfunksendungen und ein Film über dieses Thema folgten in den nächsten Jahren. Ein anderes Thema, auf das Meinhof in ihren Rundfunkarbeiten immer wieder zurückkam, war die Situation der Frauen zwischen Beruf, Ehe und Kindererziehung. Ihre Hörfunkfeatures waren erfolgreiche Sendungen, die zur besten Sendezeit ausgestrahlt und von vielen Sendern nachgespielt wurden.[294]

Ende 1966 verfasste Meinhof eine Kolumne über die „Große Koalition"[295]. Sie zeigte sich von dem Einstieg der SPD in eine Große Koalition nicht überrascht, sondern meinte, „sie [die SPD] wollte sich prostituieren, was ist dabei, daß sie es

---

[291] Vgl. B. Röhl: So macht Kommunismus Spass! S. 473ff.

[292] Tod in Stammheim, Dokumentarfilm von Aust/Mahlerwein, NDR 1977, zit. n. Krebs: Ulrike Meinhof. S. 126.

[293] Rühmkorf-Interview. In: konkret, Porträt einer linken Zeitschrift, Filmbericht NDR III, 1971, S. 223, zit. n. Krebs: Ulrike Meinhof. S. 119.

[294] Vgl. Krebs: Ulrike Meinhof. S. 119f.

[295] Meinhof: Die Würde des Menschen ist antastbar. S. 88-91.

endlich tut?"[296] Meinhof kritisierte die Abkehr der SPD von ihren sozialistischen Wurzeln hin zur Volkspartei. In ihrer Kolumne ging sie davon aus, dass die Interessengegensätze innerhalb der deutschen Bevölkerung nicht aufgehoben seien, sondern lediglich verschleiert würden und dass große Teile der Bevölkerung der Illusion erlägen, es gehe ihnen gut, wobei dies nicht der Realität entspreche, weil dieser Zustand vorübergehend sei. Sie betrachtete das Wirtschaftswunder als Voraussetzung für den Wandel der SPD zur Volkspartei. Immerhin war, wie Meinhof es vermutlich gesehen haben wird, der Klassenkampf noch nicht ausgefochten. Das Desinteresse großer Teile der Bevölkerung an Politik führte sie auf eben diese Illusion zurück. Wie viele Gegner der Großen Koalition, gab Meinhof zu bedenken, dass es ein Rückschlag für die Demokratie sei, wenn es im Parlament keine starke Opposition mehr gebe und meinte, diese sich angeblich abzeichnende Oppositionslosigkeit auch in der Medienlandschaft erkennen zu können. Insbesondere die auflagenstarke Springer-Presse, die später von den 68ern als Meinungsmonopolist angegriffen wurde, wurde von ihr kritisiert. Sie setzte anscheinend Hoffnungen auf eine Art außerparlamentarische Opposition und trug ihrer kommunistischen Gesinnung Rechnung, wenn sie sich für eine Verständigung mit dem Osten einsetzte und sich auf der Seite der Vietnamkriegsgegner positionierte. Zusammenfassend lässt sich festhalten, dass Meinhof insbesondere in dieser Kolumne einige programmatische Aspekte der entstehenden APO vorwegnahm.

Anfang 1967 knüpften Meinhof und K. Röhl Kontakt zu Dutschke. Er gehörte zu den führenden Köpfen der sich formierenden Studentenbewegung. Meinhof gehörte zu einer anderen Generation als diejenigen, die sich nun hauptsächlich an den Protesten beteiligten und größtenteils noch studierten. Sie war als „Altkommunistin" und etablierte Journalistin noch nicht mit den theoretischen Grundlagen der Studentenbewegung vertraut. Dutschke trat als Vermittler auf, der Meinhof und K. Röhl in langen Diskussionen das „Einmaleins von 68" nahe brachte und ihnen nicht nur geistigen, sondern auch persönlichen Zugang verschaffte.[297]

Meinhof war seit Anfang 1967 von der Studentenbewegung fasziniert, sympathisierte mit ihr und fuhr immer häufiger nach Berlin zu den Veranstaltungen der APO. Die Studierenden griffen Themen auf, die ihr schon lange wichtig waren und über die sie immer wieder geschrieben hatte. „Endlich wird nicht mehr alles

---

[296] Meinhof: Die Würde des Menschen ist antastbar. S. 88.

[297] Vgl. B. Röhl: So macht Kommunismus Spass! S. 545.

Ärgerliche vertuscht, alles Peinliche verschwiegen [...]. Die studentischen Aktionen haben bewirkt, daß die tatsächlich vorhandenen Widersprüche dieser Gesellschaft wieder kenntlich geworden sind."[298] formulierte sie Anfang 1968 in „konkret". Als „typische" 68erin ist sie jedoch nicht zu bezeichnen, da sie zu dieser Zeit bereits eine in beruflicher und privater Hinsicht arrivierte Frau war.[299] Dennoch würde ich Meinhof den „Eliten" der Bewegung zurechnen, da ihr Engagement innerhalb der Bewegung von einer starken Prädominanz kommunistischer Ideologie geprägt war.

Zu dem gescheiterten Pudding-Attentat 1967 schrieb Meinhof:

> „Nicht Napalmbomben auf Frauen, Kinder und Greise abzuwerfen, ist demnach kriminell, sondern dagegen zu protestieren. [...] Es gilt als unfein, mit Pudding und Quark auf Politiker zu zielen, nicht aber, Politiker zu empfangen, die Dörfer ausradieren lassen und Städte bombardieren."[300]

Sie kritisierte damit die ihres Erachtens nach unverhältnismäßigen Reaktionen auf diese Aktion, unverhältnismäßig in dem Sinn, dass die ihrer Meinung nach deutlich schwerwiegenderen Verbrechen in Vietnam nicht ansatzweise geahndet würden. Meinhof stellte sich in diesem Text hinter die Protestaktionen der Studierenden, da sie darin Modelle sah, Aufmerksamkeit für die Opposition zu erzeugen. Den Kommunarden machte sie allerdings den Vorwurf, die erzeugte Aufmerksamkeit nicht sinnvoll genutzt zu haben.

Gleichzeitig pflegte sie weiter ihren relativ bürgerlichen Lebensstil und suchte im Frühjahr dieses Jahres für die Familie eine Villa im noblen Blankenese. K. Röhl erinnert sich, dass Meinhof, während des Frühjahrs

> „nach den Schah-Demonstrationen, nach Ohnesorg, während des langen heißen Berliner Sommers mit ganz anderen Dingen beschäftigt [war]. Ulrike ging durch die Hamburger Antiquitätenläden und suchte nach Jugendstillampen von Tiffany. Sie richtete gerade ein Haus ein."[301]

---

[298] Meinhof: Deutschland Deutschland unter anderm. S. 130.

[299] Vgl. Peters: RAF. S. 66.

[300] Meinhof: Die Würde des Menschen ist antastbar. S. 93.

[301] K. Röhl: Fünf Finger sind keine Faust. S. 271f.

Einen Beitrag leistete Meinhof im Zusammenhang mit dem Schah-Empfang aber sehr wohl: Sie verfasste einen Offenen Brief an Farah Diba[302], der vor dem Schah-Besuch an der FU verteilt wurde und auf die Ignoranz dieser Herrscher-ehefrau hinwies, die sich amüsierte, während ihr Volk unter großer Armut litt. Meinhof übte Kritik an dem Empfang dieser Gäste.

Das Haus sollte laut Krebs auch einen Neubeginn für ihre Ehe bedeuten, die sich zu dieser Zeit angeblich in einer Krise befand.[303] K. Röhl hatte in den vorange-gangenen Ehejahren wiederholt Affären mit anderen Frauen. Im Sommer ver-liebte sich K. Röhl erneut. Meinhof war unzufrieden mit ihrer Situation, wie sie in einem Brief im Herbst 1967 festhielt:

> „Manchmal habe ich das Gefühl, ich könnte überschnappen. Das Verhältnis zu Klaus, die Aufnahme ins Establishment, die Zusammen-arbeit mit den Studenten – dreierlei, was lebensmäßig unvereinbar scheint, zerrt an mir, reißt an mir. Das Haus, die Partys, Kampen, das alles macht nur partiell Spaß, ist aber neben anderem meine Basis, subversives Element zu sein, Fernsehauftritte, Kontakte, Beachtung zu haben, gehört zu meinem Beruf als Journalistin und Sozialist, ver-schafft mir Gehör über Funk und Fernsehen über ‚konkret' hinaus. Menschlich ist es sogar erfreulich, deckt aber nicht mein Bedürfnis nach Wärme, nach Solidarität, nach Gruppenzugehörigkeit. Die Rolle, die mir dort Eintritt verschafft, entspricht meinem Wesen nur sehr partiell, weil sie meine Gesinnung als Kasperle-Gesinnung verein-nahmt, mich zwingend, Dinge lächelnd zu sagen, die mir, uns allen, bluternst sind: also grinsend, also maskenhaft."[304]

Offensichtlich fühlte sie sich mittlerweile in dem Zwiespalt zwischen Estab-lishment und ihrem politischen Engagement nicht mehr wohl, sondern empfand diesen als unvereinbar. In diesem Brief vermischen sich persönliche und politi-sche Probleme. Den Widerspruch ihres Lebensstils, Gesellschaftskritikerin zu sein und doch in dieser Weise zu ihr zu gehören, fand sie zu diesem Zeitpunkt politisch nicht mehr tragbar, inkonsequent. Auslöser für ihr sensibilisiertes Emp-finden diesem Widerspruch gegenüber scheint auch gewesen zu sein, dass ihr im zwischenmenschlichen Bereich Geborgenheit und Gemeinsamkeit fehlte. So be-dingten sich, wie schon häufiger in Meinhofs Leben, Politisches und Persönli-

---

[302] Meinhof: Deutschland Deutschland unter anderm. S. 116-121.

[303] Vgl. Krebs: Ulrike Meinhof. S. 140.

[304] K. Röhl: Fünf Finger sind keine Faust. S. 285f.

ches wechselseitig. Je mehr sie sich von K. Röhl entfremdete, desto unerträglicher wurde für sie ihr kontrastreiches Doppelleben. Mit fortschreitendem Zerfallsprozess ihrer Ehe stellte sie zunehmend das Anliegen der revoltierenden Studierenden in ihren Lebensmittelpunkt.

Anfang Oktober 1967 forderte Meinhof K. Röhl auf, sich zwischen ihr und seiner Geliebten zu entscheiden. In dieser Zeit vertiefte sie sich in ihre Arbeit, reiste oft nach Berlin und Frankfurt zu ihren neuen APO-Genossen und nahm an den Veranstaltungen der Studierenden teil.[305] Ihre Ohnmachtsgefühle, aber auch die Motivation zu ihrer Beteiligung an den Vietnamprotesten formulierte sie in einer Kolumne vom November 1967:

> „Wer begriffen hat, was in Vietnam los ist, fängt allmählich an, mit zusammengebissenen Zähnen und einem schlechten Gewissen herumzulaufen; fängt an zu begreifen, daß die eigene Ohnmacht, diesen Krieg zu stoppen, zur Komplizenschaft wird mit denen, die ihn führen."[306]

Der Vietnamkrieg wurde für sie zum Inbegriff des US-Imperialismus. Nicht vergessen werden darf allerdings, dass die Bekämpfung der USA für sie ein altes Ziel, eine Art Grundauftrag der KPD war, was zu einer gewissen Instrumentalisierung des Vietnamkriegs ihrerseits geführt haben dürfte.

Mitte Februar 1968 trennte sich Meinhof von K. Röhl und zog mit den Kindern in eine Villa in Berlin. Im April wurde ihre Ehe geschieden. Meinhofs Artikel vom Frühjahr 1968 ist von einer Stimmung getragen, die sicherlich auch mit ihrem privaten Aufbruch zusammenhing. „Falsche Harmonie geht dabei drauf, Verschleierung und schöner Schein gehen kaputt, Konflikte werden sichtbar, persönliche Konflikte können zunehmend als gesellschaftlich verursacht, als Ausdruck gesellschaftlicher Konflikte begriffen werden."[307] In dem zitierten Satz kam die Überzeugung der Studentenbewegung zum Ausdruck, dass das Private politisch sei. Bis zu einem gewissen Punkt kann ich diese Meinung nachvollziehen, doch Meinhof überspitzte, wie ich finde, den Glauben an die gesellschaftliche Bedingtheit von privaten Problemen und versuchte meiner Ansicht nach damit ihre Verantwortung für die Situation auf Gesellschaft und Politik abzuwälzen. Becker deutet in dieser Weise auch Meinhofs Einstieg in den

---

[305] Vgl. B. Röhl: So macht Kommunismus Spass! S. 584.

[306] Meinhof: Die Würde des Menschen ist antastbar. S. 110.

[307] Meinhof: Deutschland Deutschland unter anderm. S. 130.

Terrorismus und meint, Meinhofs Zorn auf die Gesellschaft sei lediglich ein Vorwand gewesen, um Aggressionen auszuagieren, die sich im Zusammenhang mit ihrem eigenen Versagen entwickelt hatten und sich v.a. gegen sie und K. Röhl richteten. Ihre Entscheidung für den Terrorismus habe nicht der Überwindung von Regierung und Systemen, sondern vielmehr der persönlichen Verzweiflung dienen sollen. Auch B. Röhl betont das psychische Moment in Meinhofs Weg in den Terrorismus. Sie kritisiert Meinhofs Unfähigkeit persönliche Probleme unabhängig von Politik zu verarbeiten.[308] Aust beschrieb sie als depressiv und glaubt, dass „das bei allem, was sie gemacht, geschrieben und gesagt hat, eine Rolle [gespielt hat]“[309]. Dennoch sollte man sich vor einer eindimensionalen Erklärung von Meinhofs Weg in den Terrorismus hüten.

Meinhof fiel es schwer, in West-Berlin einen neuen Freundeskreis aufzubauen. Zu den wenigen engeren Kontakten, die sie in Berlin hatte, zählte Dutschke. An der nach dem Attentat auf Dutschke stattfindenden Aktion gegen den Springer-Verlag nahm Meinhof teil. Bei der Blockade der Zufahrten war ihr Auto Teil dieser, doch als sie später deswegen eine Anzeige erhielt, behauptete sie, lediglich falsch geparkt zu haben, und keinesfalls Teil der Blockade gewesen zu sein. Als Steine auf das Verlagsgebäude geworfen wurden, stand sie in der Menschenmenge, beobachtete das Geschehen und reichte Steine weiter.[310] In ihrer Kolumne „Vom Protest zum Widerstand“[311] berichtete sie von den Protesten gegen den Anschlag auf Dutschke, bei denen die Grenze zwischen verbalem Protest und physischem Widerstand von vielen überschritten worden sei. Sie bemängelte, dass Politiker und Teile der Presse diese gewalttätigen Aktionen verurteilten, selber aber bspw. durch den Krieg in Vietnam moralisch diskreditiert seien und die beiden Gewalterscheinungen mit zweierlei Maß mäßen. Meinhof empfand den physischen „Widerstand“ der Studenten als positiv. Und sie ging weiter, indem sie Gewalt auch als Mittel für die Zukunft nicht ausschloss, sondern ihre Effektivität im Vergleich zu den bisherigen Protestformen hervorhob:

> „Nun, nachdem gezeigt worden ist, daß andere Mittel als nur Demonstrationen, Springer-Hearing, Protestveranstaltungen zur Verfü-

---

[308] Vgl. Becker: Hitlers Kinder? S. 153; vgl. B. Röhl: Unsere Mutter – „Staatsfeind Nr. 1“. S. 91f

[309] B. Röhl: So macht Kommunismus Spass! S. 488.

[310] Vgl. Krebs: Ulrike Meinhof. S. 158ff.

[311] Meinhof: Die Würde des Menschen ist antastbar. S. 138 – 141.

gung stehen, andere als die, die versagt haben, weil sie den Anschlag
auf Rudi Dutschke nicht verhindern konnten, nun, da die Fesseln von
Sitte & Anstand gesprengt worden sind, kann und muß neu und von
vorne über Gewalt und Gegengewalt diskutiert werden."[312]

Die von ihr und Teilen der Studentenbewegung ausgemachten staatlichen Repressionspotentiale schienen ihr immer stärker das Recht auf „Widerstand" zu legitimieren.

Mitte Oktober reiste Meinhof nach Frankfurt, um für „konkret" über den Kaufhausbrandstifterprozess zu berichten und besuchte Ensslin. Um Ensslin nicht zu gefährden, verfasste sie keinen Text über dieses Gespräch, sondern eine Kolumne über Warenhausbrandstiftung. Diese Kolumne fiel ambivalent aus: Einerseits kritisierte Meinhof Warenhausbrandstiftung, weil sie Menschen gefährde und systemerhaltend sei, da der wirtschaftliche Schaden von den Versicherungen bezahlt werde. Andererseits sah sie in der Brandstiftung ein „progressives Moment"[313], das ihrer Auffassung zufolge in der Kriminalität der Tat, im Gesetzesbruch liege. Letztlich riet Meinhof zwar von einer Nachahmung ab, zitierte aber abschließend Fritz Teufel, der gesagt hatte: „Es ist immer noch besser, ein Warenhaus anzuzünden, als ein Warenhaus zu betreiben."[314]

Ende März erklärte sie, dass sie ihre Mitarbeit bei „konkret" einstelle, weil das Blatt im Begriff sei, „ein Instrument der Konterrevolution zu werden"[315]. Es kam zu Auseinandersetzungen um „konkret". Am 07.05.1969 reiste Meinhof mit einigen APO-Anhängern nach Hamburg, um die „konkret"-Redaktion zu besetzen. Da K. Röhl die Redaktion ausgelagert hatte, fand die geplante Übernahme nicht statt. Nach dem Scheitern des Überfalls kommandierte Meinhof einige Leute zu der Villa in Blankenese und ließ das Haus demolieren.[316]

Im Sommer 1969 zog Meinhof mit ihren Kindern in eine Wohngemeinschaft, in der u.a. auch die späteren RAF-Terroristen Raspe und Marianne Herzog wohnten. Meinhof, die bis zu diesem Zeitpunkt meist ein Kindermädchen und eine Haushälterin beschäftigte, erklärte dies nun für „bourgeois" und erwartete, dass

---

[312] Meinhof: Die Würde des Menschen ist antastbar. S. 140.

[313] Meinhof: Die Würde des Menschen ist antastbar. S. 154.

[314] Meinhof: Die Würde des Menschen ist antastbar. S. 156.

[315] Erklärung von Meinhof. In: FRANKFURTER RUNDSCHAU, 06.04.1969, zit. n. Krebs: Ulrike Meinhof. S. 172.

[316] Vgl. B. Röhl: So macht Kommunismus Spass! S. 604f.

ihre Mitbewohner sich um ihre Kinder kümmern und sie für ihre berufliche und politische Tätigkeit entlasten sollten. Als sich Meinhof in der Wohngemeinschaft nicht durchsetzen konnte, zog sie Ende 1969 in eine andere Wohnung, in der auch ihr neuer Lebensgefährte Peter Homann wohnte, der die Versorgung der Kinder fast vollständig übernahm.[317]

Seit März 1969 arbeitete sie an ihrem ersten Fernsehspiel-Drehbuch über Heimerziehung: „Bambule".

Interessiert hörte Meinhof von der „Staffelberg-Kampagne", während der Heimzöglinge aus ihren Anstalten ausbrachen, sich in Gruppen organisierten, bei deren Besuchen sie Ensslin und Baader wiedertraf und näher kennen lernte.

Je weiter die Bewegung gegen Ende 1968 zerfiel, desto schwieriger wurde es für Meinhof. Sie fühlte sich laut Krebs persönlich und politisch isoliert. Das Scheitern der Bewegung und ihrer Ziele dürften sie frustriert und Verzweiflung und Aggressionen bei ihr ausgelöst haben. Riemeck sagte über Meinhof, ihr Selbstvertrauen sei nie besonders groß gewesen und sie habe immer die Unterstützung einer stärkeren Persönlichkeit benötigt.[318] In Meinhofs Biografie lassen sich die mangelnden kindlichen Geborgenheitserlebnisse relativ deutlich ablesen. Als Vollwaise von einer beruflich stark involvierten Pflegemutter versorgt, dürfte sie manchen Mangel an Bindung erlitten haben, der in ein verstärktes Bedürfnis nach Gruppenbindung mündete. Als die sie unterstützenden stärkeren Persönlichkeiten Riemeck und K. Röhl wegfielen, hinterließen sie ein Vakuum, das Ensslin und Baader später füllten. Becker stellt fest:

> „Eben in dieser Zeit ihrer Labilität, da sie im besonderen Maße Anerkennung, Nestwärme und Vertrauen benötigte, traf sie wieder auf Ensslin [...]. Zu jener Zeit konnte ein derartiger Einfluss auf Ulrike [...] nicht ohne Wirkung auf ihre Entwicklung bleiben."[319]

Anfang Februar 1970 begannen die Dreharbeiten zu „Bambule" und Meinhof bekam „Besuch" von Ensslin und Baader, die sich bei ihr einquartierten. Je weiter die Dreharbeiten voranschritten, desto mehr zweifelte sie am Sinn des Films. „Ich habe keine Lust mehr ein Autor zu sein", meinte sie,

---

[317] Vgl. Krebs: Ulrike Meinhof. S. 180ff.

[318] Vgl. Krebs: Ulrike Meinhof. S. 201f; vgl. Becker: Hitlers Kinder? S. 123.

[319] Becker: Hitlers Kinder? S. 151.

Unzufrieden mit ihrer eigenen legalen politischen Tätigkeit war ihre Wohnung unterdessen ein Versteck für polizeilich Gesuchte geworden. Häufiger kamen nun Mahler und andere zu Besuch und planten ihre gemeinsame Zukunft als „Sozialrevolutionäre". Laut Aust befand sich Meinhof während dieser Gespräche in der Rolle einer „teilnehmenden Beobachterin"[321]. Durch Beruf und Kinder war sie zu sehr eingespannt, um sich intensiver zu beteiligen. Ihre Berufstätigkeit und ihr vergleichsweise hohes Alter finden auch nur geringe Entsprechung in Schmidtchens Daten zur Lebenslaufanalyse bei Linksterroristen. Dennoch stand sie, so Krebs, den Überlegungen einer sozialrevolutionären, militanten Politik, die durch Basis- und Stadtteilarbeit ergänzt würde, positiv gegenüber. Baader und Ensslin machten ihr Vorwürfe, sie solle nicht nur reden, sondern konsequent sein. Sie könne nicht revolutionäre Politik betreiben und gleichzeitig beruflich Karriere machen wollen. Dem vermochte sie nichts entgegenzusetzen. Dafür zweifelte sie selbst schon viel zu heftig an den Möglichkeiten legaler politischer Arbeit und empfand ihre politische Praxis als hinter ihren Ansprüchen zurückbleibend.[322] In einem Interview 1969 erklärte sie: „Da, wo politische Arbeit nicht was zu tun hat mit dem Privatleben, da stimmt es nicht, da ist die Perspektive nicht durchzuhalten."[323] Dieser Widerspruch, in dem sie sich befand, beschäftigte sie. Ihr Beruf verstärkte für sie diese Spannungen. Trotz aller Parteinahme und Unterstützung der sozial benachteiligten Interviewpartner blieb sie, wie jede Journalistin, eine privilegierte Außenstehende, die für ein Interview an- und wieder abreiste. Nicht zuletzt ihr schlechtes Gewissen dürfte dazu geführt haben, dass sie Heimmädchen in ihrer Privatwohnung wohnen ließ. Schließlich erzeugte die Gruppe, so Aust, eine Eigendynamik, der sie sich weder entziehen konnte noch wollte.[324]

---

[320] DER SPIEGEL Nr. 33/1996, S. 136f.

[321] Aust: Der Baader Meinhof Komplex. S. 91.

[322] Vgl. Krebs: Ulrike Meinhof. S. 204ff.

[323] Interview mit Meinhof 1969. In: Baader-Meinhof, Fernseh-Bericht von Aust, zit. n. Krebs: Ulrike Meinhof. S. 182.

[324] Vgl. Krebs: Ulrike Meinhof. S. 184f; vgl. Aust: Der Baader Meinhof Komplex. S. 91.

Als Baader verhaftet wurde, fühlte sie sich, wie Krebs vermutet, verpflichtet, ihren Freunden und Gesinnungsgenossen zu helfen. Außerdem wurde ihr, so Krebs, in den Wochen vor der Befreiung immer deutlicher bewusst, dass sie endlich ihre Ängste überwinden musste, wollte sie vor sich selbst authentisch bleiben. Ensslin dürfte ihr in diesem inneren Konflikt als Vorbild gedient haben, denn Ensslin hatte sich nach Meinhofs Empfinden konsequent entschieden.[325] Wienke Meinhof ist nicht überrascht gewesen, als sie von Meinhofs Beteiligung an der Baader-Befreiung erfuhr. Wienke Meinhof: „[E]s war klar, dass sie gesagt hat: ‚Geredet worden ist jetzt genug; wir müssen Tatsachen schaffen.'"[326]

Der ursprüngliche Befreiungsplan sah vermutlich nicht Meinhofs Anschluss an die Befreier vor, sondern sie sollte sich unbeteiligt und überrascht verhalten und nach deren Verschwinden zurückbleiben. Nachdem die Befreiungsaktion jedoch völlig anders verlief als geplant, sprang Meinhof hinter Baader aus dem Fenster und floh mit den Befreiern. Ob aus Panik oder einem existenziellen Entschluss heraus, muss offen bleiben.

Die Befreiungsaktion markierte, so Neidhardt, einen entscheidenden Einschnitt im Prozess der Gruppenbildung.[327] Die Schüsse, die den Institutsangestellten verletzten, waren zwar nicht geplant, aber durch die Ausstattung der Befreier mit Waffen, sehr schnell in Kauf genommen und in der Öffentlichkeit durch eine Lüge gerechtfertigt worden. Im „Konzept Stadtguerilla" 1971 meinte Meinhof dann: „Die Frage, ob die Gefangenenbefreiung auch gemacht worden wäre, wenn wir gewußt hätten, daß ein Linke [Institutsangestellter Georg Linke] dabei angeschossen wird [...] kann nur mit nein beantwortet werden."[328] A. Proll denkt offensichtlich mit Entsetzen an diese Entwicklung zurück:

> „Alles geriet außer Kontrolle. [...] Mit einem Schlag wurden alle illegalisiert, aber Ulrike Meinhof, das war das schlimmste, wurde sofort öffentlich zur Fahndung ausgeschrieben. [...] Sie war mit den anderen aus dem Fenster geflüchtet und hatte sich damit zu der Gruppe bekannt, die bereits Teil ihres Lebens geworden war. Sie konnte nicht mehr zurück. [...] Nach der Befreiung mussten sie eine Erklärung abgeben. Aber der Schuß war nicht zu rechtfertigen. [...] Da sie keine guten Gründe anführen konnten, traten sie die Flucht nach vorn an

---

[325] Vgl. Krebs: Ulrike Meinhof. S. 210ff.

[326] Leßner: Ulrike Meinhof. 8. Teil Min. 7:15-7:22. (von mir transkribiert)

[327] Vgl. Neidhardt: Soziale Bedingungen terroristischen Handelns. S. 326.

[328] RAF: Texte und Materialien zur Geschichte der RAF. S. 30.

und propagierten den Aufbau der ‚Roten Armee'. Mit dem Schuß
aber waren die Weichen gestellt, und er erwies sich als ein gravie-
render Fehler, der schließlich die ganze Gruppe in die Illegalität
trieb."[329]

Auch Mahler beschreibt diese aus dem Fehler resultierende fatale Dynamik:

> „Es blieb ihnen ja nichts anderes übrig, als in den Untergrund zu ge-
> hen, zumindest für die bekannten Befreier. [...] Das setzte eine innere
> Dynamik in dieser Gruppe in Gang, und die logische Konsequenz war,
> daß die ursprünglichen Pläne, zu denen ich [und nach Mahlers Anga-
> ben die Mehrheit der Gruppe] hinneigte – eine sozialrevolutionäre
> Kampfgruppe aufzubauen, die in soziale Auseinandersetzungen, Ar-
> beitskämpfe, Auseinandersetzungen im Stadtviertel mit einem sehr
> viel niedrigeren Militanzniveau eingreift -, daß dieses Konzept vom
> Tisch war, denn man konnte sich jetzt nicht mehr im Stadtviertel hal-
> ten, weil man illegal war. Man konnte also aufgrund der jetzt einset-
> zenden Isolierung durch den Druck seitens des Staatsapparates, aber
> auch seitens der Linken, sich nicht mehr in dem Gebiet auseinander-
> setzen, wo man operieren wollte. Und da blieb dann eigentlich nur
> noch das, was die RAF später war oder wie sie sich verstanden
> hat."[330]

Durch den Verlauf der Aktion waren alle Zweifel und Widersprüche, in denen
Meinhof sich befand, auf einen Schlag gegenstandslos; sie war jetzt im Untergrund. Ich betrachte ihren Weg in den Linksterrorismus an diesem Punkt als abgeschlossen. Vor Baaders Verhaftung waren in der Gruppe sozialrevolutionäre,
linksextremistische Konzepte besprochen worden. Als Baader verhaftet wurde,
fürchtete die Gruppe vermutlich nicht zuletzt auch, dass dies das Ende für ihre
Pläne darstellen könnte. Ein Abbruch dieser Aktivitäten war sicherlich nicht in
Meinhofs Sinn, denn auch als nur „teilnehmende Beobachterin" der Diskussionen stimmte sie den Zielen der Gruppe grundsätzlich zu. Ihre Beteiligung an der
Befreiungsaktion und ihr Sprung aus dem Fenster mit der Inkaufnahme sämtlicher Folgen dürfte ihre Zustimmung belegen. Anfang Juni gab Meinhof auf
Tonband eine Erklärung ab, welche die Befreiung in der Öffentlichkeit in einen
linksterroristischen Kontext stellte. Sie erläuterte, warum Baader befreit worden
war:

---

[329] Edschmid: Frau mit Waffe. S. 114.

[330] Bäcker/Mahler: Die Linke und der Terrorismus. S. 179.

1. „[W]eil Andreas Baader ein Kader ist. Und weil wir bei denjenigen, die jetzt kapiert haben, was zu machen ist [...], nicht davon ausgehen können [...], daß einzelne dabei entbehrlich seien." 2. „[W]eil wir glauben, daß diejenigen, denen wir klarmachen wollen, worum es politisch heute geht, welche sind, die bei einer Gefangenenbefreiung überhaupt keine Probleme haben, sich mit dieser Sache zu identifizieren [...]." 3. „[W]enn wir mit einer Gefangenenbefreiung anfangen, dann auch deswegen, um wirklich klarzumachen, daß wir es ernst meinen. Das heißt, daß diejenigen, die jetzt angefangen haben, zu arbeiten und solche Aktionen machen zu wollen, natürlich Leute sind, die sich in gar keinem Fall gegenseitig draufgehen lassen [...]."[331]

Die Befreiung vereint meiner Ansicht nach die wesentlichen Motivationen der Gruppe miteinander: Idealismus und Interessen, nämlich den unbedingten Willen, die im Verlauf der Gespräche beschlossenen Konzepte umzusetzen, um die Gesellschaft umzugestalten, wobei auf keinen Revolutionär verzichtet werden kann, und das persönliche, freundschaftlich begründete Interesse, Baader zu befreien, wobei die Erklärung diesen persönlichen, jenseits von revolutionären Absichten liegenden Aspekt selbstverständlich „professionell-revolutionär" nicht erwähnt. Der zweite, von Meinhof angeführte Grund soll belegen, dass die Gruppe sich aus rational-revolutions-propagandistischen Gründen für eine Gefangenenbefreiung als erste Aktion entschieden hat. Hieran möchte ich ernsthafte Zweifel anmelden. Meiner Ansicht nach wurde Baader nicht aus propagandistischen Gründen befreit, sondern weil man nicht auf ihn verzichten konnte und wollte.

Zwar bot die DDR Meinhof – aber nur ihr – Asyl an, doch sie nahm das Angebot, vermutlich aus Solidarität mit der Gruppe, nicht an. Ihre Töchter ließ sie von Mitgliedern der entstehenden RAF zu einem Bekannten bringen. K. Röhl erwirkte, dass Meinhof das Sorgerecht entzogen wurde und versuchte seine Töchter u.a. über Interpol zu finden. Einige Tage nach der Befreiung verschleppten Gruppenmitglieder die Töchter einem Gruppenbeschluss entsprechend in ein sizilianisches Barackenlager. Meinhof wollte verhindern, dass die Mädchen bei K. Röhl aufwuchsen. Im palästinensischen Ausbildungslager fasste die Gruppe den Beschluss, ihre Kinder in ein palästinensisches Waisenlager zu bringen, dort aufwachsen und zu Revolutionären erziehen zu lassen. Über die Gründe Meinhofs, diesem Beschluss der Gruppe zuzustimmen, lässt sich nur

---

[331] DER SPIEGEL Nr.25/1970, S. 74.

spekulieren. Krebs vermutet, sie habe damit ihre Entschlossenheit gegenüber der Gruppe demonstrieren wollen. Angeblich soll Meinhof unter ihrer Entscheidung sehr gelitten haben.[332] Letztlich gelang Aust die Rettung der Zwillinge. Das Waisenlager wurde wenige Wochen später vollständig zerstört.

Meinhof brach in ihrer Zeit bei der RAF in mehrere Passämter ein, verschaffte der Gruppe Unterschlupf bei Bekannten und galt als Sprachrohr und (mit Ensslin) Ideologin der RAF. Obwohl Meinhof in der Gruppe keine derart gewichtige Rolle spielte wie Ensslin, etablierte sich, vermutlich aufgrund ihrer Bekanntheit als ehemalige Journalistin, in der Öffentlichkeit und bei den Strafverfolgern die Bezeichnung „Baader-Meinhof-Gruppe/-Bande". Ihr Name stand, wie Peters meint, aus der Sicht vieler v.a. für den „intellektuellen" Anspruch der Gruppe. Bei dem Mord an dem Polizisten Schmidt war sie vermutlich anwesend. Für die Organisation des Sprengstoffanschlags auf den Springer-Verlag in Hamburg war sie mitverantwortlich. Ihre „Stärke" lag eher in den theoretischen Aktionsfeldern der Gruppe. Bei einem Banküberfall übersah sie z.B. 97.000 DM, bei einem Autodiebstahl brach sie das Lenkrad ab. Von Anfang an wurde sie deswegen in der Gruppe scharf kritisiert. Durch die Kritik fühlte sie sich, vermutet Krebs, herausgefordert und versuchte, den Ansprüchen zu genügen.[333] Müller meint, Meinhof habe den Eindruck erweckt, „dauernd unter einem permanenten Leistungsdruck zu stehen"[334].

Am 15.07.1972 wurde Meinhof verhaftet. Die ersten Monate ihrer Haft verbrachte sie in der „stillen Abteilung" des Frauengefängnisses Köln-Ossendorf. Meinhof beschrieb ihre Haftbedingungen als Folter. Ihre Ausführungen wurden zu RAF-Propagandazwecken genutzt. Ab November 1972 besuchten ihre Töchter sie im Gefängnis und wechselten einige Briefe mit ihr. Anfang 1974 brach Meinhof den Kontakt zu ihren Kindern ab. B. Röhl weist darauf hin, dass der Abbruch der Beziehungen zu den Kindern zeitlich mit der Verlegung von Ensslin nach Köln-Ossendorf zusammenfiel, mit der Meinhof seither wieder persönlichen Kontakt hatte. Meinhof habe in dieser Zeit auch mit anderen Verwandten gebrochen.[335] Ende April 1974 wurde sie mit Ensslin nach Stammheim verlegt.

---

[332] Vgl. Edschmid: Frau mit Waffe. S. 117.

[333] Vgl. Peters: RAF. S. 110f; vgl. B. Röhl: So macht Kommunismus Spass! S. 612. vgl. Krebs: Ulrike Meinhof. S. 220f.

[334] Interview mit Müller. In: Tod in Stammheim, Filmbericht von Aust/Mahlerwein, NDR 1976, zit. n. Krebs: Ulrike Meinhof. S. 229.

[335] Vgl. B. Röhl: So macht Kommunismus Spass! S. 614.

Am 29.11.1974 wurde Meinhof in Berlin wegen Mordversuchs bei der Baader-Befreiung zu acht Jahren Freiheitsstrafe verurteilt.[336]

Am 21.05.1975 begann der Prozess in Stammheim. Ein Auszug aus der Anklage gegen Meinhof lautete:

> „Die Angeschuldigte Ulrike Meinhof gehört mit Andreas Baader und Gudrun Ensslin sowie Horst Mahler zu den Anführern der Gruppe. Als bekannte Journalistin fiel ihr insbesondere die Aufgabe zu, die begangenen Gewalttaten ideologisch zu rechtfertigen. Sie wirkte maßgeblich an der Abfassung der drei RAF-Schriften ‚Das Konzept Stadtguerilla‘, ‚Stadtguerilla und Klassenkampf‘ und ‚Zur Strategie des antiimperialistischen Kampfes‘ mit. Ulrike Meinhof beteiligte sich an Banküberfällen, beschaffte Waffen, entwendete Kraftfahrzeuge und mietete Unterkünfte für die Gruppe an. Sie wirkte bei den Bombenanschlägen mit und rechtfertigte sie vor der Öffentlichkeit. Aus der Haft heraus rief sie zum bewaffneten Kampf auf.“[337]

Aust arbeitete die Verschärfung der Auseinandersetzungen zwischen Meinhof und der Gruppe, v.a. Ensslin, im Laufe ihrer Inhaftierung in Stammheim und ihre Eskalation im März/April 1976 heraus. Meinhof sah die Situation so: „Es geht nicht. Entweder Du [Ensslin] würgst mir wenn ich mal Luft kriege, was rein, was tage- und wochenlang wirkt oder, so kommt es mir vor, Du erstickst. Das ist die Struktur, in der wir nach wie vor zappeln und in der ich dauernd am Rand bin, ihr Provokateur zu sein, was ich bin, wenn ich einknicke [...].“[338] Ensslin warf ihr vor, schwach und kaputt sein zu wollen. Schon ein Jahr zuvor hatte sie ihr geschrieben: „Du machst den Bullen die Tür auf – das Messer im Rücken der RAF: bist du, weil Du nicht lernst [...].“[339] Meinhof fragte sich und Ensslin, „[w]ie soll ich je zu mir kommen, wenn ich gleichzeitig gezwungen bin, mit dem Schweinebild, das sie von mir im Kopf hat zu koexistieren?“[340] Sie machte sich Selbstvorwürfe, erging sich in einem masochistische Züge aufweisenden Selbsthass: „Meine Sozialisation zum Faschist, durch Sadismus und Religion, die mich eingeholt hat, weil ich mein Verhältnis dazu, d.h. zur herrschenden

---

[336] Vgl. Aust: Der Baader Meinhof Komplex. S. 302.

[337] B. Röhl: So macht Kommunismus Spass! S. 612.

[338] Aust: Der Baader Meinhof Komplex. S. 371.

[339] Aust: Der Baader Meinhof Komplex. S. 372.

[340] Aust: Der Baader Meinhof Komplex. S. 373.

Klasse, mal ihr Schoßkind gewesen zu sein, nie vollständig aufgelöst, restlos in mir abgetötet habe."[341], und quälte sich mit dem „Problem": „Was ist, wenn das Alte dominant wird – auch wenn man es nicht will."[342].

Am 04.05.1976 übernahm Ensslin im Namen der RAF die Verantwortung für die Anschläge auf die US-Kasernen in Frankfurt und Heidelberg. Von dem Anschlag auf das Springer-Verlagsgebäude distanzierte sie sich. Meinhof, die sich zur Zeit der „Terrorwelle" in Hamburg aufhielt, hatte, wie polizeiliche Ermittlungen ergaben, den Bekennerbrief zu dem Springer-Anschlag verfasst und war mitverantwortlich für den Anschlag. Später wurde dieses Verhalten als das benannt, was es aus Meinhofs Sicht gewiss war: ein „beispielloser Akt der Entsolidarisierung"[343]. War es bis dahin Verteidigungsstrategie der Gruppe gewesen zu behaupten, sie habe alle Taten kollektiv verübt, spaltete sie sich nun plötzlich.[344]

Durch die ständigen Auseinandersetzungen mit der Gruppe, v.a. mit Ensslin, wurde Meinhof sicherlich in erheblichem Maße psychisch destabilisiert. Ihre Selbstkritik deutet an, wie unzufrieden sie mit sich selbst als Revolutionärin war. Hatte sie, wie Becker meint, gehofft, ihre alte Identität durch den Eintritt in die Gruppe und die Veränderung ihrer Lebensweise abzuschütteln und eine neue Identität im Kollektiv zu erlangen, musste sie nun feststellen, dass sich ihre Persönlichkeit nicht abstreifen ließ, sondern sie einholte.[345] In der Nacht zum 09.05.1976 erhängte sie sich.

Meinhof wurde amtlich und auf Veranlassung ihrer Schwester und ihres Verteidigers obduziert. Beide Obduktionen bestätigten die Selbstmord-These. Der Suizid Meinhofs wurde dennoch von verschiedener Seite, nicht zuletzt von den Stammheimer RAF-Gefangenen, in Zweifel gezogen. Im August 1976 wurde von den Strafverteidigern und Angehörigen eine „Internationale Untersuchungskommission" initiiert, die sich mit den amtlichen Ergebnissen auseinandersetzte und anzweifelte, dass es sich beim Tod Meinhofs um Selbstmord gehandelt habe.[346]

---

[341] Aust: Der Baader Meinhof Komplex. S. 287.

[342] Bakker Schut (Hg.): das info. S. 133.

[343] WOCHENPOST Nr. 20/1996, zit. n. Prinz: Lieber wütend als traurig. S. 286.

[344] Vgl. Aust: Der Baader Meinhof Komplex. S. 373ff.

[345] Vgl. Becker: Hitlers Kinder? S. 236.

[346] Vgl. Aust: Der Baader Meinhof Komplex. S. 376ff.

Gudrun Ensslin wurde am 15.08.1940 als viertes von sieben Kindern des evangelischen Pastors Helmut Ensslin und seiner Frau Ilse in Bartholomä (bei Stuttgart) geboren.

Während der NS-Zeit hatte ihr Vater Kontakt zur „Bekennenden Kirche". Nachdem er in einer Predigt sinngemäß davon gesprochen hatte, dass „Christus größer als Hitler" sei, wurde er 1938 wegen Verstoßes gegen das „Heimtückegesetz" denunziert und verurteilt. Um weiteren Konflikten zu entgehen, meldete er sich 1941 freiwillig zur Wehrmacht und wurde amnestiert. Gottfried Ensslin meint, dass es sich im Falle seines Vaters wohl um einen „unvollendete[n] Widerstand"[347] gehandelt habe, der in den familieninternen Diskussionen nachgewirkt habe. Er stellt eine Verbindung zwischen Ensslins Aktivitäten und ihrem Vater her:

> „Bei meinem Vater, der den Mut bewundert hat der Leute aus der Bekennenden Kirche, die sehr viel konsequenter gehandelt haben, als er [...]. Wo er eigentlich, obwohl er nicht musste, in den Krieg gegangen ist [...]. Und das gibt natürlich das individuelle Drama [...] und vielleicht 'ne Verbindung [...] zu dem, was Gudrun dann auch politisch gemacht hat."[348]

Auf diesen Widerstands-Aspekt möchte ich später noch näher eingehen.

Ensslins bezogen in den 50er Jahren das von Martin Niemöller herausgegebene Kirchenblatt „Stimme der Gemeinde", das sich u.a. gegen die Wiederbewaffnung aussprach. H. Ensslin stand in Kontakt mit Wiederbewaffnungsgegnern, wie z.B. Niemöller, Gustav Heinemann und Karl Barth. Gottfried Ensslin ist sicher, die Geschwister Ensslin hätten die Bewunderung des Vaters für deren pazifistisch-neutralistischen Kurs seinerzeit wahrgenommen.[349] Koenen bezeichnet die politische Haltung der Ensslins als „Oppositionsstellung gegen die ‚Adenauer-Republik'"[350]. Die Charakterisierung des geistigen Klimas in der Familie als

---

[347] http://www.wdr.de/radio/wdr3/bilder/sendung/wdr_3_diskurs/gudrun_ensslin.pdf (09.05.2006), S. 9.

[348] http://www.wdr.de/radio/wdr3/bilder/sendung/wdr_3_diskurs/gudrun_ensslin.pdf (09.05.2006), S. 9.

[349] http://www.wdr.de/radio/wdr3/bilder/sendung/wdr_3_diskurs/gudrun_ensslin.pdf (09.05.2006), S. 8.

[350] Koenen: Vesper, Ensslin, Baader. S. 100.

ein von Pietismus, Zivilisationskritik und moralischem Rigorismus geprägtes, dürfte wohl nicht zuletzt dem Vorurteil Backes'/Jesses entspringen, dass es in einer protestantischen Pastorenfamilie vermutlich so zugehe. Koenen und Ensslins Schwester Christiane treten dieser Auffassung entgegen. Koenen verweist auf H. Ensslins von zeitgenössischer Glaubenskritik geprägten Religionsansatz. C. Ensslin stellt fest, es habe bei ihnen keine Strenge und moralischen Rigorositäten gegeben.[351]

Im Jahr 1948 zog die Familie nach Tuttlingen. Ensslin war dort erst Mitglied und bald Gruppenführerin im Evangelischen Mädchenwerk. Gottfried Ensslin erinnert sich an ihre charismatische Wirkung auf die anderen Gruppenmitglieder.[352]

1958/59 lebte Ensslin als Austauschschülerin des International Christian Youth Exchange in einer Methodistengemeinde in den USA. Zwischenzeitlich zog ihre Familie nach Stuttgart-Bad Cannstatt. Nach ihrer Rückkehr absolvierte sie 1960 das Abitur und zog nach Tübingen, um an der dortigen Universität ein Studium der Germanistik und Anglistik, mit der Absicht Lehrerin zu werden, aufzunehmen. Anfang 1962 lernte sie über eine Freundin, Dörte (Nachname unbekannt), Bernward Vesper kennen. Vesper war der Sohn des von den Nationalsozialisten hochgeschätzten Dichters Will Vesper[353] und schrieb ebenfalls. Unter anderem publizierte er Aufsätze in der „Nationalzeitung" und „Soldatenzeitung" und pflegte auch noch während seiner Tübinger Studienzeit Kontakte zu alten Freunden seines Vaters, wie z.B. Hans Grimm („Volk ohne Raum"). Sein Vater besaß über seinen Tod 1962 hinaus, wie Kapellen herausstellt, großen Einfluss auf ihn. Vesper, vom Vater gleichermaßen beeindruckt und abgestoßen, kämpfte zeitlebens damit, sein Verhältnis zum Vater zu klären. Er übernahm nach dessen Tod die Verantwortung für Nachdruck und Vertrieb von dessen Werken. In sei-

---

[351] Vgl. Backes/Jesse: Politischer Extremismus in der Bundesrepublik Deutschland. S. 352; vgl. Koenen: Vesper, Ensslin, Baader. S. 99f ; vgl. http://www.wdr.de/radio/wdr3/bilder/sendung/wdr_3_diskurs/gudrun_ensslin.pdf (09.05.2006), S. 9.

[352] Vgl. http://www.wdr.de/radio/wdr3/bilder/sendung/wdr_3_diskurs/gudrun_ensslin.pdf (09.05.2006), S. 10.

[353] W. Vesper betätigte sich von 1923 – 1943 als Herausgeber der Zeitschrift „Die schöne Literatur" (1931 umbenannt in „Die neue Literatur"), die zur führenden NS-Literaturzeitschrift wurde. Daneben veröffentlichte er eigene literarische Texte, in denen er eine nationalistische Auffassung vertrat, die ihn als Repräsentanten der NS-Ideologie prädestinierte. Bei der Bücherverbrennung am 10. 05.1933 in Dresden hielt Vesper die Festrede. Nach Kriegsende konnte W. Vesper an seinen Erfolg in der NS-Zeit nie wieder anknüpfen.

nem Romanfragment „Die Reise" stellte er seine Biografie als klar zweigeteilt dar: seine Kindheit und Jugend unter der „Herrschaft" des nationalsozialistischen Vaters und seine entschiedene Lossagung vom Vater während des Studiums in Tübingen, wozu auf den ersten Blick die Beziehung mit der späteren Linksterroristin Ensslin passen würde. Dass dieses Bild eine Vereinfachung darstellt und nicht die von Kapellen betonte Janusköpfigkeit Vespers, aber auch Ensslins berücksichtigt, dürfte im weiteren Verlauf noch klarer werden. „Die Reise" wurde nach ihrem Erscheinen 1977 zu einem auflagenstarken „Kultbuch der Linken". B. Vesper galt als einer der wichtigsten Köpfe der APO, u.a. weil er die linksradikale „Voltaire-Flugschrift" herausgab.[354]

Ensslin, Dörte und Vesper führten ab Anfang 1962 eine Dreiecksbeziehung. Auch nachdem Dörte im Frühjahr 1962 aus Tübingen fortging und Ensslin und Vesper in eine Wohnung zogen, wurde der Kontakt zu ihr noch eine Weile aufrechterhalten. Im Sommer 1962 ließ die mittlerweile von Vesper schwangere Dörte, unterstützt von Ensslin und Vesper, eine illegale Abtreibung vornehmen. In der folgenden Zeit führten sie angeblich weiterhin eine Art offene Zweier-Beziehung, wobei Kapellen nur in Bezug auf Vesper konkrete Liebschaften mit anderen Frauen erwähnt. Ensslin und Vesper praktizierten damit eine radikal antibürgerliche Beziehungsform, lange bevor diese am Ende der 60er Jahre als Ideal propagiert wurde, die sie jedoch vor ihren Familien verheimlichten. Kapellen weist aber darauf hin, dass schwer zu entscheiden sei, ob und inwieweit Ensslin in dieser Beziehung gleichberechtigt gewesen sei.[355] Berücksichtigt man Ensslins Tagebuchaufzeichnungen, fällt es schwer zu glauben, sie sei von dieser Lebensform überzeugt gewesen. Ensslin schrieb Ende 1962 ein literarisch verschlüsseltes Tagebuch mit dem Namen „Isabella und ich", in welches anscheinend die Gefühle einflossen, die sie in Bezug auf ihre Beziehung mit B. Vesper hatte. „Isabella, wo ist Bernward. Wen berühren seine Hände."[356] heißt es darin. Und weiter: „Wolf, der das Lamm zerbricht, abhäutet, tötet, das helle Blut trinkt."[357] Sie macht sich Vorwürfe, dass sie ihn, „noch immer nicht genug liebt"[358], dass sie „unfähig zur Selbstaufgabe"[359] ist und sie bettelt um „eine letz-

---

[354] Vgl. Kapellen: Doppelt leben. S. 10ff.

[355] Vgl. Kapellen: Doppelt leben. S. 106f; S. 154.

[356] Koenen: Vesper, Ensslin, Baader. S. 94.

[357] Koenen: Vesper, Ensslin, Baader. S. 94.

[358] Koenen: Vesper, Ensslin, Baader. S. 94.

[359] Koenen: Vesper, Ensslin, Baader. S. 94.

te Chance“[360], bis der Wolf sich wieder ihrer erbarmt und sie eine Liebe lehrt, „so groß, bis das kleine Heupferd nicht mehr zu klein ist. Alles tut für dich. Auch töten.“[361] Eine eifersüchtige Frau, unsicher, sich ihrem Freund unterlegen fühlend, passiv, mit einer masochistischen Tendenz und Opferbereitschaft für ihren Geliebten kommt darin meiner Ansicht nach zum Vorschein. Kapellen und Koenen weisen in diesem Kontext auf den Satz hin, sie täte alles für ihn, „Auch töten.“ und deuten an, dass sie dieses „Versprechen“ zehn Jahre später für Baader einlöst, wobei Kapellen berechtigterweise kritisch anmerkt, eine derartige Interpretation stelle vielleicht eine zu holzschnittartige Sicht auf Ensslin dar, da sie keine Entwicklung ihrerseits zulasse und ihre Person zum willenlosen Werkzeug ihrer Liebhaber verkürze.[362] Kapellen führt allerdings auch Vespers Freundin Elisabeth Albertsen an, die nach eigenen Angaben immer ein wenig das Gefühl hatte, „Vesper betrachte Gudrun ein wenig als sein Geschöpf. ‚Ich hab’ verdammt hart an Gudrun gearbeitet’, sagte er einmal zu [Albertsen].“[363], die aber auch betont, Ensslin habe „nichts Weibchenhaftes“[364] gehabt.

Im Kontext der „Spiegel-Affäre“ im Herbst 1962 beteiligten sich Ensslin und Vesper an Protestaktionen gegen die Durchsuchung der Redaktion und die Verhaftung des Herausgebers Augstein. Als im NPD-nahen „Deutschen Studenten-Anzeiger“ die Demonstrationen als vom Osten gesteuerte, landesverräterische Umtriebe gebrandmarkt wurden, reagierten Vesper und Ensslin verärgert. Ensslin schrieb an die Redaktion und machte dabei einen merkwürdig erscheinenden Umweg über W. Vesper: „Im Hinblick auf den persönlichen Mut, den Will Vesper zeit seines Lebens gezeigt hat (allen Denkschemata zum Trotze), lässt sich immer wieder nur eines tun: individuell das Gewissen entscheiden lassen.“[365] Genau darum seien jetzt auch

> „Aberhunderte von Studenten den endlosen Protestmarsch mitge-
> gangen... allein aus der Überzeugung, daß Kräfte und Methoden, wie
> sie in unserem Staat gegen Individuen (in diesem Falle gegen Redak-

---

[360] Koenen: Vesper, Ensslin, Baader. S. 95.

[361] Koenen: Vesper, Ensslin, Baader. S. 95.

[362] Vgl. Kapellen: Doppelt leben. S. 182.

[363] Kapellen: Doppelt leben. S. 155.

[364] Kapellen: Doppelt leben. S. 154f.

[365] Koenen: Vesper, Ensslin, Baader. S. 34.

teure des ‚Spiegel') angewandt wurden, nur durch persönliches Bekenntnis beantwortet und bekämpft werden können."[366]

In diesem Brief verknüpfte Ensslin zwei Motive, die sie und Vesper in Tübingen kultivierten: einerseits die Ehrenrettung W. Vespers, als Mensch, der seinem Gewissen folgte, und in der BRD trotz „nobler Gesinnung" nicht respektiert wurde, andererseits eine tendenziell eher linke, staatskritische Haltung, einen Oppositionsgeist verbunden mit der aufkommenden Solidarität mit anderen Studierenden, die ähnliche Zweifel am Staat hegten. Den gemeinsamen Kern bildete der Keim eines Widerspruchs gegen die bundesdeutsche Nachkriegspolitik.[367]

Im Frühjahr 1963 verließ Ensslin Tübingen, um an der Pädagogischen Hochschule in Schwäbisch Gmünd eine einjährige Zusatzausbildung als Volksschullehrerin zu absolvieren und zog wieder zu ihren Eltern.

Ensslin half Vesper bei seinen unterschiedlichen Publikationsplänen. Vesper war mit der Verantwortung für W. Vespers Werke betraut und entwickelte ständig neue Pläne, z.B. die Herausgabe einer Literaturzeitschrift. Wegen seiner Sprunghaftigkeit führte er seine Pläne meist nicht bis zum Ende. Mit Ensslin gelang es ihm, einen kleinen Verlag, das „studio neue literatur", zu gründen, in dem 1964 die Anthologie „Gegen den Tod. Stimmen deutscher Schriftsteller gegen die Atombombe." erschien. Ensslins Bekannter Scott Mohr hatte den Eindruck, dass sich Vespers Ehrgeiz hinsichtlich seiner Publikationspläne auf Ensslin übertrug und sie ihn „wie eine sehr bedeutende Persönlichkeit"[368] behandelte.

Im 1964 erschienen „Gegen den Tod"-Band sind einige bekannte Autoren, wie z.B. Heinrich Böll und Hans Magnus Enzensberger vertreten – aber auch der HJ-Liederdichter Hans Baumann. Dieser Mischung politischer Richtungen in dem Band lag folgende Konzeption des Verlags zugrunde: „gleich ob links oder rechts, oben oder unten, lila, rot, grün o.ä. Wir wollen nicht dekretieren, sondern stimulieren, nicht eine Weltanschauung vertreten, es sei denn, die, daß es Freiheit nur dort gibt, wo man auch von ihr Gebrauch macht. [...] Wir haben Lust am Experiment."[369] Mit dem sich gegen eine atomare Aufrüstung engagierenden Band verfolgte Ensslin die pazifistische Linie, die ihr Vater bereits in den 50er Jahren eingeschlagen hatte.

---

[366] Koenen: Vesper, Ensslin, Baader. S. 34f.

[367] Vgl. Koenen: Vesper, Ensslin, Baader. S. 34f.

[368] Kapellen: Doppelt leben. S. 115.

[369] Kapellen: Doppelt leben. S. 130.

Parallel unterstützte Ensslin Vesper bei der Herausgabe einer Gesamtausgabe von W. Vespers Werken. Gemeinsam mit Ensslin bewarb Vesper die Neuerscheinung mit Anzeigen in der rechten Presse. Die Anschrift ihrer Familie in Bad Cannstatt firmierte als „Pressestelle" und Versandlager. Am 11.09.1963 schickte Ensslin eine Buchbesprechung an die Zeitung „Das deutsche Wort". Verschiedene Indizien weisen zwar auf Vesper als Verfasser des Textes hin, doch auch wenn sie „nur" ihren Namen für einen derartigen Text zur Verfügung gestellt haben sollte, wäre dies beachtenswert. W. Vesper wurde in diesem Text als „eine[r] der liebenswertesten [...] Dichter"[370] bezeichnet, dessen Werk „ein Genuß für jeden [sei], der sich durch modische Experimente und allzu grüblerische Haltung mancher modernen Autoren noch nicht den Genuß am Erzählten, an der Geschichte selbst, am spannenden Stoff hat nehmen lassen."[371] Seine NS-Vergangenheit wurde abgekürzt, indem die Lüge entwickelt wurde, er sei, „als die Zeitumstände ihm eine freie Arbeit nicht mehr gestatteten, auf den Acker zurück[gekehrt]"[372]. Zu guter Letzt folgte der Appell an „das nationale Deutschland"[373], das „seine Aufgabe darin sehn [sollte], diese Ausgaben zu unterstützen, damit der Versuch des Verlags nicht zum Scheitern verurteilt bleibt."[374] Kapellen sieht in diesem im Tonfall der rechtskonservativen Kritik verfassten Text einen Beleg für die Janusköpfigkeit Vespers und Ensslins, da sie darin vollständig ihre Bemühungen um das „studio neue literatur" verleugneten, das zwar politisch nicht eindeutig festgelegt werden kann, aber in jedem Fall für eben jene ästhetische Experimente stand, die hier abgewertet wurden[375]. Ein Grund für Ensslins Engagement um den Nachlass W. Vespers könnte in ihrer Liebe zu Vesper gelegen haben. Ensslin versuchte, ihrem Freund zu helfen, den Ruf seines Vaters wiederherzustellen, denn den Abstieg seines Vaters vom verehrten Dichter zum geschmähten Nationalsozialisten konnten W. und B. Vesper gleichermaßen schlecht verkraften.

Im Jahr 1964 absolvierte Ensslin die erste Dienstprüfung für das Lehramt an Volksschulen. Während dieser Zeit entwickelte sie den Plan, eine Dissertation schreiben zu wollen. Da Familie Ensslin die finanziellen Mittel zur Unterstüt-

---

[370] Kapellen: Doppelt leben. S. 139.

[371] Kapellen: Doppelt leben. S. 139.

[372] Kapellen: Doppelt leben. S. 140.

[373] Kapellen: Doppelt leben. S. 141.

[374] Kapellen: Doppelt leben. S. 141.

[375] Vgl. Kapellen: Doppelt leben. S. 141f.

zung fehlten, bewarb sie sich um ein Stipendium der Studienstiftung des Deutschen Volkes. Sie erhielt das Stipendium und beschloss mit Vesper nach Berlin zu ziehen, um dort gemeinsam an der FU ihr Studium der Germanistik und Anglistik fortzusetzen. Bis zu ihrem Umzug arbeitete sie die meiste Zeit an ihrer Dissertation. Ab dem Wintersemester 1964/65 lebten beide in Berlin. Im März 1965 verlobten sie sich.

Im Mai 1965 arbeiteten Ensslin und Vesper im Rahmen des Bundestagswahlkampfes im „Wahlkontor Deutsche Schriftsteller" für den Sieg des SPD-Kandidaten Willy Brandt. Als ein Jahr später die Große Koalition gebildet wurde, waren die beiden, wie auch viele andere, die sich für einen Wahlsieg Brandts eingesetzt hatten, enttäuscht und fühlten sich verraten. Plötzlich saßen jene Politiker, für die sie sich engagiert hatten, neben den politischen Gegnern auf der Regierungsbank. Ensslin meinte dazu: „Wir mußten erleben, daß die Führer der SPD selbst Gefangene des Systems waren, die politische Rücksichten nehmen mußten auf die wirtschaftlichen und außerparlamentarischen Mächte im Hintergrund."[376]

Im Herbst 1966 wurde Ensslin von Vesper schwanger. Da die beiden sich zunehmend schlechter verstanden, lehnte Ensslin es ab, ihn zu heiraten. In der nächsten Zeit bereitete Ensslin sich und die Umgebung auf die Geburt ihres Kindes vor. Am 13.05.1967 wurde Felix Ensslin geboren.

Knapp drei Wochen später wurde Ohnesorg erschossen. Ensslin soll angeblich am Abend des 02.06. auf einer SDS-Versammlung gewesen sein und geschrien haben: „Sie werden uns alle umbringen – ihr wißt doch, mit was für Schweinen wir es zu tun haben – das ist die Generation von Auschwitz, mit der wir es zu tun haben – man kann mit Leuten, die Auschwitz gemacht haben, nicht diskutieren. Die haben Waffen und wir haben keine. Wir müssen uns auch bewaffnen."[377] Sollte diese Äußerung wirklich von Ensslin stammen, wäre sie zunächst ein Beleg für ein schon zu dieser Zeit bestehendes rigides Freund-Feind-Denken Ensslins, wobei sie die „Generation von Auschwitz" als Feind ausmachte, die ihrer Auffassung zufolge nach wie vor faschistisch war. Es würde Ensslins Bereitschaft zum Widerstand, zur (Gegen-)Gewalt gegen das aus ihrer Sicht faschistische „System" deutlich und würde zeigen, dass Ensslin sich und alle anderen Gegner dieses „Systems" in Lebensgefahr wähnte. Da sie meiner Meinung

---

[376] Aust: Der Baader Meinhof Komplex. S. 36.

[377] Aust: Der Baader Meinhof Komplex. S. 54.

nach zu diesem Zeitpunkt nicht zu den „Eliten" der Studentenbewegung gehörte, wirkt dieser Ausruf wie ein plötzlicher Ausbruch, möglicherweise das Ergebnis eines schon länger andauernden Aufschaukelungsprozesses, bei dem mit dem Tod Ohnesorgs bei Ensslin eine weitere, allerdings extreme Stufe der Eskalation erreicht wurde. Im September 1972 schrieb sie in einem Brief an C. Ensslin:

> „[...] was mich angeht, war ich [...] voll bis obenhin von dem Gefühl, daß eine irrsinnige Menge an mir, an Euch, an allem nicht stimmt, aber was denn nun und wie denn nun hätte ich Euch sowenig erklären können wie mir selber [...]. Das hat sich geändert. Wodurch? Schah-Kurras-Ohnesorg [...]. Also, damit war es eben so, daß mir plötzlich klar wurde, wozu die Begriffe da sind, die ganze parzellierte Scheiße, die bis dahin dank meiner privilegierten Existenz als bürgerliche Tante in meinem Kopf und sonst wo zusammengekommen war, wurde plötzlich lebendig, überschaubar, und: da beginnt auch schon das Verbrechen – Anleitung zum Handeln."[378]

In der folgenden Zeit nahm ihre Aktivität in der APO erheblich zu. Acht Tage später beteiligte sie sich, trotz Demonstrationsverbotes, an einem „Buchstabenballett" gegen Albertz. Auf T-Shirts waren Buchstaben gemalt, die abwechselnd das Wort „Albertz" und „abtreten" ergaben. Mitte Juli nahm Ensslin an einer Demonstration gegen eine alliierte Waffenschau auf dem Flughafen Tempelhof teil. Anfang August beteiligte sie sich an einer Demonstration und wurde wegen Hausfriedensbruchs und Verleumdung angezeigt. Ungefähr zu dieser Zeit lernte sie Baader kennen. Die Aktionsgruppe des „Buchstabenballetts" traf sich regelmäßig in Ensslins und Vespers gemeinsamer Wohnung. Baader stieß über Homann zur Gruppe. In dem Aktionskreis setzte Baader sich durch die Radikalität seiner Vorschläge in Szene. Baader interessierte sich, seiner damaligen Lebensgefährtin Ellinor Michel zufolge, in diesen Wochen zum ersten Mal für Politik, oder wie Koenen wohl berechtigterweise hinzufügt: für die „action" draußen auf den Straßen, die ihm eher zusagte, als die bislang geführten studentischen, theoretischen Debatten.[379] Michel charakterisierte Baader „als einen Menschen, der für nichts Interesse hat und gegen alles opponiert"[380]. Baader wurde 1943 in München geboren. Da der Vater aus sowjetischer Kriegsgefangenschaft nicht mehr zurückgekehrt war, wuchs er bei seiner Mutter, Großmut-

---

[378] Ensslin: „Zieht den Trennungsstrich, jede Minute". S. 56.

[379] Vgl. Koenen: Vesper, Ensslin, Baader. S. 124ff.

[380] Koenen: Vesper, Ensslin, Baader. S. 148.

ter und Tante auf, die sich mit seiner Erziehung bald überfordert sahen. In seiner schulischen Laufbahn sind einige Diskontinuitäten festzustellen. Er galt als problematischer Schüler, musste wiederholt die Schule wechseln und ging letztlich ohne Abitur von der Schule ab. Schon während der Schulzeit wurde er immer wieder straffällig. Wegen Fahrens ohne Führerschein und Motorraddiebstahls wurde er 1961 zu Jugendarrest verurteilt. Im Jahr darauf beteiligte er sich an den „Schwabinger Krawallen", bei denen es zu heftigen Ausschreitungen zwischen Polizei und Jugendlichen kam. Er wurde daraufhin arrestiert und mit einer Geldbuße belegt. 1964 ging er nach Berlin. Dort hielt er sich, wie schon zuvor in München, in der Künstlerszene auf und zog bei der Malerin Michel und ihrem Mann ein. Sie unterstützte ihn finanziell, da Baader nur gelegentlich arbeitete und, wie Hauser meint, „kein Bemühen jenseits der auratischen Inszenierung seiner Person"[381] kannte. Unter anderem Koenen berichtet, er sei als „parfümierter Dandy mit teuren Anzügen, Seidenhemden und Schuhen"[382] aufgetreten, konnte sich diesen Luxus jedoch eigentlich nicht leisten. Baader, Michel und ihr Mann führten eine Dreiecksbeziehung. Im Jahr 1965 bekam Baader eine Tochter von Michel, im selben Jahr wurde er wegen Erwerbs eines gefälschten Führerscheins zu einer Gefängnisstrafe auf Bewährung verurteilt.[383]

Als Ruth Ensslin ihre Schwester im August 1967 besuchte, war geplant, dass sie Felix beaufsichtigen würde, damit Ensslin ihre Dissertation beenden könnte. Stattdessen traf sie Ensslin in einer Phase an, in der

> „man so von Happening zu Happening [ist] und das war noch so 'ne antiautoritäre erste Aufbruchphase des Studentenprotestes, mit Haschrauchen und sexuell was ausprobieren und so weiter. Und in das hat sie sich damals meiner Erinnerung nach auch voll rein geworfen. Damals hat sie sich ja gerade auch, das hab ich da gerade miterlebt, wo sie sich so Andreas Baader zugewandt hat."[384]

Wegen Ensslins Liebschaft mit Baader kam es zu Streit mit Vesper. Parallel zu diesen persönlichen Problemen folgten politische Versammlungen und Demonstrationen dicht aufeinander. In der folgenden Zeit beteiligten sich Ensslin

---

[381] Hauser: Baader und Herold. S. 48.

[382] Koenen: Vesper, Ensslin, Baader. S. 110.

[383] Vgl. Koenen: Vesper, Ensslin, Baader. S. 106ff.

[384] http://www.wdr.de/radio/wdr3/bilder7sendung/wdr_3_diskurs/gudrun_ensslin.pdf (09.05.2006), S. 11.

und Baader an verschiedenen Aktionen, an denen auch die „Kommune 1" teilnahm. Felix blieb währenddessen bei Ensslins Schwester. Baader besuchte jetzt häufiger Versammlungen im SDS, wo er in Zwischenrufen das „intellektuelle Geschwätz" denunzierte und „Aktionen" verlangte.[385] Ensslin begann Koenen zufolge, ihn überallhin mitzubringen, wobei „niemand", wie Peter Härtling meint, „in dem bräsig herumhängenden, abschätzig feixenden Burschen den künftigen Guerilla-Chef vermuten hätte können."[386] Deshalb habe, so Koenen, „niemand diese Mesalliance der klugen Doktorandin mit dem maulfaulen Macho vorerst ernst[genommen]"[387].

Im Februar 1968 zogen Ensslin und ihr Sohn aus der Wohnung mit Vesper aus. Zusammen mit Baader kam sie bei einem Bekannten unter. Ensslins Sohn wurde in dieser Zeit bei einem benachbarten Paar untergebracht.

Ende März 1968 besuchten Ensslin, Baader und Th. Proll die „Kommune 1", zu deren weiterem Umfeld sie seit vergangenem Sommer gehörten. Baader schlug, wie Baumann sich erinnert, vor, nicht nur zu reden, sondern die „neuen Demonstrationsformen" aus den Flugblättern zum Brüsseler Kaufhausbrand auszuprobieren.[388]

Ende März traten die drei – Söhnlein schloss sich ihnen erst in München an – jene Reise an, die am 03.04. mit ihrer Verhaftung endete und später als „Initiationsakt des bundesdeutschen Terrorismus" bezeichnet wurde. Gottfried Ensslin hatte jedoch den Eindruck, dass es sich bei der ganzen Aktion eher um einen „Abenteuer-Coup"[389] handelte. Beschwingt von der enthusiastischen Atmosphäre der APO und ihren zahllosen Aktionen zu dieser Zeit wollten sie ebenfalls eine Aktion starten. Das klingt zwar naiv und euphemistisch, könnte aber auf die Brandstiftung durchaus zugetroffen haben, auch wenn, insbesondere Ensslin, später die politische Intention ihrer Aktion betonte. Angetrieben von einem politisch angehauchten Enthusiasmus, mit Lust auf Aktion allgemein und insbesondere gegen den Vietnamkrieg in ursprünglich - zumindest bei Ensslin - pazifisti-

---

[385] Vgl. Koenen: Vesper, Ensslin, Baader. S. 126f.

[386] Koenen: Vesper, Ensslin, Baader. S. 128.

[387] Koenen: Vesper, Ensslin, Baader. S. 128.

[388] Vgl. Koenen: Vesper, Ensslin, Baader. S. 144.

[389] http://www.wdr.de/radio/wdr3/bilder/sendungen/wdr_3_diskurs/gudrun_ensslin.pdf (09.05.2006) (S. 8).

scher Absicht, scheint mir Laqueurs Formulierung, „Idealismus und Interessen können koinzidieren." hier als tragfähig.

Vom 05.04.1968 bis zum 13.06.1969 war Ensslin in der Frauenhaftanstalt in Frankfurt-Preungesheim inhaftiert. C. Ensslin stellte fest, dass sie im Kaufhausbrandprozess und nach ihrer Verhaftung 1972 „eine Schwester kennen gelernt [habe], die mit dem, was ich früher erlebt hab, gar nicht zusammen zu bringen ist"[390]. Ensslins Eltern nahmen während des Prozesses im Oktober 1968 Stellung zu der Tat ihrer Tochter. Ensslins Vater erklärte in einem Interview:

> „Was sie sagen wollte, ist doch dies: eine Generation, die am eigenen Volk und im Namen des Volkes erlebt hat, wie Konzentrationslager gebaut wurden, Judenhaß, Völkermord, darf die Restauration nicht zulassen. [...] Das sind junge Menschen, die nicht gewillt sind, die Frustration dauernd zu schlucken und dadurch korrumpiert zu werden. Für mich ist erstaunlich gewesen, daß Gudrun, die immer sehr rational und klug überlegt hat, fast den Zustand einer euphorischen Selbstverwirklichung erlebte, einer ganz heiligen Selbstverwirklichung, so wie geredet wird vom heiligen Menschentum."[391]

Und Ensslins Mutter berichtete:

> „Ich spüre, daß sie mit ihrer Tat auch etwas Freies bewirkt hat, sogar in der Familie. Plötzlich, seit ich sie vor zwei Tagen gesehen habe, bin ich selbst befreit von einer Enge und auch Angst, die [...] mein Leben hatte. Vielleicht auch kirchliche Konvention. Das alles hat Gudrun immer sprengen wollen, und ich habe es verhindern wollen."[392]

Ensslins zeigen Verständnis und eine gewisse Sympathie für die Tat ihrer Tochter. Wirth bemerkt die einfühlsame Interpretation des Vaters und vermutet eine große Nähe des Vaters zu Gefühlsleben und Gedankenwelt seiner Tochter. An dieser Stelle möchte ich intensiver auf H. Ensslins „unvollendeten Widerstand" zu sprechen kommen. Ensslin hat im Prozess gesagt, sie habe gelernt, Reden ohne Handeln sei unrecht. Ihre Prozesserklärung kreiste im Wesentlichen um diesen Punkt. Sie kritisierte zwar ihre konkrete Aktion, war aber grundsätzlich davon überzeugt, dass es richtig war, überhaupt aktiv zu werden. Sie wähnte die

---

[390] http://www.wdr.de/radio/wdr3/bilder/sendungen/wdr_3_diskurs/gudrun_ensslin.pdf (09.05.2006) (S. 7).

[391] Aust: Der Baader Meinhof Komplex. S. 73.

[392] Aust: Der Baader Meinhof Komplex. S. 73f.

kapitalistische Gesellschaft auf dem Weg in den Faschismus und wollte sich mit dieser Entwicklung nicht abfinden.[393] Ensslin griff den bereits erläuterten Faschismus-Vorwurf gegen das „System" auf. Damit stellte sie einen Bezug zwischen ihrem eigenen Widerstand gegen das von ihr als faschistisch wahrgenommene System und dem versäumten Widerstand ihrer Eltern gegen das NS-System her. Ihre Eltern konnten den Bezug offensichtlich nachvollziehen und fühlten sich durch ihre Tat von der eigenen Schuld befreit. In einem Interview sagte sie: „[I]ch sehe nicht ein, warum man das, was man Jahrhunderte lang getan hat und als falsch erkannt hat, weiter tun sollte, nämlich so tun, als ob man nichts tun könnte, und ich werd mich [...] niemals damit abfinden, daß man nichts tut."[394] Gottfried Ensslin äußerte im Interview, dass das Übereinstimmen von Reden und Handeln ein Leitbild der Familie gewesen ist. Statt um aktive politische Verstrickung ging es bei Ensslins, wie Koenen anmerkt, um passives moralisches Versagen – und dies in Konfrontation mit den Forderungen protestantischer Ethik. Wirth folgt dieser Deutung, wenn er meint, Ensslin habe stellvertretend für die Eltern deren eigenen unbewussten Konflikt ausagiert. Sie habe überkompensierenden Widerstand geleistet, den sie und ihre Eltern eigentlich von sich in der NS-Zeit erwartet hätten. Und C. Ensslin erzählt, Ensslin habe ihr nach der Brandstiftung gesagt, sie sei glücklich. Hier trifft vielleicht das zu, was H. Ensslin mit „Selbstverwirklichung" meinte.[395] Ensslin war des Theoretisierens und Diskutierens in den Studentenkreisen über die Probleme, die sie mittlerweile meinte, erkannt zu haben, überdrüssig und wollte jetzt in aktiver Form dagegen ankämpfen, endlich handeln. In einem Brief an C. Ensslin vom Oktober 1972 wies sie darauf hin, dass die Mitglieder der RAF nicht realitätsferne Idealisten, sondern Revolutionäre seien, bei denen „der Punkt ist, daß sie mal etwas begriffen, das nicht wieder loslassen, auch wenn der Weg – das haben sie natürlich gleich mitbegriffen [...] sehr dornenreich und eher hoffnungslos statt hoff-

---

[393] Wirth: Versuch, den Umbruch von 68 und das Problem der Gewalt zu verstehen. S. 30f; vgl. Aust: Der Baader Meinhof Komplex. S. 74; vgl. http://www.wdr.de/radio/ wdr3/bilder/sendungen/wdr_3_diskurs/gudrun_ensslin.pdf (09.05.2006), S. 7.

[394] http://www.wdr.de/radio/wdr3/bilder/sendung/wdr_3_diskurs/gudrun_ensslin.pdf (09.05.2006), S. 7.

[395] Vgl. http://www.wdr.de/radio/wdr3/bilder/sendungen/wdr_3_diskurs/gudrun_ensslin.pdf (09.05.2006) (S. 8); vgl. Koenen: Vesper, Ensslin, Baader. S. 313; vgl. Wirth: Versuch, den Umbruch von 68 und das Problem der Gewalt zu verstehen. S. 30ff; vgl. http://www.wdr.de/radio/wdr3/bilder/sendungen/wdr_3_diskurs/gudrun_ensslin.pdf (09.05.2006) (S. 8).

nungsvoll ist."[396] Wie bereits dargelegt, bin ich im Gegensatz zu Ensslin sehr wohl der Auffassung, dass es sich bei den RAF-Terroristen, auch bei Ensslin, um Idealisten handelte. Sie verfolgten die von ihnen als richtig erkannten Ideale, die gepaart waren mit rigorosem Moralismus. Eckert betont, dass die großen Verbrechen der Menschheit nicht von „Bösewichten" begangen worden sind, sondern von allzu Gläubigen und Idealisten. Erst die Verabsolutierung von Ideen und Positionen führe zu einem potentiell guten Gewissen bei den Tätern.[397] In diesem Zusammenhang sei auch auf Schmidtchens These von der Problematik der religiösen Desozialisation hingewiesen. Zwar ist bei Ensslin nicht davon auszugehen, dass sie in ihrer Erziehung einen religiös inhaltsleer gewordenen Protestantismus erlebt hat, doch die Betonung der intellektuellen Autonomie protestantischer Glaubenskultur, bei der die Legitimität des Handelns, wie im Falle Ensslins, durch die tiefe Überzeugung garantiert wird, scheint bei ihrer Sozialisation eine Rolle gespielt zu haben.

Der aktionistische Baader, den C. Ensslin vermutlich nicht zu Unrecht, als „Katalysator" in dieser Aktion gesehen hat, dürfte sie in dieser Entwicklung vorangetrieben haben.[398] Der ehemalige RAF-Terrorist Ronald Augustin sagt: „Man kann nicht über Gudrun sprechen, ohne über Gudrun und Andreas zu sprechen"[399]. Ich stimme Peters zu, wenn er das Paar Ensslin-Baader als eine „hochexplosive Verbindung"[400] beschreibt. Er ist nicht der einzige, der darauf hingewiesen hat, dass in dieser Beziehung zwei Menschen zusammenkamen, die sich in ihrer Entwicklung immer weiter vorantrieben und sich durch ihre Verschiedenheit ergänzten. Sie sollen eine Einheit, „Kopf" (Ensslin) und „Bauch" (Baader) gebildet haben. A. Proll führt diese Metapher aus, wenn sie berichtet, Baaders Tatkraft habe sich mit Ensslins Idealismus und Entschlossenheit verbunden. Die beiden ergänzten sich später in der RAF: „Wenn Baader nicht mehr weiterkam, erschien Gudrun Ensslin wie aus dem Hintergrund, schärfer, intellektueller und zugleich verbindlicher als er. Als Paar verfügten sie über eine

---

[396] Ensslin: „Zieht den Trennungsstrich, jede Minute". S. 65.

[397] Vgl. Eckert: Terrorismus als Karriere. S. 129.

[398] http://www.wdr.de/radio/wdr3/bilder/sendungen/wdr_3_diskurs/gudrun_ensslin.pdf (09.05.2006) (S. 12).

[399] http://www.wdr.de/radio/wdr3/bilder/sendungen/wdr_3_diskurs/gudrun_ensslin.pdf (09.05.2006), S. 18.

[400] Peters: RAF. S. 40.

ganze Bandbreite von Argumenten, die sie ins Spiel bringen konnten."[401] Gottfried Ensslin vermutet, dass es Ensslins Stärke war, aus dem Hintergrund zu
wirken, darauf zu achten, dass die Sache in die aus ihrer Sicht richtige Richtung
geht. Das Paar scheint eine große Anziehungskraft auf andere ausgestrahlt zu
haben. Koenen beschreibt die beiden als „Kernmodul", an das andere Elemente
„andocken" konnten. Diesen Elementen gaben sie dann, so Augustin, innerhalb
der RAF eine Orientierung.[402]

Ensslin kritisierte in ihrer Prozesserklärung, dass die Menschen in der westlichen Gesellschaft konsumieren müssten, „fressen müssen"[403], um nicht zu Bewusstsein zu kommen, um nicht über Vietnam nachzudenken und empfand dies
als „menschenunwürdig"[404]. Und sie äußerte ihre Hoffnung, „[i]ch kann es nicht
glauben, daß der Tag irgendwann mal ausbleibt, daß die Leute es satt haben, [...]
nur satt zu sein, daß sie den Selbstbetrug satt haben, all die schönen Lebensmit-
tel für den Lebenszweck zu halten?"[405]

R. Ensslin verweist auf einen biografischen Aspekt dieser Brandstiftung, den des
persönlichen Scheiterns. Vom Vater ihres Kindes getrennt, das ursprüngliche
Berufsziel, Lehrerin zu werden, aufgegeben, die Doktorarbeit nicht beendet, habe sie sich zu einem Zeitpunkt, als eine „politische Welle" über viele hinweg-
ging, an dem Punkt befunden, ihren Weg zu finden. Süllwold setzt zeitlich etwas
später an, verfolgt aber diesen Argumentationsstrang weiter, wenn sie über
Ensslins Situation vor dem Übergang in die RAF schreibt, sie habe sich möglicherweise in einem Anspruchsniveaukonflikt befunden. Ein derartiger Konflikt
liegt vor, wenn eine Diskrepanz zwischen Leistungsanspruch und -vermögen
besteht. Bei Ensslin hat Süllwold Hinweise auf einen solchen Konflikt festgestellt: Zweimal nahm Ensslin ein Studium auf, ohne dieses mit einem Abschluss
zu beenden. Auch Koenen geht von einer Verquickung politischer und persönli-

---

[401] Edschmid: Frau mit Waffe. S. 112.

[402] Vgl. http://www.wdr.de/radio/wdr3/bilder/sendungen/wdr_3_diskurs/gudrun_ensslin.pdf
(09.05.2006), S. 19; vgl. Koenen: Vesper, Ensslin, Baader. S. 238.

[403] Koenen: Vesper, Ensslin, Baader. S. 176.

[404] Koenen: Vesper, Ensslin, Baader. S. 176.

[405] Koenen: Vesper, Ensslin, Baader. S. 176.

cher Momente aus, wenn er schreibt, bei Ensslin sei die politische Radikalisierung mit der persönlichen Krise verbunden gewesen.[406]

Die Kaufhausbrandstiftung stellt meiner Ansicht nach auch in Bezug auf Ensslins Weg in den Linksterrorismus den „Initiationsakt" dar. Sie übertrat dabei erstmals die Schwelle vom Linksextremismus zum Linksterrorismus und war seither mit all den in Kapitel 5.2. erörterten Konsequenzen vorbestraft. Ihre Beteiligung an der zwei Jahre später stattfindenden Baader-Befreiung stellt deswegen, wie ich meine, nur einen weiteren, aber insofern wichtigen Schritt in ihrer linksterroristischen Karriere dar, da er sie fest in eine derartige Gruppe integrierte, in der sie ihren weiteren Weg beschritt.

Die Preungsheimer Gefängnisdirektorin Helga Einsele bekundete, Ensslin sei „so absolut", dass sie „notfalls mit dem Leben für ihre Überzeugung eintritt."[407] Einseles Tochter, die ebenfalls mehrfach mit Ensslin sprach, bezeichnete diese eher als moralisierend, denn politisch.[408] Während des Prozesses war sie die einzige Angeklagte, die bereit war, mit einem Psychiater zu sprechen – allerdings nicht über ihre persönlichen Verhältnisse. Stattdessen kam es zu politisch-weltanschaulichen Diskussionen, die sich nach Angaben des Psychiaters „endlos im Kreis drehten"[409]. Er fand sie

> „innerlich starr, unabdingbar. [...] Sie hat eine heroische Ungeduld. Sie leidet unter dem Ungenügen unserer Existenz. Sie wollte nicht mehr warten. Sie wollte in die Tat umsetzen, was sie letztlich im Pfarrhaus gelernt hatte. [...] Sie wollte den Nächsten en gros erfassen – gegen seinen Willen. Sie denkt einen Gedanken unbeirrt zu Ende, bis vor die Wand."[410]

Zwei Jahre später zitierte sie mehrfach in Briefen Marx und Engels: „Es handelt sich nicht darum, was dieser oder jener Proletarier oder selbst das ganze Proletariat als Ziel sich einstweilig vorstellt. Es handelt sich darum, was es ist, und was

---

[406] Vgl. http://www.wdr.de/radio/wdr3/bilder/sendungen/wdr_3_diskurs/gudrun_ensslin.pdf (09.05.2006) (S. 12); vgl. Süllwold: Stationen in der Entwicklung von Terroristen. S. 90; vgl. Koenen: Vesper, Ensslin, Baader. S. 219.

[407] Aust: Der Baader Meinhof Komplex. S. 74.

[408] Vgl. Koenen: Vesper, Ensslin, Baader. S. 186.

[409] Koenen: Vesper, Ensslin, Baader. S. 178.

[410] Koenen: Vesper, Ensslin, Baader. S. 178.

es, diesem Sein gemäß geschichtlich zu tun gezwungen sein wird"[411]. Hier wird abermals deutlich, wie sehr Ensslin überzeugt war, im Besitz der „reinen Lehre" zu sein und zu wissen, welcher Weg zum „Heil" führt und wie dieses Überlegenheitsgefühl in arrogantes Avantgarde-Denken mündete.

Während ihres Gefängnisaufenthaltes schrieben sie und Vesper sich zahllose Briefe. In den meisten Briefen ging es um ihren gemeinsamen Sohn. Sie litt offensichtlich unter der Trennung von ihm.

Ihren Besuch versuchte sie auf politisch Gleichgesinnte zu konzentrieren und schrieb einer Jugendfreundin, dass sie von ihr nicht mehr besucht zu werden wünsche, da die Freundin sie wie eine Kranke besuche und Ensslin sie für eine Träumerin halte. Sie schrieb, sie könne das christliche Reden nicht mehr ertragen:

> „Ich hab mich ein für allemal auf die Seite... des sich auflehnenden Menschen geschlagen. Auch die Geschichte des Christentums ist (wofür Christus nichts kann) zu eindeutig die Geschichte des Sklaventums und der Herrschaft von Menschen über Menschen, als daß ich mit ihm und nicht vielmehr gegen es handeln könnte."[412]

Auf diese Weise erlangte sie eine gewisse Gleichförmigkeit ihrer sozialen Kontakte im Gefängnis. Eine Diskussion unterschiedlicher Standpunkte wurde fast unmöglich, was einer Verengung und Dichotomisierung ihres Weltbildes Vorschub geleistet haben dürfte.

Am 13.06.1969 wurden Ensslin, Baader, Th. Proll und Söhnlein bis zur Entscheidung über den Revisionsantrag entlassen. Ensslin nutzte nicht die Gelegenheit, ihren Sohn zu besuchen, sondern blieb mit Baader und Th. Proll in Frankfurt. Ich vermute, dass sie im Wesentlichen aus zwei eng miteinander verwobenen Gründen so handelte: 1. die Revolution, 2. ihre Liebe zu Baader. Augustin berichtet, Ensslin habe einmal über ihre Entscheidung, sich von ihrem Kind zu trennen, gesagt, „dass das Beste, was sie für das Kind machen konnte, ist für `ne andere Gesellschaft [zu] kämpfen, in der das Kind oder die Kinder im Allgemeinen ein besseres Leben haben. Oder `ne andere Lebensperspektive für sich

---

[411] Ensslin: „Zieht den Trennungsstrich, jede Minute". S. 66.

[412] http://www.wdr.de/radio/wdr3/bilder/sendungen/wdr_3_diskurs/gudrun_ensslin.pdf (09.05.2006) (S. 14)

finden könnten.“[413] Sie war der Ansicht, sie würde für wichtigere Aufgaben, als die Erziehung eines Kindes gebraucht und würde ihrem Kind letztlich mit ihrer Entscheidung sogar nutzen. In diesem Kontext klingt der Opfergedanke an: Sie opferte ihre Mutter-Kind-Beziehung für eine „bessere“ Gesellschaft. Koenen scheint ihrer Sicht nahe zu kommen, wenn er schreibt: „Gerade weil ihre Gefühle noch lebendig und frisch waren, hätte eine Begegnung mit ihrem Kind sie unweigerlich von all dem fortgerissen, dass sie nun glaubte, tun zu müssen.“[414] Die Revolution hing für sie eng mit Baader zusammen, da er für sie die Revolution verkörperte. Koenen weist außerdem darauf hin, dass hier ein Muster hervortritt, das schon Ensslins frühe Beziehung zu Vesper bestimmt hatte: ihre Tendenz, sich mit dem Projekt ihres Partners zu identifizieren. Dabei hatte diese Hingabe Ensslins auch eine Seite, bei der sie sich ihres Partners, bis zu dessen vollständiger Neuerfindung, bemächtigte.[415] Ensslin hätte, wenn sie zu ihrem Kind zurückgekehrt wäre, auf Baader und ihren neuen, abenteuerlichen, ihr fast eine gewisse Prominenz innerhalb der Studentenbewegung vermittelnden Lebensstil verzichten müssen. Der Erwartungsdruck, der von ihr selbst und ihrer Umgebung nach ihrer Kaufhausbrandstiftung erzeugt wurde, war nicht zu unterschätzen. Andere und vermutlich auch sie selbst warteten gespannt, welche „revolutionäre“ Tat sie als nächstes vollbringen würde. Wäre Ensslin zu Felix zurückgekehrt, hätte sie, wie Koenen es treffend formuliert, „die Mühen der Ebene, die Banalität des Alltags, die Pragmatik des Erwerbs auf sich nehmen müssen“[416].

Ensslin, Baader und Th. Proll engagierten sich in der folgenden Zeit in der „Staffelberg-Kampagne“ für Heimzöglinge in Frankfurt. Die „Randgruppenstrategie“ war zu diesem Zeitpunkt auf ihrem Höhepunkt. Manche sahen in den Randgruppen der Gesellschaft das revolutionäre Subjekt für die von ihnen gewünschte Revolution. Ensslin und Baader fungierten als Sprecher gegenüber den Jugendämtern und Wohlfahrtsinstitutionen und übernahmen die Führung eines Lehrlingsprojektes. Während Baader vor allem für „Aktionen“ sorgte, bemühte sich Ensslin finanzielle Unterstützung von den Behörden zu erhalten. Ensslin habe auch hier versucht, Baaders Tatendrang in ihrer Meinung nach sinnvolle

---

[413] http://www.wdr.de/radio/wdr3/bilder/sendungen/wdr_3_diskurs/gudrun_ensslin.pdf (09.05.2006), S. 16.

[414] Koenen: Vesper, Ensslin, Baader. S. 246.

[415] Vgl. Koenen: Vesper, Ensslin, Baader. S. 219.

[416] Koenen: Vesper, Ensslin, Baader. S. 219f.

Bahnen zu kanalisieren. Das Projekt wurde wegen seiner negativen sozialen Folgen (z.B. Diebstahl und Drogen) zunehmend schärfer kritisiert.[417]

Am 10.09. verwarf der Bundesgerichtshof die Revision der Urteile. Ensslin, Baader und Th. Proll flohen im November nach Paris. A. Proll, die ihnen folgte, beschreibt die Zeit nach der Ablehnung der Revision als eine von Angst geprägte: „Die Angst stand jetzt im Raum und bestimmte alles. An ihr wuchs die Staatsmacht zur riesigen Gefahr. Zwei Jahre Gefängnis wurden zur unüberwindbaren Hürde, vor der sie die Flucht ergriffen."[418] Nach Proll liegt der Anfang vom Ende hier und sie ist der Überzeugung: „Alles wäre anders geworden, wenn es nicht diese Angst gegeben hätte und wenn das Gericht in Frankfurt eine Brücke zu seinen Gegnern hätte schlagen können, als sie noch keine Feinde waren."[419] Einige Wochen später reisten Ensslin, Baader und A. Proll weiter nach Italien. Im Januar 1970 besuchte Mahler sie in Rom, um sie für seine militante Gruppe zu „rekrutieren". Mahler hatte in Berlin bereits eine kleine Organisation aufgebaut. Der Konzeption nach wollten sie einen bewaffneten Arm der sozialen Bewegungen bilden, die in verschiedenen Stadtvierteln Mieter-, Betriebs- oder Jugendarbeit betrieben und die Heim-, Justiz- oder Deserteurskampagnen führten. Es wurde viel diskutiert und Mahler fuhr wieder nach Berlin, um Vorbereitungen für die Rückkehr Ensslins und Baaders zu treffen. Am 10.02. erfuhren Ensslin und Baader von der Ablehnung ihres Gnadengesuchs, die zum selben Zeitpunkt erfolgte, wie die Ankündigung der Bundesregierung einer Amnestie für „Demonstrationsstraftäter", die zu weniger als acht Monaten Haft verurteilt waren, erfolgte. Ensslin und Baader war damit endgültig der Weg in eine bürgerliche Existenz abgeschnitten. Krebs ist überzeugt, dass sich dies auf ihre künftigen politischen Überlegungen auswirkte. Die beiden verließen Italien und quartierten sich Anfang Februar bei Meinhof ein. Es folgten lange Diskussionen darüber, wie man künftig vorgehen solle. A. Proll erwähnt, zu dieser Zeit sei nicht über die möglichen Konsequenzen, verhaftet oder erschossen zu werden, oder selbst andere zu töten, gesprochen worden.[420]

Bei einer Waffenbeschaffungsaktion am 04.04. wurde Baader verhaftet. Diese Verhaftung bedeutete nicht nur einen gravierenden Einbruch in die sich gerade

---

[417] Vgl. Aust: Der Baader Meinhof Komplex. S. 81f.

[418] Edschmid: Frau mit Waffe. S. 107.

[419] Edschmid: Frau mit Waffe. S. 108.

[420] Vgl. Koenen: Vesper, Ensslin, Baader. S. 267ff; vgl. Uetz: „Schwein oder Mensch". S. 25; vgl. Krebs: Ulrike Meinhof. S. 202f; vgl. A. Proll: Hans und Grete. S. 9.

herausbildende Gruppenstruktur, sondern für Ensslin zusätzlich den Verlust ihres Partners. Laut Koenen soll Ensslin die treibende Kraft gewesen sein, die das Befreiungsunternehmen in die Wege leitete.[421] A. Proll erinnert sich an diese Zeit:

> „Wieder lagen die zwei Jahre vor ihm [Baader]. Zu lang für ihn, zu lang für Gudrun Ensslin, die sich tagsüber mit falschen Papieren Zugang verschaffte zu dem Mann, den sie liebte; Nacht für Nacht saß sie mit gebeugtem Rücken und schrieb Briefe, während sie sich immer mehr zusammenzog und mit Einsamkeit umhüllte. Zu lang aber auch für die, die ihr nahe waren und sahen, wie sie litt. [...] Alles mußte jetzt geschehen, heute, denn heute fühlten sie sich mit den Revolutionsbewegungen der ganzen Welt verbunden, heute und nicht irgendwann.“[422]

Jäger führt aus, dass der Zusammenhang zwischen dem Beziehungsfeld und der politischen Aktion als „Umkanalisierung" bezeichnet wird, bei der die persönlichen Gefühle für einen Partner den Gruppenregeln entsprechend politisch umdefiniert und in politische Energie umgesetzt werden. Die persönliche Motivation zum Handeln verstärkt sich nach Jäger noch, wenn das Aktionsziel darin besteht, eine solche Bezugsperson aus der Haft zu befreien, da den Gefühlen für den Partner zugleich eine politische Funktion zukommen kann. Augustin meint dementsprechend, es habe sich bei Ensslin und Baader nie nur um eine Zweierbeziehung gehandelt, sondern, diese sei immer über die Gruppe und deren Ziele bestimmt gewesen.[423]

Die weiteren Stationen Ensslins während ihrer Zeit im Untergrund lassen sich nur teilweise rekonstruieren. Es ist wiederholt darauf hingewiesen worden, dass die Gruppe dem Einfluss der einzelnen Mitglieder nach nicht Baader-Meinhof-, sondern vielmehr Baader-Ensslin-Gruppe hätte heißen müssen. Aust bezeichnet die beiden als „das unbestrittene Führungspaar der entstehenden RAF"[424]. Ensslin soll laut Aust im Mai 1972 einen Sprengstoffanschlag auf amerikanische Einrichtungen als Gegenaktion gegen die Verminung der Häfen in Nordvietnam durch die US-Luftwaffe vorgeschlagen haben. Dieser Vorschlag mündete, wie

---

[421] Vgl. Koenen: Vesper, Ensslin, Baader. S. 274.

[422] Edschmid: Frau mit Waffe. S. 113f.

[423] Vgl. Jäger: Studien zur Sozialisation von Terroristen. S. 156f; vgl. http://www.wdr.de/radio/wdr3/bilder/sendungen/wdr_3_diskurs/gudrun_ensslin.pdf (09.05.2006), S. 19.

[424] Aust: Der Baader Meinhof Komplex. S. 107.

Aust weiter berichtet, in die „Terrorwelle", bei der vier Menschen starben und 74 Menschen verletzt wurden.[425]

Bei ihrer Festnahme am 07.06.1972 in Hamburg wollte Ensslin nach ihrer Schusswaffe greifen und hätte vermutlich auch geschossen, hätte nicht ein Polizeibeamter ihren Griff zur Waffe verhindert. An Meinhof schrieb sie: „[I]ch gepennt, sonst wäre jetzt eine Verkäuferin tot (Geisel), ich und vielleicht zwei Bullen..."[426]

Bis Anfang Februar 1974 war Ensslin in der Justizvollzugsanstalt Essen inhaftiert.. Anschließend saß sie bis Ende April 1974, zusammen mit Meinhof, in Köln-Ossendorf und von Ende April 1974 bis zu ihrem Tod am 18.10.1977 in der Justizvollzugsanstalt Stammheim ein.

Während ihrer gesamten Haft nahm sie an fünf Hungerstreiks teil. Sie soll vom Gefängnis aus, wie das Stammheimer Gericht feststellte, Weisungen zur Neuorganisation der RAF erteilt haben. Ensslin soll auch maßgeblich bei der Organisation des „info-Systems" mitgewirkt haben. Sie selbst nannte ihre Zelle das „Sekretariat". Nach Auffassung Austs bestimmte sie von dort aus den Kurs. Zusammen mit Baader, der im Gruppenjargon „Generaldirektor" hieß, bildete sie den „Stab". Sie entschieden über die Verteilung der „info"-Materialien. Über das „info" kritisierten und disziplinierten sich die RAF-Mitglieder gegenseitig, wobei der Führungsanspruch auch hier bei Baader und Ensslin lag.[427]

Eine (selbstgestellte) Aufgabe, die Ensslin schon im Untergrund, während der Haft und im Stammheimer Prozess wahrnahm, war die Stilisierung Baaders zum Revolutionär schlechthin. Baader war laut Koenen „eine Art kosmischer Anarch [...], dem [Ensslin] erst Gestalt, Stimme, Schliff und Richtung [gab]"[428]. Der von Koenen so genannte „Andreas-Kult" wurde von Frauen und Männern der RAF gleichermaßen geübt, wirkte zwar wie Unterwerfung, war aber vielmehr Ausdruck des Wunsches, so männlich-stark und von Schuldgefühlen frei zu werden wie er.[429] So schrieb Ensslin während der Inhaftierung in Stammheim:

---

[425] Vgl. Aust: Der Baader Meinhof Komplex. S. 231ff.

[426] Aust: Der Baader Meinhof Komplex. S. 248.

[427] Vgl. Aust: Der Baader Meinhof Komplex. S. 277ff.

[428] Koenen: Vesper, Ensslin, Baader. S. 337.

[429] Vgl. Koenen: Vesper, Ensslin, Baader. S. 267.

> „Der Rivale, absolute Feind, Staatsfeind: das kollektive Bewußtsein,
> die Moral der Erniedrigten und Beleidigten, des Metropolenproleta-
> riats – das ist Andreas. Daher der Haß der Bourgeoisie, Presse, bür-
> gerlichen Linken, auf ihn konzentriert. [...] An Andreas, über das, was
> er ist, konnten wir uns bestimmen, weil er das alte (erpreßbar, kor-
> rupt usw.) nicht mehr war, sondern das neue: klar, stark, unversöhn-
> lich, entschlossen... Weil er sich über die Ziele bestimmt...“[430]

Ensslin stellte Baader hier als den „neuen Menschen“ dar, der es zu werden gelte, an dem man sich orientieren müsse bei der Entwicklung seiner neuen Identität, insbesondere nachdem man die alte mit dem Eintritt in die RAF abgelegt
hatte. Sie baute ihn zu einer Art „Messias“ auf, der, nun erschienen, Hoffnung
bringe, als Orientierung für die Veränderung dienen müsse und betonte, „mir ist
jedenfalls vor a[ndreas] niemand begegnet, der das wollen *konnte*“[431]. Über eine
Stilisierung Baaders und eine Identifikation mit ihm gelang ihr zweierlei: Ensslin konnte ihren Status innerhalb der Gruppe erhöhen, denn als seine Freundin
war sie von ihm „auserwählt“ worden, was ihrem eigenen Selbstwertgefühl zu-
träglich gewesen sein dürfte und sie konnte sich in der Beziehung zu und in der
Identifikation mit ihm selbst reinigen. Ensslin war auch für die Decknamen der
Gruppenmitglieder während ihrer Haft verantwortlich. Sie wählte sie zum Teil
aus Melvilles „Moby Dick“ aus. „Ahab“ stand für Baader. Damit erhöhte sie
seinen Status und ließ ihn zum „Kapitän“ der „Mission“ der RAF werden. Im
Mittelpunkt der Gruppe stand also ein Baader, den sie, wie Koenen somit nicht
ohne Grund feststellt, erst erfunden hat. Sich selbst gab sie den Decknamen
„Smutje“. „Smutje“, „der Koch“, wie Ensslin ausführte, „hält die Töpfe spiegel-
blank und predigt gegen die Haie“[432].

Folgt man Uetz' Konzept von der „Verdeckten Männlichkeit“, könnte Ensslin
eine Vertreterin dieses gewesen sein. Sie duldete keine Schwäche, wie sich bei
ihrer Auseinandersetzung mit Meinhof zeigte, und reagierte auf jedes Abwei-
chen von der Linie höchst aggressiv und restriktiv. Sie schrieb Meinhof z.B. eine scharfe Kritik in Bezug auf die Inkonsequenz mancher Genossen im Hungerstreik: „Na warte, die Kostüme der Müdigkeit – wie ich sie satt, wie ich sie ge-
fressen habe, wie sie mir zum Hals raus zehntausendmal um die ganze Welt ge-

---

[430] Aust: Der Baader Meinhof Komplex. S. 288.

[431] Bakker Schut: das info. S. 293f.

[432] Aust: Der Baader Meinhof Komplex. S. 275.

hangen und mich erwürgt haben [...].‘“[433] Sie war meiner Meinung nach überangepasst an ihr Bild eines Revolutionärs und vertrat dabei einen rigorosen Perfektionismus. Insofern opferte sie sich auf, indem sie für ihre Ideale ihre alte Persönlichkeit abzustreifen versuchte, um sich der kollektiven Identität der RAF zu übergeben. Sie forderte „den 24-Stundentag auf den Begriff Hass zu bringen“[434].

Am 28.04.1977 wurde Ensslin zu einer lebenslänglichen Freiheitsstrafe verurteilt. Sie wurde für schuldig befunden, gemeinsam mit Baader und Raspe drei tateinheitliche Morde in Tateinheit mit sechs versuchten Morden, einen weiteren Mord in Tateinheit mit einem versuchten Mord, weitere 27 versuchte Morde und allein einen Mordversuch begangen zu haben. Außerdem wurde sie schuldig gesprochen, eine kriminelle Vereinigung gebildet zu haben.

Während der Schleyer-Entführung, am 09.10.1977, erhielt Ensslin auf ihren Wunsch hin Besuch von dem BKA-Beamten Alfred Klaus. Sie diktierte während dieses Gesprächs einen Brief an die Regierung, aus dem hervorging, dass Baader, Raspe und sie selbst Selbstmord begehen würden, wenn die Regierung nicht bereit sei, die Gefangenen gegen Schleyer auszutauschen.

Als in der Nacht zum 18.10.1977 die „Landshut“-Geiseln befreit wurden, wurde diese Nachricht auch bei den drei Stammheimer Inhaftierten, trotz Kontaktsperre, bekannt.

Am Morgen des 18.10. wurde Ensslin erhängt in ihrer Zelle gefunden. Sowohl Kriminalbeamte, als auch internationale medizinische Gutachter und Staatsanwälte stellten fest, dass es sich dabei um Selbstmord handelte. Bis heute wird diese These allerdings immer noch von einigen, v.a. ehemaligen RAF-Mitgliedern und Angehörigen Ensslins, angezweifelt.

Unbestritten ist, dass die Perspektive Ensslins lebenslänglich inhaftiert zu sein, ohne Aussicht auf Befreiung oder Begnadigung, sicherlich eine kaum vorstellbare Belastung darstellte. Die Haftbedingungen, die bis zur Schleyer-Entführung deutlich besser waren, als die der meisten anderen Häftlinge, hatten sich nach der Schleyer-Entführung verschlechtert. Ein Kontaktsperregesetz verhinderte im Prinzip jeden sozialen Kontakt – auch der Gefangenen untereinander. Bubeck bemerkte, dass Ensslin, Baader und Raspe unter den verschärften Haftbedingungen litten.[435] Ihre Aussicht auf einen Kampf „draußen“ war gescheitert. Für sie

---

[433] Aust: Der Baader Meinhof Komplex. S. 303.

[434] Aust: Der Baader Meinhof Komplex. S. 269.

[435] Vgl. Oesterle: Stammheim. S. 188.

stellte sich vermutlich die Frage, wie sie nun weiter kämpfen, ihrem Ziel dienen sollten. „entweder Problem oder Lösung"[436], hatte es häufiger in RAF-Texten geheißen. Wie aber sollte sie noch an der „Lösung" mitwirken? Den lebensgefährlichen Einsatz ihres Körpers für ihre Ziele hatte sie bereits während der Hungerstreiks praktiziert. Sicherlich war sie sich der Wirkung ihres Todes auf die Öffentlichkeit bewusst. Durch einen kollektiven Selbstmord, als Mord inszeniert, denn durch die Art ihrer Verletzungen bzw. ihres Todes wollten die Häftlinge, wie u.a. Oesterle meint, den Eindruck erwecken, sie seien von staatlicher Seite angegriffen bzw. ermordet worden, würde in Teilen der Bevölkerung, bei Sympathisanten eine Mobilisierung ausgelöst, Märtyrer geschaffen.[437] Auf diese Weise hätte sie den Zielen der RAF bis zu ihrem Tod und darüber hinaus dienen können und im Selbstmord als finaler Identitätsfindung ein Maximum ihrer selbstempfundenen, aber auch von anderen wahrgenommenen Authentizität erreichen können.

---

[436] z.B. in einem Brief Meins' an Grashof, zit. n. Bakker Schut (Hg.): das info. S. 184.

[437] Vgl. Oesterle: Stammheim. S. 187ff.

Fazit

Als ich begonnen habe, mich mit dem Thema „Frauen in der RAF - Weibliche Wege in den Linksterrorismus" zu beschäftigen, glaubte ich, angesichts des geringen Anteils von Frauen in der allgemeinen Kriminalität und ihres relativ großen Anteils im Linksterrorismus, müsse es frauenspezifische Bedingungen geben, die Frauen verstärkt in dieser Form von Kriminalität auftreten lassen – eben weibliche Wege in den Linksterrorismus. Sicherlich bin ich auch vereinzelt auf Faktoren bspw. in der weiblichen Sozialisation gestoßen, die die Voraussetzungen für eine derartige Entwicklung darstellen können, wie z.B. die anerzogene Opferbereitschaft. Doch insgesamt wurde meine Vermutung, es gäbe spezifische weibliche Wege in den Linksterrorismus widerlegt. Betrachtet man die Wege Meinhofs und Ensslins, ist man vielleicht geneigt zu behaupten, speziell bei Frauen werde eine derartige Entwicklung durch persönliche Probleme katalysiert. Aber Laqueurs Feststellung, Idealismus und Interessen können koinzidieren, der ich zustimme, trifft gleichermaßen auf die Männer der RAF zu. Horst Mahler z.B., der 1970 wegen seiner Beteiligung an den Anti-Springer-Demonstrationen nach dem Dutschke-Attentat zur Zahlung eines Schadensersatzes von ca. 75.000 DM und zu zehn Monaten Gefängnis auf Bewährung verurteilt wurde und mit seinem Schritt in den Linksterrorismus mit diesen alten Problemen brach und Andreas Baader, der schon seit seiner Jugend immer wieder straffällig wurde und nicht in der Lage war, seine hohen Ansprüche an sich bezüglich seines Status eigenständig zu realisieren und als Linksterrorist, als Gruppenführer einen Status erreichte, den er auf bürgerlichen Wegen vermutlich nie erreicht hätte, seien als Beispiele hierfür genannt.

Betrachtet man Ensslins und Meinhofs Biografien und Wege in den Linksterrorismus, fallen einige Parallelen, aber auch Unterschiede auf. Beide Frauen entstammten einem hohen Herkunftsniveau und wuchsen in tendenziell der Regierung oppositionell gegenüberstehenden Elternhäusern auf, die aus der NS-Zeit keine direkte größere moralische Belastung mitbrachten. Sie orientierten sich in geistiger und politischer Hinsicht an bestimmten Bezugspersonen: Meinhof seit ihrer Kindheit bis weit in die Studienzeit hinein an Riemeck und später an K. Röhl, Ensslin seit ihrer Studienzeit an Vesper und später an Baader. Für diese Bezugspersonen ist eine (in manchen Fällen linksgerichtete bzw. kommunistische) geistige Oppositionshaltung zur bestehenden Regierung und zumindest teilweise auch zum System zu konstatieren, die offensichtlich nicht ohne Einfluss auf Meinhof und Ensslin blieb. Diese Oppositionshaltung manifestierte sich bei beiden Frauen u.a. in der Ablehnung der atomaren Wiederbewaffnungspläne der Bundesregierung, wobei in Bezug auf Meinhof die Instrumentalisierung politischer Themen für ihre kommunistischen Aktivitäten berücksichtigt werden muss. Beide Frauen brachen in der Phase ihrer extremistisch ausgerichteten Politisierung ihr Studium ab, um sich ganz ihrem politischen Anliegen widmen zu können. Dennoch verfügten sie zu diesem Zeitpunkt bereits über ein überdurchschnittliches Bildungsniveau. Vom Elternhaus protestantisch erzogen, distanzierten sie sich im Laufe ihrer Politisierung immer mehr von der Religion, behielten aber gewisse Grundzüge, wie z.B. die Gleichheit aller Menschen, aber auch das Recht auf Widerstand gegen eine Tyrannenherrschaft bei und übertrugen sie auf ihre politischen Konzepte und Forderungen. Beide engagierten sich in der Studentenbewegung, die Studentin Ensslin als relativ „typische“ 68erin, Meinhof stieß von außerhalb dazu, und durchlebten in diesen bewegten Jahren persönliche (Beziehungs-)Krisen, die sie erschütterten, aber auch die Auseinandersetzungen mit dem Staat, den sie beide immer stärker als ihren persönlichen Feind wahrnahmen. Eine Transformation persönlicher Probleme in politische lässt sich bei Ensslin und Meinhof feststellen. Ohnmachtsgefühle, die sich möglicherweise im privaten, aber auch im politischen Bereich Meinhofs und Ensslins entwickelten und aufstauten, konnten im terroristischen Akt kompensiert, Macht ausgeübt werden. In dieser Zeit persönlicher Orientierungslosigkeit und Identitätssuche trafen sie auf eine Bewegung, die sich in einer Oppositionshaltung zum Staat befand, mit der man sich identifizieren konnte und in der sich Teile der Bewegung zunehmend radikalisierten, so dass ihre eigene politische Radikalisierung kaum mehr auffiel. Sie strebten nach größerer Authentizität in ihrem Denken und Handeln, suchten Anschluss bei Gruppen ähnlicher Gesinnung und gerieten dabei in ein Umfeld ideologischer Konformität. Nicht zuletzt Meinhofs stärkeres Verhaftetsein in bürgerliche Lebensformen, ihr Beruf als Journalistin, ihre Mutterrolle, die sie im Gegensatz zu Ensslin, die sich schon zwei Jahre zuvor von ihrem Studium und ihrem Sohn getrennt hatte, bis zur Baader-Befreiung banden und die Zweifel, dieses Leben aufzugeben, dürften wesentliche Bedingungen gewesen sein, die Meinhof länger im politischen Extremismus zurückbleiben ließen und ihren Einstieg in den Terrorismus im Vergleich zu Ensslin verzögerten. Schlussendlich verließen beide Frauen ihre Kinder für ihre „Mission“. Vorher quälte Meinhof jedoch die aus ihrer Sicht mangelnde Einheit und Authentizität in ihrem politischen Leben. Eine weitere wesentliche Bedingung dürfte der mangelnde Anschluss Meinhofs an eine entsprechend gesinnte Gruppe gewesen sein. Die sechs Jahre ältere Meinhof war zwar schon seit Ende der 50er Jahre, also einige Zeit vor Ensslin, kommunistisch ideologisiert und schrieb, während Ensslin Vesper half die Werke seines nationalsozialistischen Vaters zu verkaufen, bereits für die damals KPD-finanzierte linke Zeitschrift „konkret", doch gemeinsam ist ihnen in ihren Aktivitäten die Oppositionshaltung zum bestehenden System, die (selbstgewählte) Marginalisierung innerhalb der BRD und eine Ausrichtung in Richtung politischer Extremismus, die bei Ensslin spätestens seit ihrer Zeit in Berlin in eine linke Ausrichtung umschwenkte. Beide sahen sie bereits in den Jahren vor der Baader-Befreiung im Staat eine faschistische, restaurative Tendenz, die sie bekämpfen wollten und verstanden es, insbesondere aus der deutschen NS-Vergangenheit heraus, als ihre Pflicht, Widerstand zu leisten. Dabei zeigten sie sich in höchstem Maße anti-demokratisch, fanatisch und von einer eigenen moralischen Superiorität ausgehend besserwisserisch und intolerant gegenüber Andersdenkenden, denen sie das „falsche Bewusstsein" und Naivität unterstellten. Dieses Überlegenheitsgefühl wird nicht nur von verschiedener Seite als kennzeichnend für die 68er benannt, sondern ist auch der Standpunkt, von dem aus Ideologien wie der Kommunismus agieren. Ihre Entwicklung trug dabei zunehmend paranoide Züge, wobei darauf hingewiesen werden muss, dass sie ihre Angst vor der vermeintlich faschistischen Entwicklung des Staates mit ziemlich hoher Sicherheit als real empfunden haben dürften und mit diesem Faschismusvorwurf ideologisch auf der Seite der Studentenbewegung standen. Auch die Gedanken an eine angeblich legitime Gegengewalt gegen den Staat erwuchsen aus der Studentenbewegung. Koenen weist darauf hin, dass Phantasien, wie die von einer Kaufhausbrandstiftung, längst einen ganzen Teil der Szene besetzt hielten und dass die psychologische Disposition zur Aufnahme eines „bewaffneten Kampfes" mit dem Ende der Studentenbewegung und der APO an vielen Ecken zur gleichen Zeit aufkamen. In der Folgezeit entstanden immerhin einige terroristische Gruppen und Aktionen wie Brandanschläge, Überfälle und Alltagskriminalität nahmen laut Koenen im Lauf des Jahres 1969 zu.[438] Der Linksterrorismus in der BRD und der RAF-Terrorismus, v.a. der Ersten Generation, muss folglich im Kontext dieser Entwicklung der Studentenbewegung gesehen werden.

Obwohl zumindest in Bezug auf Meinhof relativ sicher ist, dass sie zumindest nachdem Riemeck an ihrer Erziehung teilhatte, nicht im Sinne des traditionellen Frauenbildes erzogen wurde, bin ich der Ansicht, dass sowohl Meinhof, als auch Ensslin keine emanzipierten Frauen waren, sondern sich zumindest in den Anfangsjahren ihrer Beziehungen zu K. Röhl und Vesper relativ stark an diesen orientierten und sich von ihren Männern einige Demütigungen gefallen ließen.

---

[438] Vgl. Koenen: Das rote Jahrzehnt. S. 155; S. 171ff; S. 365f.

Erst im Laufe der Zeit setzte bei ihnen eine gewisse Verselbstständigung ein, bei Meinhof gepaart mit einem Problembewusstsein für die Situation vieler Frauen in der BRD. Die Trennungen der beiden Frauen von ihren Lebensgefährten erwecken den Eindruck, dass sie sich nun, in einer Zeit, in der auch Frauen aus der APO begannen ihre eigenen Wege zu gehen, verselbstständigten. Doch beide schienen in dieser Phase erhöhter politischer Aktivität auch stets auf der Suche nach Orientierung zu sein, die Ensslin letztlich bei Baader und dann in der RAF fand und Meinhof bei Ensslin, Baader und der RAF und bei den Ideen, die beide Frauen in Bezug auf die gesellschaftliche Situation entwickelten und die in der RAF zur ideologischen Grundlage wurden. Sie zogen letztlich, wie Regehr es auch für viele Frauen der Studentenbewegung beschrieben hatte, von einer an sie Ansprüche stellenden „Familie" in die nächste. Ein weiterer Grund, Meinhof und Ensslin nicht als emanzipierte Frauen anzusehen, ist, dass sie sich bis zu ihrer Entpersönlichung in den Dienst einer sehr abstrakten Sache stellten und versuchten, in der Gruppe und ihrer „Mission" als Revolutionäre ohne Vergangenheit und persönliche Bedürfnisse aufzugehen. Dass sie in ihrer terroristischen Aktivität häufig nicht dem damals und auch heute noch vorherrschenden Frauenbild entsprachen, ist meiner Meinung nach nicht die Folge einer Emanzipation Ensslins und Meinhofs, sondern Resultat ihrer Anpassung an das Strukturprinzip der „Verdeckten Männlichkeit".

Von ihrem Weg in den Linksterrorismus erhofften sich beide Frauen Befreiung, allerdings nicht im feministischen Sinne, sondern Freiheit in der Exklusion vom Rest der in ihren Augen „schlechten" Gesellschaft, wobei Exklusion nach Reemtsma zur Exklusivität wurde: man müsse „die fähigkeit erkämpft haben, in dieser isolation nicht nur immer bloß das diktat der schweine zu sehen [...] – sondern [...] auch die revolutionäre seite der sache: die notwendigkeit der trennung von diesem system [...]"[439]. In diesem Revolutionärs- und Avantgardeverständnis bis zu ihrem Tod aufzugehen, scheint Ensslin gelungen zu sein. Bei Meinhof habe ich diesbezüglich Bedenken. Sie zweifelte vor ihrem Selbstmord noch immer bzw. schon wieder an sich, wähnte sich nicht als „neuer Mensch", als konsequente Revolutionärin, Vorreiterin der Authentizität, sondern verurteilte sich als „Schoßkind der herrschenden Klasse".

---

[439] Reemtsma: Was heißt „Die Geschichte der RAF zu verstehen"? S. 127.

Literaturverzeichnis

Aust, Stefan: Der Baader Meinhof Komplex. Hamburg 1986.

Backes, Uwe: Terror im Schlaraffenland – Die biographische Perspektive. In: Löw, K. (Hg.): Terror und Extremismus in Deutschland. Ursachen, Erscheinungsformen, Wege zur Überwindung. Berlin 1994. S. 129 – 140.

Backes, Uwe/Jesse, Eckhard: Politischer Extremismus in der Bundesrepublik Deutschland. 4., völlig überarbeitete und aktualisierte Ausgabe. Bonn 1996.

Bäcker, Hans Jürgen/Mahler, Horst: Die Linke und der Terrorismus. Gespräch mit Stefan Aust. In: Die Linke im Rechtsstaat. Bd. 2: Bedingungen und Perspektiven sozialistischer Politik von 1965 bis heute. Berlin 1979. S. 174 – 204.

Baur, Joachim: Geschichtsschreibung im Feuilleton. In: Biesenbach, Klaus (Hg.): Zur Vorstellung des Terrors: Die RAF-Ausstellung. Bd. 2. Berlin 2005. S. 241 – 244.

Becker, Jillian: Hitlers Kinder? Der Baader-Meinhof-Terrorismus. Frankfurt am Main 1978.

Biesenbach, Klaus (Hg.): Zur Vorstellung des Terrors: Die RAF-Ausstellung. Bd. 1 + 2. Berlin 2005.

Borowsky, Peter: Große Koalition und Außerparlamentarische Opposition. S. 11 – 22. In: Informationen zur politischen Bildung 258. Zeiten des Wandels. Deutschland 1961 – 1974. 1. Quartal 1998.

Bracher, Karl Dietrich/Jäger, Wolfgang/Link, Werner: Geschichte der Bundesrepublik. Republik im Wandel 1969 – 1974. Die Ära Brandt. Bd. 5/II. Stuttgart 1986.

v. Braunmühl, Carlchristian: Erfahrung von Gewalt – ein Anschlag der RAF und ein Versuch von Angehörigen darauf zu reagieren. In: Wirth, Hans – Jürgen: Hitlers Enkel oder Kinder der Demokratie? Die 68er, die RAF und die Fischer-Debatte. Gießen 2001.

Brockhaus. Enzyklopädie in 30 Bänden. 21., völlig neu bearbeitete Auflage. Bd. 8: EMAS-FASY. Leipzig; Mannheim 2006.

Dubiel, Helmut: Niemand ist frei von der Geschichte. Die nationalsozialistische Herrschaft in den Debatten des Deutschen Bundestages. München 1999.

Edschmid, Ulrike: Frau mit Waffe. Zwei Geschichten aus terroristischen Zeiten. Berlin 1996.

Eckert, Roland: Terrorismus als Karriere. In: Geißler, H. (Hg.): Der Weg in die Gewalt. Geistige und gesellschaftliche Ursachen des Terrorismus und seine Folgen. 2. durchgesehene Auflage. München; Wien 1978. S. 109 – 132.

Elias, Norbert: Studien über die deutschen. Frankfurt am Main 1992.

Einsele, Helga/Löw-Beer, Nele: Politische Sozialisation und Haftbedingungen. In: v. Paczensky, Susanne (Hg.): Frauen und Terror. Versuche, die Beteiligung von Frauen an Gewalttaten zu erklären. Hamburg 1978. S. 24 – 36.

Ensslin, Gudrun/Vesper, Bernward (Hg.): Gegen den Tod. Stimmen deutscher Schriftsteller gegen die Atombombe. Stuttgart 1981/82.

Fabricius-Brand: Frauen in der Isolation. In: v. Paczensky, Susanne (Hg.): Frauen und Terror. Versuche, die Beteiligung von Frauen an Gewalttaten zu erklären. Hamburg 1978. S. 55 – 68.

Fels, Gerhard: Der Aufruhr der 68er. Zu den geistigen Grundlagen der Studentenbewegung und der RAF. Bonn 1998.

Funke, Manfred: Was führte und verführte zum Terror? In: Funke, M.: Freiheit und Sicherheit. Die Demokratie wehrt sich gegen den Terrorismus (Schriftenreihe der Bundeszentrale für politische Bildung Bd. 123). Bonn 1979. S. 218 – 224.

Frevert, Ute: Frauen-Geschichte. Zwischen bürgerlicher Verbesserung und neuer Weiblichkeit. Frankfurt am Main 1986.

Frevert, Ute: Umbruch der Geschlechterverhältnisse? Die 60er Jahre als geschlechterpolitischer Experimentierraum. In: Schildt, A./Siegfried, D./Lammers, K. C. (Hg.): Dynamische Zeiten. Die 60er in den beiden deutschen Gesellschaften. Hamburg 2000. S. 642 – 660.

Geißler, Heiner (Hg.): Der Weg in die Gewalt. Geistige und gesellschaftliche Ursachen des Terrorismus und seine Folgen. 2. durchgesehene Auflage. München; Wien 1978.

Hauser, Dorothea: Baader und Herold. Beschreibung eines Kampfes. Berlin 1997.

Helwig, Gisela: Weg zur Gleichberechtigung. In: Frauen in Deutschland. Auf dem Weg zur Gleichstellung. Informationen zur politischen Bildung Heft 254, 1. Quartal 1997. S. 3 – 15.

Helwig, Gisela: Frau und Gesellschaft. In: Frauen in Deutschland. Auf dem Weg zur Gleichstellung. Informationen zur politischen Bildung Heft 254. 1. Quartal 1997. S. 27 – 38.

Kapellen, Michael: Doppelt leben. Bernward Vesper und Gudrun Ensslin. Die Tübinger Jahre. Tübingen 2005.

Kielmannsegg, Peter Graf: Nach der Katastrophe. Eine Geschichte des geteilten Deutschland. Berlin 2000.

Jäger, Herbert/Schmidtchen, Gerhard/Süllwold, Lieselotte: Lebenslaufanalysen. Analysen zum Terrorismus 2. Bundesministerium des Inneren (Hg.). Opladen 1981.

Jäger, Herbert/Böllinger, Lorenz: Studien zur Sozialisation von Terroristen. In: Jäger, Herbert/Schmidtchen, Gerhard/Süllwold, Lieselotte: Lebenslaufanalysen. Analysen zum Terrorismus 2. Bundesministerium des Inneren (Hg.). Opladen 1981. S. 118 – 236.

Jäger, Wolfgang/Link, Werner: Geschichte der Bundesrepublik Deutschland. Republik im Wandel 1974 - 1982. Die Ära Schmidt. Bd. 5/I. Mit einem abschließenden Essay von Joachim C. Fest. Stuttgart 1987.

Jubelius, Werner: Frauen und Terror. In: Kriminalistik Nr. 6/1981. S. 247 – 255.

Kätzel, Ute: Die 68erinnen. Porträt einer rebellischen Frauengeneration. Berlin 2002.

Kirn, Thomas/Brunn, Hellmut: Rechtsanwälte – Linksanwälte. 1971 bis 1981 – das Rote Jahrzehnt vor Gericht. Frankfurt am Main 2004.

Kirsch, Jan H.: Debatte: Mythos RAF? Zum Streit um eine noch nicht vorhandene Ausstellung. In: Zeithistorische Forschungen. Studies in Contemporary History. 1. Jahrgang 2004, Heft 2. S. 255 – 261.

Koenen, Gerd: Das rote Jahrzehnt. Unsere kleine deutsche Kulturrevolution 1967 - 1977. Köln 2001.

Koenen, Gerd: Vesper, Ensslin, Baader. Urszenen des deutschen Terrorismus. 3. Auflage. Köln 2003.

Kunzelmann, Dieter: „Leisten Sie keinen Widerstand." Bilder aus meinem Leben. Berlin 1998.

Kraushaar, Wolfgang: Zwischen Popkultur, Politik und Zeitgeschichte. Von der Schwierigkeit, die RAF zu historisieren. In: Zeithistorische Forschungen. Studies in Contemporary History. 1. Jahrgang 2004, Heft 2. S. 262 – 270.

Krebs, Mario: Ulrike Meinhof. Ein Leben im Widerspruch. Hamburg 1988.

Krohn, Claus Dieter: Die westdeutsche Studentenbewegung und das „andere Deutschland". In: Schildt, A./Siegfried, D./Lammers, K. C. (Hg.): Dynamische Zeiten. Die 60er in den beiden deutschen Gesellschaften. Hamburg 2000. S. 695 – 718.

Laqueur, Walter: Interpretationen des Terrorismus. Fakten, Fiktionen und politische Wissenschaft. In: Funke, Manfred (Hg.): Terrorismus. Untersuchungen zur Strategie und Struktur revolutionärer Gewaltpolitik (Schriftenreihe der Bundeszentrale für politische Bildung Bd. 123). Bonn 1978. S. 37 – 82.

Leßner, Regina: Ulrike Meinhof: Mythos und Wirklichkeit. Feature. Produktion: Sender Freies Berlin. Mit Stefan Aust, Bettina Röhl u.v.a. Regie/Redaktion: W. Bauernfeind. Berlin 2003.

Lübbe, Hermann: Endstation Terror. Rückblick auf lange Märsche. In: Geißler, Heiner (Hg.): Der Weg in die Gewalt. Geistige und gesellschaftliche Ursachen des Terrorismus und seine Folgen. 2. durchgesehene Auflage. München; Wien 1978. S. 96 – 108.

Lübbe, Hermann: Endstation Terror. Rückblick auf lange Märsche. Stuttgart 1978.

Lübbe, Hermann: Politischer Moralismus. Der Triumph der Gesinnung über die Urteilskraft. Berlin 1987.

MacDonald, Eileen: Erschießt zuerst die Frauen: die weibliche Seite des Terrorismus. München 1994.

Matz, Ulrich: Über gesellschaftliche und politische Bedingungen des deutschen Terrorismus. In: Matz, Ulrich/Schmidtchen, Gerhard: Gewalt und Legitimität. Analysen zum Terrorismus 4/1. Bundesministerium des Inneren (Hg.). Opladen 1983. S. 16 – 105.

Matz, Ulrich/Schmidtchen, Gerhard: Gewalt und Legitimität. Analysen zum Terrorismus 4/1. Bundesministerium des Inneren (Hg.). Opladen 1983.

Meves, Christa: Psychologische Voraussetzungen des Terrorismus. In: Schwind, Hans-Dieter (Hg.): Ursachen des Terrorismus in der Bundesrepublik Deutschland. S. 73f. Berlin; New York 1978. S. 69 – 78.

Meyers Enzyklopädisches Lexikon in 25 Bänden. 9., völlig neu bearbeitete Auflage. Bd. 8: Enz – Fiz. Mannheim; Wien; Zürich 1973.

Mitscherlich-Nielsen, Margarete: Hexen oder Märtyrer? In: v. Paczensky, Susanne (Hg.): Frauen und Terror. Versuche, die Beteiligung von Frauen an Gewalttaten zu erklären. Hamburg 1978. S. 13 – 23.

Neidhardt, Friedhelm: Soziale Bedingungen terroristischen Handelns. Das Beispiel der „Baader-Meinhof-Gruppe" (RAF). In: v. Baeyer-Katte, W./Classens, D./Feger, H./Neidhardt, F. (Hg.): Gruppenprozesse. Analysen zum Terrorismus 3. Bundesministerium des Inneren (Hg.). Opladen 1982. S. 318 - 393.

Neidhardt, Friedhelm: Linker und rechter Terrorismus. Erscheinungsformen und Handlungspotentiale im Gruppenvergleich. In: v. Baeyer-Katte, W./Classens, D./Feger, H./Neidhardt, F. (Hg.): Gruppenprozesse. Analysen zum Terrorismus 3. Bundesministerium des Inneren (Hg.). Opladen 1982. S.434 – 477.

Nitsch, Holger: Terrorismus und Internationale Politik am Ende des 20. Jahrhunderts. Inaugural-Dissertation im Fachbereich Politische Wissenschaften der Ludwig-Maximilian-Universität. München 2001.

Oesterle, Kurt: Stammheim. Der Vollzugsbeamte Horst Bubeck und die RAF-Häftlinge. Tübingen 2005.

v. Paczensky, Susanne: Vorwort der Herausgeberin. In: v. Paczensky, Susanne (Hg.): Frauen und Terror. Versuche, die Beteiligung von Frauen an Gewalttaten zu erklären. Hamburg 1978. S. 9 – 12.

v. Paczensky, Susanne (Hg.): Frauen und Terror. Versuche, die Beteiligung von Frauen an Gewalttaten zu erklären. Hamburg 1978.

Parczyk, Stefanie: Frauen im Terrorismus am Beispiel der RAF. Marburg 1998.

Peters, Butz: RAF. Terrorismus in Deutschland. Aktualisierte Taschenbuchausgabe. München 1993.

Pflieger, Klaus: Die Rote Armee Fraktion – RAF – 14.5.1970 bis 20.4.1998. Baden-Baden 2004.

Prinz, Alois: Lieber wütend als traurig. Die Lebensgeschichte der Ulrike Marie Meinhof. Berlin 2003.

Proll, Astrid (Hg.): Hans und Grete. Die RAF 1967 – 1977. Göttingen 1998.

Quensel, Edelgart: Auf der Suche nach Identität. In: v. Paczensky, Susanne (Hg.): Frauen und Terror. Versuche, die Beteiligung von Frauen an Gewalttaten zu erklären. Hamburg 1978. S. 69 - 78.

Rabert, Bernhard: Links- und Rechtsterrorismus in der Bundesrepublik Deutschland von 1970 bis heute. Bonn 1995.

Reemtsma, Jan Philipp: Was heißt „die Geschichte der RAF verstehen"? S. 100 – 142. In: Kraushaar, Wolfgang/Wieland, Karin/Reemtsma, Jan Philipp: Rudi Dutschke, Andreas Baader und die RAF. Hamburg 2005.

Renner, Jens: 1968. Hamburg 2001.

Richter, Pavel A.: Die Außerparlamentarische Opposition in der Bundesrepublik Deutschland 1966 – 1968. In: Gilcher-Holtey, I.: 1968 – Vom Ereignis zum Gegenstand der Geschichtswissenschaft. Göttingen 1998. S. 35 – 55.

Rohrmoser, Günter: Emanzipation der Gewalt. Zum ideologischen Kontext des Terrorismus. In: Die politische Meinung Nr. 220/1985. S. 34 – 41.

Röhl, Bettina: Unsere Mutter – „Staatsfeind Nr. 1". In: Der Spiegel, Nr. 29/1995, S. 88 – 109.

Röhl, Bettina: So macht Kommunismus Spass! Ulrike Meinhof, Klaus Rainer Röhl und die Akte KONKRET. Hamburg 2006.

Röhl, Klaus Rainer/Leib, Hajo (Hg.): Ulrike Meinhof. Dokumente einer Rebellion. 10 Jahre konkret-Kolumnen. Hamburg 1972.

Röhl, Klaus Rainer: Fünf Finger sind keine Faust. Köln 1974.

Rossi, Marisa Elena: Untergrund und Revolution: der ungelöste Widerspruch für Brigate Rosse und Rote Armee Fraktion. Zürich 1993.

Rucht, Dieter: Protestbewegungen. In: Benz, W. (Hg.): Die Geschichte der Bundesrepublik Deutschland. Bd. 3: Gesellschaft. Frankfurt am Main 1989. S. 311 – 344.

Ruhl, Klaus-Jörg (Hg.): Frauen in der Nachkriegszeit 1945 – 1963. München 1988.

Sabrow, Martin/Jessen, Ralph/Große Kracht, Klaus: Einleitung: Zeitgeschichte als Streitgeschichte. In: Sabrow, M./Jessen, R./Große Kracht, K. (Hg.): Zeitgeschichte als Streitgeschichte. Große Kontroversen seit 1945. München 2003. S. 9 – 19.

Schildt, Axel: Materieller Wohlstand – pragmatische Politik – kulturelle Umbrüche. Die 60er Jahre in der Bundesrepublik. In: Schildt, A./Siegfried, D./Lammers, K. C. (Hg.): Dynamische Zeiten. Die 60er in den beiden deutschen Gesellschaften. Hamburg 2000. S. 21 – 53.

Schildt, Axel/Siegfried, Detlef/Lammers, Karl (Hg.): Dynamische Zeiten. Die 60er in den beiden deutschen Gesellschaften. Hamburg 2000.

Schmidtchen, Gerhard: Bewaffnete Heilslehren. Gesellschaftliche Organisation und die Entstehung destruktiver Verständigungsmuster. In: Geißler, Heiner (Hg.): Der Weg in die Gewalt. Geistige und gesellschaftliche Ursachen des Terrorismus und seine Folgen. 2. durchgesehene Auflage. München; Wien 1978. S. 39 – 51.

Schmidtchen, Gerhard: Terroristische Karrieren. In: Jäger, Herbert/Schmidtchen, Gerhard/Süllwold, Lieselotte: Lebenslaufanalysen. Analysen zum Terrorismus 2. Bundesministerium des Inneren (Hg.). Opladen 1981. S. 14 – 79.

Schwarzer, Alice: Terroristinnen. In: Emma. September 1977. S. 5.

DER SPIEGEL: „Natürlich kann geschossen werden". In: DER SPIEGEL Nr.25/1970. S. 74 -75.

DER SPIEGEL: Frauen im Untergrund: „Etwas Irrationales". In: DER SPIEGEL Nr. 33/1977, S. 22 – 33.

DER SPIEGEL: „Revolutionäres Gewäsch". In: DER SPIEGEL Nr. 33/1996. S. 136 - 137.

SPIEGEL-Special: Die wilden 68er: die SPIEGEL-Serie über die Studentenrevolution. Hamburg 1988.

Straßner, Alexander: Die Dritte Generation der „Roten Armee Fraktion". Entstehung, Struktur, Funktionslogik und Zerfall einer terroristischen Organisation. Wiesbaden 2003.

Süllwold, Lieselotte: Stationen in der Entwicklung von Terroristen. In: Jäger, Herbert/ Schmidtchen, Gerhard/Süllwold, Lieselotte: Lebenslaufanalysen. Analysen zum Terrorismus 2. Bundesministerium des Inneren (Hg.). Opladen 1981. S. 80 – 117.

Vesper, Bernward: Die Reise. Frankfurt am Main 1977.

Vogel, Angela: Frauen und Frauenbewegung. In: Benz, W. (Hg.): Die Geschichte der Bundesrepublik Deutschland. Bd. 3: Gesellschaft. Frankfurt am Main 1989. S. 162 – 206.

Waldmann, Peter: Einleitung. In: Waldmann, P. (Hg.): Beruf: Terrorist. Lebensläufe im Untergrund. München 1993. S. 7 – 15.

Waldmann, Peter (Hg.): Beruf: Terrorist. Lebensläufe im Untergrund. München 1993.

Waldmann, Peter: Terrorismus als weltweites Phänomen: Eine Einführung. In: Hirschmann, Kai/Gerhard, Peter (Hg.): Terrorismus als weltweites Phänomen. Berlin 2000. S. 11 – 26.

Wasmund, Klaus: Zur politischen Sozialisation in terroristischen Gruppen. In: Anmerkungen und Argumente zur historischen und politischen Bildung. Stuttgart 1982. S. 143 – 173.

Winkler, August: Der lange Weg nach Westen. Zweiter Band. Deutsche Geschichte vom „Dritten Reich" bis zur Wiedervereinigung. München 2000.

Wirth, Hans – Jürgen: Hitlers Enkel oder Kinder der Demokratie? Die 68er, die RAF und die Fischer-Debatte. Gießen 2001.

Wittke, Thomas: Terrorismusbekämpfung als rationale politische Entscheidung: Die Fallstudie Bundesrepublik. Frankfurt am Main 1983.

Wunschik, Tobias: Baader-Meinhofs Kinder. Die zweite Generation der RAF. Opladen 1997.

Quellen

Bakker Schut, Pieter H.(Hg.): Dokumente. das info. Briefe der Gefangenen aus der RAF 1973 – 1977. Hamburg 1987.

Ensslin, Gudrun: „Zieht den Trennungsstrich, jede Minute." Briefe an ihre Schwester Christiane und ihren Bruder Gottfried aus dem Gefängnis 1972 – 1973. Hamburg 2005.

Rote Armee Fraktion: Texte und Materialien zur Geschichte der RAF. Berlin 1997.

Meinhof, Ulrike Marie: Die Würde des Menschen ist antastbar. Aufsätze und Polemiken. Berlin 1992.

Meinhof, Ulrike Marie: Deutschland Deutschland unter anderm. Aufsätze und Polemiken. Berlin 1995.

Internet

http://www.bettinaroehl.de/Mythos_RAF/Ulrike_Meinhof/ulrike_meinhof.html
    (09.05.2006)

http:/www.wdr.de/radio/wdr3/bilder/sendung/wdr_3_diskurs/gudrun_ensslin.pdf
    (09.05.2006)

Ulrike Meinhof. Der Weg einer Journalistin in den Terrorismus

Alexander Krüger, 2014

Einleitung

Wie kann es passieren, dass die Mutter zweier Kinder in einem Land wie der Bundesrepublik Deutschland keine andere Wahl für ihr Leben sieht, als in den terroristischen Untergrund zu gehen, bzw. ihn mit zu gründen? Welche Komponenten müssen zusammengekommen sein, um einen rational denkenden, sich zum Pazifismus bekennenden Menschen die Worte aussprechen zu lassen: „[…] natürlich darf geschossen werden." [440]

Um die Entstehung und Entwicklung dieser Ambivalenz beurteilen zu können, bedarf es einer ganzheitlichen Betrachtung des Lebens der Ulrike Meinhof. Beginnend mit dem Elternhaus, den frühen schweren Verlusten in ihrer Kindheit, dem Aufwachsen mit einer Pflegemutter, über ihre Studienzeit, das Engagement gegen Wiederbewaffnung und Atomrüstung bis hin zu ihrer Karriere als Chefredakteurin von „*konkret*"[441].

Einen Anteil trägt auch ihr Privatleben, in erster Linie die Beziehung zu Klaus Maria Röhl, und ganz wesentlich ist die Einordnung des Menschen Ulrike Meinhof in den jeweiligen zeitlichen und politischen Kontext. Ohne die Zusammenhänge mit der deutschen Geschichte darzustellen, wäre es nicht möglich, Ulrike Meinhofs Reaktionen und Entscheidungen zu bewerten.

Im letzten Teil der Hausarbeit werde ich der Frage nachgehen, ob es eine stetige Entwicklung in ihrem Leben gab, die zwangsläufig im Terrorismus endete oder es einen alles bestimmenden Auslöser gab.

---

[440] Peters, B.: RAF: Terrorismus in Deutschland. Stuttgart 1991, S. 81.

[441] Konkret ist eine 1957 gegründete deutsche Zeitschrift, die, mit einer Unterbrechung von Nov. 1973 - Okt. 1974, bis heute erscheint. Während sie selbst sich als „einzige linke Publikumszeitschrift Deutschlands" versteht, wird sie vom Verfassungsschutz dem „undogmatischen Linksextremismus" zugeordnet.

Familiärer Hintergrund

Ulrike Marie Meinhof wurde am 7. Oktober 1934 als zweite Tochter des Ehepaares Dr. Werner Meinhof und Ingeborg Meinhof in Oldenburg geboren. Ihr Vater, Werner Meinhof, hatte in Kunstgeschichte promoviert und arbeitete seit März 1928 als wissenschaftlicher Assistent am Landesmuseum für Kunst- und Kulturgeschichte in Oldenburg. 1930 schloss er sich dem „Kampfbund für deutsche Kultur" an und trat 1933 der NSDAP bei. Im Februar 1936 wurde er als Museumsleiter in Jena vereidigt und die Familie zog mit ihm um.[442] Im September 1939 erkrankte er an Bauchspeicheldrüsenkrebs und verstarb wenige Monate später im Februar 1940. Im selben Jahr begann Ingeborg Meinhof ein Studium an der Philosophischen Fakultät der Universität Jena, wo sie während einer Lehrveranstaltung die Kommilitonin Renate Riemeck[443] kennenlernte. Diese zog dann im September 1940 als Untermieterin bei den Meinhofs ein. Beide Frauen bestanden ihre Staatsexamina zum höheren Lehramt 1944 und verließen nach Kriegsende Jena, um mit Ulrike und ihrer Schwester Wienke zurück nach Oldenburg zu gehen.

Durch die beruflichen Belastungen „beider Mütter" war Ulrike seit ihrem sechsten Lebensjahr viel auf sich allein gestellt. So entwickelte sie schon früh ein ausgeprägtes Selbstbewusstsein. Renate Riemeck lehrte sie, ihre Meinung zu sagen und dann auch dazu zu stehen. Das setzte Ulrike in der Schule um, was in den fünfziger Jahren keine Selbstverständlichkeit war.[444] Ingeborg Meinhof verstarb am 1. März 1949 an den Folgen einer Brustkrebserkrankung. Mit 14 Jahren waren Ulrike und ihre Schwester Vollwaisen.

Renate Riemeck war 28 Jahre alt, als sie sich entschloss, die Vormundschaft für die beiden Mädchen zu übernehmen. Während Wienke das gemeinsame Haus verließ, um Kinderkrankenschwester zu werden, zog Ulrike 1952 mit ihrer Pflegemutter nach Weilburg an der Lahn, wo der jungen Professorin der Lehrstuhl für Geschichtspädagogik angeboten worden war. Ulrike Meinhof besaß durch die häufige Abwesenheit ihrer Pflegemutter viele Freiheiten, bestand dennoch

---

[442] Vgl. Ditfurth, J.: Ulrike Meinhof. Die Biographie. Berlin 2007, S. 27.

[443] Renate Katharina Riemeck (* 4. Oktober 1920 in Breslau; † 12. Mai 2003 in Alsbach) war eine deutsche Historikerin und Friedensaktivistin. Sie wuchs in Breslau, Stettin und Jena als Kind wohlhabender Eltern auf; die Mutter war eine erfolgreiche und angesehene Geschäftsfrau.

[444] Vgl. Peters, B.: Tödlicher Irrtum. Die Geschichte der RAF. Frankfurt am Main 2008, S. 152.

problemlos im Jahr 1955 ihr Abitur[445] und nahm im selben Jahr ein Studium in Marburg auf.

---

[445] Deutsch, Geschichte, Englisch, Religion: sehr gut; Sozialkunde, Kunst und Musik: gut; Französisch, Mathematik, Physik, Biologie, Erdkunde und Sport: befriedigend; Latein und Chemie: ausreichend (Vgl. Ditfurth, 2007, S. 87).

Studienzeit in Marburg

Seit April 1955 immatrikuliert, belegte sie die Fächer Pädagogik, Germanistik, Psychologie und Philosophie. Zum ersten Mal in ihrem Leben wurde sie nicht von ehemaligen Nazis unterrichtet. Das pädagogische Institut leitete Professorin Elisabeth Blochmann, die aufgrund ihrer jüdischen Herkunft 1933 ihren Lehrstuhl in Halle aufgeben musste und nach England emigrierte. Sie wurde 1952 in Marburg die erste Lehrstuhlinhaberin für Allgemeine Pädagogik in Deutschland und ihr Schwerpunkt war die Frauenbildung.[446]

Professor Heinrich Düker stand dem psychologischen Institut vor. Er hatte ebenfalls 1933 seine Lehrberechtigung verloren, da er Mitglied des Internationalen Sozialistischen Kampfbundes (ISK) war. Er brachte Ulrike Meinhof den Marxismus näher und lehrte sie Kinder- und Jugendpsychologie.[447]

Ulrike Meinhof trat äußerlich bieder auf. Kommilitonen beschrieben sie später als ungeheuer ernsthaft. Sie hätte selten gelacht. „Sie wirkt evangelisch, einfach sehr lutherisch (Jürgen Holtkamp[448]).“[449] Trotzdem genoss sie das studentische Leben, ging zu Musikveranstaltungen[450] und lernte einen Mann kennen, den Physikstudenten Lothar Wallek[451]. In den nächsten Jahren erlebten beide eine Beziehung mit Höhen und Tiefen, vom Willen zu heiraten bis zur Trennung, um dann doch wieder zusammenzukommen. Schwierig gestaltete sich dabei auch der konfessionelle Hintergrund, sie war Protestantin, er war Katholik.

Seit Juli 1956 begann sich Ulrike Meinhof politisch zu interessieren. Dafür waren zeitpolitische Entscheidungen ausschlaggebend. Im März 1956 beschloss der Bundestag, eine Verteidigungsarmee aufzubauen und führte daraufhin im Juli 1956, elf Jahre nach Ende des 2.Weltkriegs, die allgemeine Wehrpflicht ein.[452]

---

[446] Vgl. Ditfurth, 2007, S. 91.

[447] Vgl. Ditfurth, 2007, S. 92.

[448] Bremer Schriftsteller, bei dessen Familie später die Kinder Meinhofs versteckt wurden

[449] Vgl. Krebs, M.: Ulrike Meinhof. Ein Leben im Widerspruch. Hamburg 1991, S. 31.

[450] Cafe Heyden am Steinweg in Marburg, wo Livebands den neusten Jazz aus den USA spielten (Vgl. Ditfurth, 2007, S. 92).

[451] 1972 war er Kernphysiker und Akademischer Oberrat an der Universität Münster

[452] Vgl. Ditfurth, 2007, S. 96.

Im Rahmen der Wiederbewaffnung war zwangsläufig auch die Stationierung von Atomwaffen auf deutschem Boden in den öffentlichen Fokus gerückt, ein Thema, für das Ulrike Meinhof sich nun engagierte.

> „Das Atomthema fesselte Ulrike Meinhof so sehr, dass der eine oder andere Marburger Freund sie spöttisch ‚Atom-Ulrike‘ nannte. In jener Zeit änderten sich auch ihre Ansprüche an Menschen. Ihre Beziehungen wurden nun stärker politisch und inhaltlich bestimmt [...].“[453]

Sie verließ Marburg nach dem Sommersemester 1957, wobei der Anlass für den Umzug unklar blieb, schließlich lebte sie mit ihrem Verlobten zusammen und hatte mit ihrer Professorin Blochmann eine Promotion verabredet.[454]

---

[453] Vgl. Ditfurth, 2007, S. 98.

[454] Vgl. Wesemann, K.: Ulrike Meinhof. Kommunistin, Journalistin, Terroristin-e0ine politische Biographie. Baden-Baden 2007, S. 80.

Studienzeit in Münster oder „Kampf dem Atomtod"[455]

Zum Wintersemester 1957 wechselte sie an die Universität Münster, konzentrierte sich bei der Einschreibung auf das Fach Pädagogik und wollte bei dem Sozialpädagogen Friedrich Sigmund-Schultze zu dem schweizerischen Pädagogen, Schriftsteller und Sozialreformer Johann Friedrich Pestalozzi promovieren.[456]

Jedoch begannen ihre akademischen Ambitionen mehr und mehr zu verblassen und das politische Engagement trat in den Vordergrund:

> „Für Ulrike Meinhof stand die Zeit von Herbst 1957 bis Frühjahr 1959 im Zeichen der sogenannten Anti-Atombewegung, die recht plötzlich über die Bundesrepublik hereingebrochen war und in deren Verlauf die Studentin von ihrem akademischen Weg abkam, in die Fußstapfen ihrer Ziehmutter trat und die Bundesrepublik als Feind entdeckte."[457]

> „Ulrike Meinhofs Lebensweg lässt sich weder nachzeichnen noch erklären, ohne immer wieder Renate Riemeck[458] zu Wort kommen zu lassen. Schließlich war es die Professorin, die sie lehrte, die Bundesrepublik als revanchistischen Staat zu begreifen, dessen Regierung den Nationalsozialismus wiederbeleben wollte, wenngleich in einem anderen Gewand. Riemeck, die für Meinhof bis in die sechziger Jahre [...], eine zuweilen Richtung weisende Instanz war, gehörte zu jenen,

---

455 Aufruf des SPD Politikers Erich Ollenhauer am 10.03.1958.

456 Vgl. Wesemann, 2007, S. 80.

457 Wesemann, 2007, S. 81/82.

458 Renate Riemeck war seit 1946 Mitglied der SPD und kämpfte gegen Wiederbewaffnung und Wehrpflicht. 1955 wurde sie als jüngste westdeutsche Professorin an die Pädagogische Hochschule in Wuppertal berufen, wo sie Geschichte und Politische Bildung lehrte. Seit etwa 1958 aktives Mitglied der Internationale der Kriegsdienstgegner (IDK), wurde sie 1960 deren Vorsitzende. Sie engagierte sich in der Kampagne „Kampf dem Atomtod", formulierte 1958 den „Appell der 44", mit dem 44 Hochschullehrende die Gewerkschaften zum Widerstand gegen die Atomrüstung aufriefen, und gehörte 1960 zu den Gründungsmitgliedern der Deutschen Friedensunion (DFU). 1960 wurde ihr von Kultusminister Werner Schütz trotz großer Proteste aus Hochschulkreisen die akademische Prüfungsberechtigung entzogen. In diesem Zusammenhang fand am 16. Juli 1960 vor dem Düsseldorfer Kultusministerium der wohl erste Sitzstreik von Studenten in Deutschland statt.

Am 5.April 1957 tätigte Bundeskanzler Adenauer die Aussage: „Die taktischen Atomwaffen sind im Grunde nichts anderes, als eine Weiterentwicklung der Artillerie."[460], womit er die erste große Atomdebatte in der Bevölkerung auslöste und die Kritik von führenden Atomforschern auf sich zog. Menschen wie Max Born, Otto Hahn, Werner Heisenberg, Carl Friedrich von Weizsäcker und Max von Laue gingen eine Woche nach Adenauers Äußerung mit der „Göttinger Erklärung" an die Presse, in der sie ausdrücklich vor den Gefahren einer Atombewaffnung der Bundeswehr warnten. Am 23. April 1957 wurde Albert Schweitzers Appell zur Einstellung sämtlicher Atomwaffenversuche vom norwegischen Rundfunk über mehr als 100 Radiosender weltweit übertragen.[461] Eine Emnid-Umfrage im Februar 1958 ergab, dass 83% der deutschen Bevölkerung gegen Atomwaffen waren.[462]

Ulrike Meinhof besuchte im April 1958 das erste Mal eine Versammlung des Sozialistischen Deutschen Studentenbundes (SDS)[463]. Sie warb Mitstreiter für die Gründung eines Arbeitskreises, der sich mit dem bevorstehenden Aktionstag für ein kernwaffenfreies Deutschland am 20. Mai befassen sollte. Obwohl sie ihre Ideen als Frau in einer von Männern dominierten Umgebung vorbrachte, bildete sich eine Arbeitsgemeinschaft von 20 Studenten. Kurz vor dem Aktionstag, lud der Hauptausschuss der bundesweiten studentischen Anti-Atom-Ausschüsse nach Bonn zu einer Pressekonferenz ein, für die Münsteraner Gruppe nahm Ulrike Meinhof daran teil und begegnete unter anderem dem Chefredakteur der Zeitschrift *konkret*, Klaus Rainer Röhl, ihrem späteren Ehemann.[464]

Am Aktionstag sprach sie dann in Münster auf einer Bühne vor 1200 Menschen und war im Nachgang sehr zufrieden mit der Resonanz. Auf der Suche nach ei-

---

459 Wesemann, 2007, S. 85.

460 Vgl. Ditfurth, 2007, S. 99.

461 Vgl. Ditfurth, 2007, S. 100.

462 http://www.peterhall.de/history/bundestag1958/bt01.html.

463 Der Sozialistische Deutsche Studentenbund (SDS) war ein politischer Studentenverband in Westdeutschland und West-Berlin, der von 1946 bis 1970 bestand. Anfangs der SPD nahe stehend, wurde er nach der erzwungenen Trennung von der Mutterpartei zum Sammelbecken der Neuen Linken und spielte eine bedeutende Rolle in der Studentenbewegung der 1960er Jahre.

464 Vgl. Ditfurth, 2007, S. 114.

ner politischen Plattform trat sie als erste Frau dem Münsteraner SDS bei. Sie organisierte „Anti-Atomtod-Märsche" und Protestaktionen gegen die Aufrüstung der Bundeswehr. „Rund um die Uhr ist sie im Einsatz, aktiv gegen den Atom-Tod. Ihre Kraft schöpft sie aus der Empörung, ihre Haare trägt sie wie Sophie Scholl."[465]

1962 schreibt sie in ihrem Artikel „Die Würde des Menschen":

> „Atomare Aufrüstung und Demokratie sind unvereinbar. Der Satz ist umkehrbar: Atomare Aufrüstung und Auflösung der Demokratie bedingen einander zwangsläufig, Massenvernichtungsmittel und Terror gehören zusammen, technisch, organisatorisch und schließlich faktisch. [...] Die Würde des Menschen wäre wieder antastbar. Auch Diktatur wäre eine mögliche Form staatlichen Zusammenlebens. Krieg wäre auch in der zweiten Hälfte des 20. Jahrhunderts noch möglich."[466]

Ihr Hauptaktionsfeld blieben die Anti-Atom-Ausschüsse, und sie vertiefte die Zusammenarbeit zum einen mit Reinhard Opitz[467], von dem sie wusste, dass er für *konkret* arbeitete und Mitglied der verbotenen KPD war[468] und zum anderen zu Klaus Rainer Röhl, auch KPD Mitglied und Chefredakteur von *konkret*. Da etliche *konkret* Mitarbeiter und zugleich Delegierte ihrer jeweiligen Anti-Atom-Ausschüsse waren, drängte sich der Eindruck auf, dass die Zeitschrift das offizielle Bulletin der studentischen Atomkraftgegner wäre.[469]

Als es am 3. Januar 1959 in Westberlin zur „bisher größten Veranstaltung der studentischen Atomrüstungsgegner in der Bundesrepublik"[470] kam, gehörte Ulrike Meinhof bereits fest zur Gruppe um die *konkret*-Redaktion[471]. Unter der Schirmherrschaft der SPD, die den Kongress weitestgehend finanziert und Referenten sowie Tagesordnungspunkte wesentlich mitbestimmt hatte, trafen sich ca.

---

[465] Peters, 2008, S. 153.

[466] Ulrike Marie Meinhof: Die Würde des Menschen ist antastbar. Berlin 1995, S.29

[467] Reinhard Opitz (* 2. Juli 1934 in Beuthen; † 3. April 1986 in Köln) war ein deutscher Journalist und Sozialwissenschaftler. Er leitete die Berliner *konkret* Redaktion.

[468] Vgl. Ditfurth, 2007, S. 117.

[469] Vgl. Krebs, 1991, S. 56.

[470] Ulrike Meinhof: „Der Studentenkongress gegen Atomrüstung in Berlin", in: Blätter für deutsche und internationale Politik vom 25.1.1959, S. 57.

[471] Vgl. Krebs, 1991, S. 65.

320 Studenten aus 20 westdeutschen bzw. Westberliner Anti-Atom-Ausschüssen und weitere 200 deutsche und ausländische Gäste.

Willy Brandt sagte seine Teilnahme kurzfristig ab, dafür kam Helmut Schmidt. Im Eröffnungsplenum stellte Ulrike Meinhof den Antrag, dass auch SPD unabhängige Atomwaffengegner in der Kongressleitung sitzen sollten, welcher mit großer Mehrheit angenommen wurde. Dadurch war es ihr und anderen *konkret* Mitarbeitern möglich, auf die Resolution am Ende des Kongresses Einfluss zu nehmen. Meinhof und die *konkret* Mitarbeiter setzten daraufhin zielstrebig ihre Entwürfe durch, die im Wesentlichen darauf ausgerichtet waren, dass es zwischen Bonn und Ostberlin zu Verhandlungen kommen sollte. So standen als zwei Hauptpunkte in der endgültigen Resolutionsfassung: „1. Die Umrisse eines Friedensvertrages zu entwickeln. 2. Die möglichen Formen einer interimistischen Konföderation zu prüfen."[472]

Helmut Schmidt warf den Teilnehmern daraufhin vor, dass diese Resolution „an anderem Ort psychologisch vorbereitet worden sei".[473] Noch größere Entrüstung brach bei der CDU-Bundesregierung aus. Es wurde von sowjetzonaler Propaganda und geistiger Zersetzung in der Bundesrepublik gesprochen. Man war sich bewusst darüber, dass *konkret* Mitarbeiter einen entscheidenden Anteil an den Formulierungen trugen und bezeichnete die Zeitschrift als ein „[…] Organ, dessen eindeutig pazifistisch-prokommunistische Haltung evident ist. […] Der Kongress habe sich entsetzlicherweise zur „Konföderation zwischen Bonn und Pankow" bekannt und Gespräche mit dem „Ulbricht-Regime" verlangt".[474]

Diese Aussagen sind ein gutes Beispiel für die Kurzlebigkeit politischer Standpunkte, denn zehn Jahre später nannte man ähnliche Konzepte „neue Ostpolitik" und Willy Brandt erhielt dafür 1971 den Friedensnobelpreis.

---

[472] Ditfurth, 2007, S. 126.

[473] Soell, H.: Helmut Schmidt 1918-1969. Vernunft und Leidenschaft. München, 2003, S. 315.

[474] Bulletin des Presse- und Informationsamtes der Bundesregierung 40 vom 28.02.1959, S. 379.

Kommunistin - Eintritt in die KPD

„Ulrike Meinhof war glücklich über ihren ersten großen politischen Sieg.“[475]
Klaus Rainer Röhl nutzte die Gelegenheit und stellte sie seinen Genossen vor.
„Wie eine kostbare Beute [...] schleppte er Ulrike Meinhof nach Ostberlin. Zu
Mitgliedern der in der Bundesrepublik verbotenen Kommunistischen Partei
Deutschlands, die sich dort versammelt [hatten].“[476] Die Partei war hellauf be-
geistert und fühlte sich komplett in ihrer Beurteilung der Meinhof bestätigt.
Manfred Kapluck[477] sagte bewundernd: „Die hat eine große Karriere vor sich.
Eine ganz große Karriere.“[478]

Für Ulrike Meinhof war die Parteimitgliedschaft dann nur konsequent. Zum einen wurden die Kommunisten in der Bundesrepublik verfolgt (in ihren Augen
schon Auszeichnung genug), zum anderen waren sie ihrer Meinung nach die
einzigen, die gegen den Nationalsozialismus gekämpft hatten. „Ihr Bild von der
KPD war anfangs sozial-romantisch.“[479]

> „Mit der damaligen Bundesrepublik schloss Ulrike Meinhof 1958 bin-
> nen weniger Monate ab. Erst Renate Riemeck, die in den Blättern un-
> ermüdlich gegen das Land anschrieb, und später die Gruppe um Röhl
> hatten sie bewegt den Kampf gegen das eigene Land aufzunehmen.
> Meinhof sah im Sozialismus die positive Alternative zur westlichen
> Politik. [...] Wandeln wollte sie die gesellschaftlichen Verhältnisse, vor
> allem die Wirtschaftsordnung des westdeutschen Teilstaats, [...] um
> das ‚Grundübel‘ den ‚Kapitalismus‘, zugunsten einer sozialen Wirt-
> schaftsordnung abzuschaffen.“[480]

Ulrike Meinhof blieb fünf Jahre, bis Mai 1964 Mitglied der illegalen KPD.
Dadurch machte sie fünf Jahre sehr gegensätzliche Erfahrungen. Neben Beruf,
Schwangerschaft, Kindererziehung und familiärer Beschaulichkeit führte sie das

---

[475] Ditfurth, 2007, S. 133.

[476] Peters, 2008, S. 154.

[477] Sekretär des Zentralbüros der 1951 verbotenen Freier Deutschen Jugend, Mitglied der illegalen KPD-Führung, dann Präsidiums-Mitglied der DKP.

[478] Vgl. Krebs, 1991, S. 68.

[479] Wesemann, 2007, S. 129.

[480] Wesemann, 2007, S. 130.

Leben einer Illegalen, immer von Verhaftung und Gefängnis bedroht. Selbst in Momenten äußerer Ruhe, blieb eine innere Anspannung.[481]

---

[481] Vgl. Krebs, 1991, S. 72.

Beginn einer journalistischen Karriere

Ihre ersten Gehversuche in Sachen Journalismus unternahm Ulrike Meinhof während ihres Engagements in den Anti-Atom-Ausschüssen. Zusammen mit Jürgen Seifert veröffentlichte sie regelmäßig eine kleine Streitschrift, die sie *argument* nannten. Zwar verfassten sie die Artikel immer gemeinsam, der Stil, der ihre späteren *konkret*-Kolumnen auszeichnete, deutete sich aber bereits an: Fakten und Hintergrundanalysen werden abgerundet mit einem Schuss Polemik.[482]

Ohne akademischen Abschluss aus Münster kommend, hatte sie sich zum Wintersemester 1959/60 an der Universität Hamburg für Pädagogik, Philosophie und Kunstgeschichte eingeschrieben. Bald schon belegte sie aber keine Vorlesungen mehr, die Arbeit für *konkret* sollte sie voll und ganz in Anspruch nehmen. Schlussendlich exmatrikulierte sie sich am 7. August 1962 und schrieb auf das Abmeldeformular der Universität als künftigen Berufswunsch: Verlagsarbeit.[483]

Im Oktober 1959 begann sie, für *konkret* Kolumnen zu schreiben. In der Hamburger Zentralredaktion wurde sie mit offenen Armen empfangen, trotz des Umstandes, dass sie nicht nur die Jüngste war, sondern auch die einzige Frau. „Frau zu sein, lernte sie schnell, hatte ja auch einen großen Vorteil: die Inhumanität dieser Welt zu kennen."[484] Sie wurde Redakteurin für „Außenpolitik, Presseschau und Bildende Kunst", außerdem war sie für die Gestaltung der Titelbilder verantwortlich.[485]

Ihr erster Artikel „Der Frieden macht Geschichte" schloss sich dem letzten von *argument* an. Zwischen beiden Artikeln lag ein dreiviertel Jahr, das bestimmt war von Kongressen, Korrespondentenkonferenzen und Treffen mit den illegalen Genossen.[486]

In ihrem Artikel befasste sie sich mit dem Besuch Chruschtschows im Herbst 1959 bei Eisenhower in den Vereinigten Staaten. Dabei hatte sie verinnerlicht, was die Partei von ihr erwartete, nämlich jedes Thema so darzustellen, dass die Regierung Adenauer diskreditiert wurde. Folglich stellte sie dann Chruschtschow auch dar: „Gegen Chruschtschows Ideen „Einstellung der

---

[482] Vgl. Krebs, 1991, S. 41.

[483] Vgl. Peters, 2008, S. 155.

[484] Ditfurth, 2007, S. 146/147.

[485] Vgl. Ditfurth, 2007, S. 147.

[486] Vgl. Wesemann, 2007, S. 155.

Atomwaffenversuche, Beendigung der Produktion von Kernwaffen, Umwandlung der vorhandenen Atombombenvorräte für friedliche Zwecke, Reduzierung der herkömmlichen Waffen, Einrichtung eines Inspektionssystems zur Sicherung gegen Überraschungsangriffe, internationale Kontrolle der Militärhaushalte"[487] nähmen sich die Vorschläge anderer Staaten „schüchtern"[488] aus[…]. Keineswegs seien sie vergleichbar mit „Adenauers Parole von der allgemeinen, kontrollierten Abrüstung"[489], die für die Journalistin nicht mehr als eine Worthülse war. In Camp David habe „Nikita" einen Friedensvertrag in Greifweite gerückt, der „die DDR als eigenes Staatswesen mit eigenen Interessen voll [anerkennt]"[490], und „noch einmal die Lösung der Berlinfrage im Sinne einer freien Stadt in Aussicht gestellt."[491]

Für Ulrike Meinhof war jetzt klar, dass dies eine Wende symbolisiert, wobei „der Friede zum bestimmenden Faktor politischen Handelns geworden [ist]"[492] und es nun an der Bundesregierung liegen würde, die „hervorragende Aktualität"[493] des Deutschlandplans[494] der SPD zu würdigen.[495] Dazu kam es nicht, da die SPD im November 1959 in Bad Godesberg ein neues Parteiprogamm verabschiedete und den Deutschlandplan Anfang 1960 zurückzog.

---

[487] Ulrike Marie Meinhof: Die Würde des Menschen ist antastbar. Berlin, 1995, S. 9.

[488] Ebd.

[489] Ebd.

[490] Meinhof, 1995, S. 10.

[491] Wesemann, 2007, S. 157.

[492] Meinhof, 1995, S. 12.

[493] Ebd.

[494] Im März 1959 legte die SPD ihren Deutschland-Plan vor: er ging von dem Gedanken einer neutralisierten Zone in Mitteleuropa aus und sah die Wiedervereinigung Deutschlands nach paritätischen Verhandlungen zwischen der BRD und der DDR sowie einen gesamtdeutschen Markt vor.

[495] Vgl. Wesemann, 2007, S. 157.

Chefredakteurin

Drei Monate nach ihrem ersten Artikel wurde sie von Röhl im Januar 1960 zur Chefredakteurin ernannt, er selbst wurde Herausgeber von *konkret*. Ulrike Meinhof wurde schnell tonangebend in der Redaktion. Sie ließ ein Archiv anlegen und führte eine systematische Vorausplanung für die nächsten Ausgaben ein.[496] Röhl beschreibt sie später als „eine sehr autoritäre, energische, gründliche, bei allen Schlunzbolden und Terminverschlampern gefürchtete Chefredakteurin"[497]. Jürgen Manthey[498] berichtet: „Sie war immer eindeutig, sie war humorlos. Sie verkörperte in dieser Zeit [...] den typischen Apparatschik."[499]

> „Lilli Holtkamp und andere Frauen von *konkret* erinnern sich, dass sie nicht machtgierig war und nie mit ihrer Funktion prahlte. Aber einigen männlichen Redakteuren machte es zu schaffen, dass nun eine so junge Frau ihre Vorgesetzte war und dass sie die Arbeit stringenter und verbindlicher leitete als Röhl. Ganz so leicht fiel es ihr nicht. Es war verdammt hart, eine Firma zu leiten, in der hauptsächlich Männer arbeiteten, die auch noch älter waren als sie. Die Zeitung wurde immer besser und Ulrike Meinhofs Arbeit wurde anerkannt, aber weil sie eine Frau war, musste sie ihre Fähigkeiten dauernd beweisen und durfte sich keine Schwächen leisten."[500]

Ulrike Meinhof und Klaus Rainer Röhl hatten genaue Vorstellungen, wie sich *konkret* entwickeln sollte. Sie wollten eine Zeitung für Literatur und Politik, die das zwar kleine, aber einflussreiche Spektrum der linksliberalen Intelligenz ansprach. Das sollte in den folgenden Jahren auch gelingen, neben der Prosa Hans Henny Jahnns fanden sich die Polemiken Kurt Hillers, neben Texten von Erika Runge und Robert Jungk die ersten Reportagen von Günter Wallraff und die antiklerikalen Glossen von Karlheinz Deschner.[501]

---

[496] Peters, 2008, S. 155.

[497] Röhl, K.R.: Fünf Finger sind keine Faust. Köln,1974, S. 154.

[498] Jürgen Manthey (* 17. Oktober 1932 in Forst, Lausitz) ist ein deutscher Schriftsteller und Literaturwissenschaftler.

[499] Krebs, 1991, S. 74.

[500] Ditfurth, 2007, S. 159.

[501] Vgl. Krebs, 1991, S. 73.

Notstandsgesetze

Mittlerweile war die atomare Rüstung für Ulrike Meinhof nur noch ein Neben-
schauplatz geworden, denn Anfang 1960 bestimmte der Entwurf eines Not-
standsgesetzes den politischen Diskurs in Deutschland. Der Ursprung des Gesetzes liegt im Deutschlandvertrag. Artikel 5 Absatz 2 sagte aus: „Die von den drei
Mächten bisher innegehabten oder ausgeübten Rechte in Bezug auf den Schutz
der Sicherheit von in der Bundesrepublik stationierten Streitkräften, die zeitwei-
lig von den drei Mächten beibehalten werden", würden erlöschen,

> „sobald die zuständigen deutschen Behörden entsprechende Voll-
> machten durch die deutsche Gesetzgebung erhalten haben und
> dadurch in Stand gesetzt sind, wirksame Maßnahmen zum Schutz der
> Sicherheit dieser Streitkräfte zu treffen, einschließlich der Fähigkeit
> einer ernstlichen Störung der öffentlichen Sicherheit und Ordnung zu
> begegnen."[502]

Dahinter stand die Absicht, die Versorgung der Bevölkerung und der Streitkräfte
im Verteidigungsfall zu gewährleisten; zugleich sollte die Bundesrepublik in die
Lage versetzt werden, sich gegen Angriffe aus dem Landesinnern auf ihre Ver-
fassungsordnung zu wehren.[503]

Damit gewährten die westlichen Alliierten Bonn faktische Souveränität, sobald
es Gesetze für eventuelle Notfallsituationen beschlossen hätte. Solange es diese
Rechtsnormen nicht gab, war es allein den in Deutschland stationierten Streitkräften der Siegermächte erlaubt in einem Gefahrenfall tätig zu werden.[504]
Wenn ein Staat für den inneren und äußeren Notstand vorsorgt und im Falle
Deutschlands nach zwei verlorenen Weltkriegen seine Souveränität zurückbe-
kommen möchte, ist es im Grunde ein ganz normaler Vorgang, Notstandsgesetze zu ratifizieren.

---

[502] Vertrag über die Beziehungen zwischen der BRD und den drei Mächten in der Fassung
vom 23.10.1954, BGB1. 1955 II S. 305-311, Politisches Archiv des Auswärtigen Amts, Vertragsarchiv.

[503] Görtemaker,M.: Geschichte der Bundesrepublik Deutschland. Von der Gründung bis zur
Gegenwart. München, 1999, S. 453.

[504] Vgl. Wesemann, 2007, S. 161.

Angesichts der deutschen Vergangenheit im Umgang mit dem Artikel 48[505] aus der Weimarer Republik erscheint dieser „normale Vorgang" aber in einem ganz anderen Licht. In der Bundesrepublik entbrannte eine heftige Diskussion und Ulrike Meinhof avancierte zu einer Wortführerin gegen die Notstandsgesetze.

Sie schrieb in ihrem Artikel „Notstand? Notstand!" (Nr.18/1960):

> „Deutschland 1960-jeder Dritte vergleicht es mit dem Deutschland von 1933 [...]. Wir wollen nicht in den Streit um den Artikel 48 der Weimarer Reichsverfassung einsteigen, ob Hitler vermittels oder trotz dieses Artikels zwölf Jahre deutschen Faschismus institutionalisieren konnte. Jedenfalls gab es ihn und wurde Mißbrauch mit ihm getrieben und jedenfalls kam [...] das Ermächtigungsgesetz durch ihn zustande [...]."[506]

Sie sah die Berufung auf den Deutschlandvertrag nur als Vorwand der Bundesregierung an, um im Inneren repressive Maßnahmen gegen die Bevölkerung ausführen zu können. Sie glaubte, der Staat sehe seine innere Ordnung durch Streiks gefährdet und wolle ein Gesetz erlassen, dass „die Zerschlagung von Streiks" und „Schießen auf die Bevölkerung" durch die Polizei legalisiere.[507] Immer wieder beruft sie sich in ihrer Argumentation auf die deutsche Vergangenheit: „Gewerkschaftler als Volksfeinde, Streiks als Aufruhr, Lohnkämpfe als Notstand, das ist die Sprache von Sozialistengesetz und März 33, das gipfelte in Festungshaft und KZ, das endete einst in Versailles und Nürnberg."[508]

„Soldaten gegen Arbeiter – Soldaten zum Schutz der inneren Ordnung – Soldaten gegen Zivilisten – ist das neu in Deutschland? Nein – neu ist nur eins: Sol-

---

[505] Der Reichspräsident kann, wenn im Deutschen Reich die öffentliche Sicherheit und Ordnung erheblich gestört oder gefährdet wird, die zur Wiederherstellung der öffentlichen Sicherheit und Ordnung nötigen Maßnahmen treffen, erforderlichenfalls mit Hilfe der bewaffneten Macht einschreiten. Zu diesem Zwecke darf er vorübergehend die in den Artikeln 114, 115, 117, 118, 123, 124 und 153 festgesetzten Grundrechte ganz oder zum Teil außer Kraft setzen.(114: Die Freiheit der Person ist unverletzlich. 115: Die Wohnung jedes Deutschen ist für ihn eine Freistätte und unverletzlich. 117: Das Briefgeheimnis, sowie das Post-, Telegraphen- und Fernsprechgeheimnis sind unverletzlich. 118: Meinungsfreiheit. 123: Versammlungsfreiheit. 124 Vereinsfreiheit. 153: Das Eigentum wird von der Verfassung gewährleistet.

[506] Meinhof: Die Würde des Menschen ist antastbar. 1995, S. 14.

[507] Meinhof: Die Würde des Menschen ist antastbar. 1995, S. 17.

[508] Meinhof: Die Würde des Menschen ist antastbar. 1995, S. 15.

che Methoden des Umgangs zwischen Staatsmacht und Volk Demokratie zu nennen."[509]

Sie beschließt, ihren Artikel mit einem Appell an die Sozialdemokratie, denn 1960 besaß die SPD die Sperrminorität, um den Entwurf zu stoppen, der einer Grundgesetzänderung und somit einer Zweidrittelmehrheit im Bundestag bedurfte.

> „Ohnmächtig kämpfte die deutsche Sozialdemokratie gegen die Sozialistengesetze des Bismarckreiches, ohnmächtig gegen das ‚Gesetz zur Behebung der Not von Volk und Staat' im März 33. Weder Liebknecht[510] noch Wels[511] verfügten im deutschen Reichstag über jene Sperrminorität, die das Schlimmste hätte verhindern können; über jene Sperrminorität, die in den Händen der Sozialdemokratie von 1960 über Gedeih und Verderb der deutschen Nachkriegsdemokratie zu entscheiden vermag. Das Ja zum Grundgesetz, das Ja für den Bestand und die freiheitliche demokratische Grundordnung der Bundesrepublik ist das Nein zur Notstandsgesetzgebung der Bundesregierung."[512]

Die Sozialdemokraten waren mit dem Gesetzentwurf auch nicht einverstanden, nur mit dem Unterschied, dass sie nicht prinzipiell gegen Notstandsregelungen waren. Die SPD bemängelte wie Meinhof, dass nicht nur der äußere, sondern auch der innere Notstand geregelt werden sollte, außerdem wollten sie die Entscheidungsgewalt neben Präsident und Kanzler auch beim Bundestag und Bundesrat wissen.

Die Diskussionen um die Notstandsgesetze zogen sich bis zu ihrem Inkrafttreten am 28. Juni 1968 hin. Ulrike Meinhof meldete sich 1965 mit ihrem Artikel „Gewerkschaft und Bundeswehr" (Nr.7/1965) noch einmal zu Wort. Darin äußerte sie sich bezogen auf den Artikel von fünf Jahren zuvor noch drastischer und extremer. Die Bundesregierung hätte den Plan, die Gewerkschaften zu entmachten, dass sie nur noch repräsentative Aufgaben wahrnehmen könnten.[513]

---

[509] Meinhof: Die Würde des Menschen ist antastbar. 1995, S. 17.

[510] Wilhelm Liebknecht: Führer der sozialdemokratischen Reichstagsfraktion im Jahre der Verabschiedung der Bismarckschen Sozialistengesetze (1878).

[511] Otto Wels: letzter Vorsitzender der sozialdemokratischen Reichstagsfraktion vor dem Verbot der SPD (1933).

[512] Meinhof: Die Würde des Menschen ist antastbar. 1995, S. 18.

[513] Ulrike Meinhof: Dokumente einer Rebellion. Hamburg, 1972, S. 54.

Gemeinsam mit der Bundeswehr, dem „Staat im Staat" und der Polizei, wolle die Regierung den „einzig wirkliche[n] Machtfaktor im Staat", das Streikrecht der Gewerkschaften, brechen. Dieses Recht, welches sich der Kontrolle durch die Exekutive entzogen habe,[514] solle verschwinden.[515]

„Wie Meinhof auf diese ihr typischen Schlussfolgerungen kam, lässt sich nicht zweifellos klären."[516] Einige Aspekte, die sie zu dieser Zeit wohl beeinflusst haben, waren:

> „Sie begriff die Bundesrepublik [...] als Reinkarnation des Deutschlands unter Hitler, wie es Geschichteschreibung und Staatsidee der DDR vorgaben und wie es ihr seit den Jugendtagen zuerst Renate Riemeck und später illegale Kommunisten vorgegeben hatten. Meinhof wartete im Prinzip [...] auf den Tag, an dem das Land sein wahres Gesicht entblößte und dieselben Gräueltaten verübt, wie einst das Dritte Reich oder, was sie verdrängte, wie sie im Ostblock üblich waren. Sich [...] der vermeintlichen Hellsichtigkeit bewusst, drängte sie ihre Leser und gar das Volk, sich von den Regierenden nicht der eigenen Urteilskraft berauben zu lassen. Würden erst einige, dann immer mehr Leute erkennen, was sie längst wusste, käme es zur Revolution."[517]

---

[514] Ebd.

[515] Vgl. Wesemann, 2007, S. 164.

[516] Ebd.

[517] Ebd.

Rotbuch II und DFU

Seit dem Frühjahr 1960 bekam Ulrike Meinhof den Antikommunismus in der Bundesrepublik zunehmend in ihrer näheren Umgebung zu spüren. Renate Riemeck hatte es sich mit ihrem Arbeitgeber, dem Land Nordrhein-Westfalen, verscherzt, da sie in der Öffentlichkeit sowohl im Westen als auch im Osten, in Sprache und Schrift, unentwegt gegen die Bundesrepublik und für die DDR agitierte. Sie wurde aus der Prüfungskommission abberufen, konnte ihr Lehramt aber weiterhin ausüben. Dann entstand unter der Federführung von Rainer Barzel im Komitee „Rettet die Freiheit"[518] das Rotbuch II. Ihn ihm wurde Material zusammengetragen, das die kommunistische Unterwanderung der Bundesrepublik beweisen und die Bedrohung der Freiheit aufzeigen sollte. Das Dokument führte alle namentlich auf, die als ideale Bündnispartner der illegalen Kommunisten erschienen und so fanden sich viele politische Weggefährten Meinhofs und natürlich auch sie selbst darin wieder.

> „Rotbuchautoren und KPD hatten eins gemeinsam: Sie überschätzten die Reichweite der kommunistischen Propaganda in der Bundesrepublik. [...] Vielmehr, und das lässt sich aus heutiger Sicht und mit Blick auf die damaligen Wahlergebnisse feststellen, stärkte die illegale Arbeit die demokratische Kultur des Landes."[519]

Die KPD hatte schon länger die Gründung einer neuen westdeutschen Partei im Hinterkopf, als das Godesberger Programm ihnen zeigte, dass es zu keiner Einheitsfront von unten kommen würde und die Parteigründung konkrete Formen annehmen müsse. Man trat an Renate Riemeck heran und sie übernahm den Vorsitz der Deutschen Friedensunion (DFU). Riemeck ließ sich mit Albert Schweitzer auf Wahlplakate drucken, *konkret* unterstützte den Wahlkampf 1961 mit allen zur Verfügung stehenden Ressourcen, jedoch zerstörte der Mauerbau am 13.08.1961 alle Hoffnungen der DFU auf den Einzug in den Bundestag. „Welche Chancen sie andernfalls gehabt hätte, weiß niemand. Sie errang 1,9 Prozent und kein Mandat. Ulrike Meinhofs große Hoffnung auf eine wie auch immer geartete linke Wiedervereinigung war langfristig geplatzt."[520]

---

[518] Arbeitsgruppe „Kommunistische Infiltration und Machtkampftechnik" im Komitee „Rettet die Freiheit", Verschwörung gegen die Freiheit. Die kommunistische Untergrundarbeit in der Bundesrepublik. München, 1960.

[519] Wesemann, 2007, S. 168.

[520] Ditfurth, 2007, S. 159.

„Hitler in Euch"

Im Mai 1961 schrieb sie vor dem Hintergrund des Eichmann[521]-Prozesses den
Artikel „Hitler in Euch", der einen Appell an die junge Generation darstellte,
sich mit dem Antisemitismus und Neofaschismus auseinanderzusetzen. Die Kritik an den „Alten Nazis" und „das Bemühen [...] um eine gute Beziehung zum
Staat Israel' genügten nicht. Der Kampf gegen den Antisemitismus erfordere

> „vielmehr die Absage an jeden politischen Terror vermittelst admi-
> nistrativer Maßnahmen gegen Andersdenkende, Andersglaubende
> und Andersfühlende. Die Antwort auf die Konzentrationslager liegt
> [...] in der totalen Gewährleistung politischer Freiheit für politische
> Gegner [...]"[522] [523]

Sie beendete den Artikel mit einem Satz, der einen Rechtsstreit nach sich zog:
„Wie wir unsere Eltern nach Hitler fragen, so werden wir eines Tages nach
Herrn Strauß gefragt."[524]

> „Dem Artikel folgte eine Beleidigungsklage des Bundesverteidi-
> gungsministers Strauß. Die Anklageschrift, die im März 1962 zuge-
> stellt wurde, beschuldigte Ulrike Meinhof ‚durch Verbreitung von
> Druckschriften den Bundesminister für Verteidigung beleidigt zu ha-
> ben'. Der Prozess kam jedoch nicht zustande, da das Hamburger Ge-
> richt der Angeklagten nicht nur zubilligte, ‚berechtigte Interessen'
> wahrgenommen zu haben, sondern auch nachwies, das die Klage
> selbst haltlos war."[525]

---

[521] Otto Adolf Eichmann (*19. März 1906 in Solingen; † 31. Mai 1962 in Ramla bei Tel Aviv,
Israel) war ein deutscher SS-Obersturmbannführer und während der Zeit des Nationalsozialismus und des Zweiten Weltkrieges in Deutschland als Leiter des für die Organisation der
Vertreibung und Deportation der Juden zuständigen Eichmannreferats des Reichssicherheits-
hauptamtes (RSHA) in Berlin zentral mitverantwortlich für die Ermordung von schätzungs-
weise sechs Millionen Menschen im weitgehend von Deutschland besetzten Europa. Im Mai
1960 wurde er von israelischen Agenten in Argentinien entführt und anschließend nach Israel
gebracht, wo ihm der Prozess gemacht wurde. Er wurde zum Tode verurteilt und im Mai 1962
hingerichtet.

[522] Vgl. Meinhof: Deutschland Deutschland unter Anderm. S. 38-42.

[523] Ditfurth, 2007, S. 160.

[524] Meinhof: Deutschland Deutschland unter Anderm. S. 42.

[525] Meinhof: Deutschland Deutschland unter Anderm. S. 42.

1965 konnte Strauß dann doch noch einen Sieg verbuchen. Nachdem Ulrike Meinhof ihn als den „infamsten deutschen Politiker“ bezeichnet hatte, verurteilte ein Münchner Landgericht sie zu 600 DM Strafe wegen Beleidigung.

Hochzeit

Als Ulrike Meinhof Klaus Rainer Röhl das erste Mal auf einem Anti-Atomkraftkongress traf, bezeichnete sie ihn als einen „grauenhaften Typen".[526] Er stellte mit seiner charmanten, genussvollen Lebensweise und dem dazugehörenden Selbstbewusstsein den absoluten Gegenpol zu der jungen ernsthaften Studentin dar. Aber wahrscheinlich bestand genau darin die Anziehungskraft für sie. Als sie am 27. Dezember 1961 standesamtlich heirateten, entgegnete sie jedem, der sich über das gegensätzliche Paar erstaunt zeigte: „Nur Qualität kann Qualität erkennen."[527]

Eine kirchliche Hochzeit hatte sie abgelehnt.[528]

> „Die tiefe Verwurzelung im protestantischen Milieu, die ihr viele bescheinigten, hat sie nach dem Niedergang der Anti-Atombewegung nie mehr betont. Als bekennende Marxistin glaubte sie keine Ansprüche an die Kirche zu haben. Schließlich war die kommunistische Weltrevolution [...] unmissverständlich antichristlich und somit antikirchlich."[529]

Jedoch war sie sich auch der Problematik mit ihrem Ehemann bewusst, der nie einen Hehl aus seinen diversen Liebschaften und amourösen Abenteuern gemacht hatte, und traf eine Abmachung mit ihm, dass er ihr zehn Jahre treu bleiben sollte.[530] Es begann eine Lebensphase, in der sie sich ihrer Meinung nach kaum von Spießern unterschieden. Sie zogen in eine gemeinsame Wohnung, arbeiteten viel, gingen sonntags in der Heide spazieren und unter der Woche mal ins Kino. Abends hörten beide gerne Bach oder sie spielte Geige.[531] Schon bald nach der Hochzeit war Ulrike Meinhof schwanger. Der Geburtstermin wurde auf Oktober 1962 terminiert.

---

[526] Vgl. Krebs, 1991, S. 74.

[527] Röhl, 1974, S. 156.

[528] Prinz, A.: Lieber wütend als traurig. Die Lebensgeschichte der Ulrike Meinhof. Weinheim, 2003, S. 113.

[529] Wesemann, 2007, S. 189.

[530] Vgl. Ditfurth, 2007, S. 162.

[531] Vgl. Ditfurth, 2007, S. 163.

1. Mai-Kundgebung 1962 und die neue Linke

Politisch nahm sie in ihrer Kolumne „Eine neue Linke" (Nr.6/1962) die Ereignisse der 1.-Mai-Kundgebung 1962 in Westberlin auf und fand anerkennende Worte dafür, dass sich diese neuformierte Linke aus „Sozialistische[m] Deutsche[n] Studentenbund, Sozialistische[r] Jugend Die Falken, Gewerkschaftler [und] Sozialdemokraten"[532] mit einer eigenen Kundgebung gegen die Ideologien von Sozialpartnerschaft[533] und Volksgemeinschaft[534] gestellt hätte. Weitere Forderungen waren die gegen Atomwaffen und eine politische Amnestie in Ost und West.[535]

Trotzdem hinterfragte Meinhof aber auch in ihrem Artikel, ob diese neue Bewegung wohl begreifen würde, dass es qualifizierter Propagandisten und gescheiter Theoretiker bedürfe, um die Ansichten zu transportieren. „Wie viel gute Gedanken und realistische Gesinnung sind in Deutschland schon verkommen, weil man sie nicht verbreiten konnte."[536] Ironisch schloss sie die Kolumne: „Und das hat wirklich nicht immer nur an den Gedanken und der Gesinnung selber gelegen."[537]

---

[532] Meinhof, 1972, S.30

[533] Der Begriff Sozialpartnerschaft bezeichnet das kooperative Verhältnis der Sozialpartner (vor allem Arbeitgeber- und Arbeitnehmerverbände) mit dem Ziel, Interessengegensätze durch Konsenspolitik zu lösen und offene Konflikte einzudämmen.

[534] Volksgemeinschaft bezeichnet in völkischen Ideologien die egalitäre Einheit eines primär rassisch beziehungsweise ethnisch verstandenen Volkes. Seit dem Ersten Weltkrieg benutzten ihn fast alle deutschen Parteien. „Volksgemeinschaft" war in der Zeit des Nationalsozialismus ein propagandistischer Leitbegriff.

[535] Meinhof, 1972, S. 30.

[536] Ebd.

[537] Ebd.

Probleme mit dem Arbeitgeber

Finanziert wurde *konkret* seit 1955 von der KPD aus Ostberlin. Trotzdem brachte Röhl in jede Ausgabe auch Kolumnen ein, die sich kritisch mit den Verhältnissen im Osten beschäftigten. Das führte zu dauerhaften Auseinandersetzungen und brachte ihm in der DDR den Ruf der Unzuverlässigkeit ein, im Westen hingegen den der Unabhängigkeit.[538]

1962 war die KPD schon eine längere Zeit unzufrieden. In einem vertraulichen ZK-Papier vom 13. Juni 1962, wurde *konkret* der „Hetze gegen die DDR" bezichtigt. Die Sicherung der Staatsgrenze der DDR werde als „die Mauer" bezeichnet, weiterhin die Politik des deutschen Imperialismus und Militarismus und die Politik der DDR als „gleichermaßen aggressiv und kriegslüstern" dargestellt, sogar Berthold Brecht werde benutzt um die DDR zu schmähen.[539]

Als Ulrike Meinhof im sechsten Monat schwanger war, eskalierte der Streit und die „Parteigruppe der Redaktion" wurde nach Ostberlin einbestellt. Der Antikommunismus in einem der Partei eigenen Blatt, wurde nicht mehr geduldet. Die Mitarbeiter sollten „kadermäßig" verstärkt werden und man behielt sich von Seiten der KPD eine Entlassung der Redaktion vor.

---

[538] Vgl. Krebs, 1991, S. 59.

[539] Vgl. Ditfurth, 2007, S. 164.

Geburt und Hirntumor

Doch sollte Ulrike Meinhof andere Schwerpunkte setzten müssen, denn sie begann unter schlimmsten Kopfschmerzen zu leiden und bekam die Diagnose eines Hirntumors gestellt. Die Geburt sollte mittels Kaiserschnitt vorverlegt werden und man untersagte ihr die Einnahme von Schmerzmitteln, weil diese, nach damaligem ärztlichem Meinungsbild, den Fötus geschädigt hätten. Eine Überraschung brachte die Geburt am 21.09.62 mit sich, sie gebar Zwillinge und freute sich sehr, dass es das Problem des Einzelkindes vom ersten Moment an nicht gab.[540]

Sie litt jedoch weiter an den starken Schmerzen und um diese zu verdrängen, versuchte sie sich mit Schreibarbeit im Krankenhaus abzulenken. Am 23.10.1962 wurde sie mehrere Stunden am offenen Hirn operiert, man fand einen Blutschwamm und klemmte ihn ab. Es stellte sich heraus, dass es kein Krebs war. Postoperativ versagte man ihr wieder die Schmerzmittel und sie brach zusammen, nie in ihrem Leben hatte sie körperlich jemals so gelitten.[541]

Am 27.10.1962 wurden Rudolf Augstein, Chefredakteur des *Spiegel* und sein Stellvertreter Conrad Ahlers verhaftet. Der Vorwurf lautete „publizistischer Landesverrat", ausgelöst durch einen Artikel Ahlers über die Herbstmanöver der Nato mit dem Titel „bedingt abwehrbereit". Der Initiator dieses behördlichen Übergriffes, Bundesverteidigungsminister Franz Josef Strauß, sollte wegen eben dieser „Spiegel-Affäre" am 30.11.1962 von seinem Amt zurücktreten.

Als Ulrike Meinhof von der „Spiegel-Affäre" erfuhr, hatte sie Mitleid mit Augstein, dem es im Gefängnis sicherlich genauso schlecht ging, wie ihr im Krankenhaus.[542] Zwei Wochen später wurde sie entlassen, begann mit der Rekonvaleszenz und verbrachte endlich Zeit mit ihren Kindern.

---

[540] Vgl. Ditfurth, 2007, S. 168.

[541] Vgl. Ditfurth, 2007, S. 173.

[542] Vgl. Ditfurth, 2007, S. 174.

Die deutsche Vergangenheitsbewältigung

Seit Februar 1963 schrieb Ulrike Meinhof wieder regelmäßig Kolumnen für *konkret*. Ihre Worte „Zum neuen Jahr" griffen die Bundesrepublik an einem Tabuthema der nationalsozialistischen Vergangenheit an. Denn keiner der beiden deutschen Staaten hatte sich bisher mit den zwölf Jahren Hitler-Regime auseinandergesetzt, weder die eigene Geschichte aufgearbeitet, geschweige denn anerkannt. Dabei ging es Meinhof aber nicht darum, die Schuldfrage zu stellen oder die Aufarbeitung der Vergangenheit zu fordern, sie wollte deutlich machen, das der Nationalsozialismus immer noch existent war.

Ulrike Meinhof warf den Deutschen vor, sich nur der Vergangenheit zu stellen, wenn das Ausland sie dazu aufforderte:

> „Von Jerusalem aus musste ein Eichmannprozess die Welt erschüttern, damit hierzulande vom Judenprogramm des Nationalsozialismus die Rede sei; ein oberster Bundesrichter musste erst durch DDR-Publikationen des Mordes beschuldigt werden, bis jene 12 Jahre seiner Biographie die vorgesetzten Dienststellen überhaupt interessierten; in der ausländischen Presse musste die Spiegel-Affäre erst als Gestapo-Aktion bezeichnet werden, ehe der Verbotsprozess gegen die VVN [Vereinigung der Verfolgten des Naziregimes] ausgesetzt wurde."[543]

Diese Einstellung hielt Ulrike Meinhof für scheinheilig und warf der Regierung vor, sie würde, sobald sie nicht mehr auf die Sympathien des Auslands angewiesen wäre, jene zwölf Jahre aus dem Gedächtnis der Nation streichen und die Opfer vergessen.[544]

> „Damit unterschätzte die Journalistin freilich nicht nur die Sozialdemokratie, sondern vor allem die Chance ihrer Generation sich gegen das Schweigen der Eltern aufzulehnen. Sie verkannte, wie unvergesslich und unverdrängbar dieses monströse Verbrechen war, wie viele Zeugen und Erinnerungshelfer noch lebten, wie lautstark Opfer das Stummsein der Täter stören können."[545]

---

[543] Meinhof, Ulrike: „Zum Neuen Jahr", konkret, Nr.1, 1963.

[544] Vgl. Wesemann, 2007, S. 199.

[545] Ebd.

Jedoch ist auch Ulrike Meinhofs Standpunkt nachvollziehbar. Für sie war der Nationalsozialismus in der Bundesrepublik noch nicht beendet. Ausdauernd beklagte sie den Zustand, dass den früheren Tätern in der Bundesrepublik auch weiterhin Karrieren offenstanden. Sie bemühte sich unermüdlich mit Dokumenten aus der DDR, diese Personen zu identifizieren. Dann spiegelten die Wiederbewaffnung und später der Wille zur atomaren Aufrüstung für Ulrike Meinhof klar Hitlers Drang zur Weltherrschaft wider. Auch das Verbot der KPD 1956 zeigte für sie Parallelen zum Hitler-Regime und zu guter Letzt meinte sie, hinter den ständigen Wahlsiegen der CDU die Mechanismen und Instrumente wieder zu erkennen, mit denen die NSDAP Millionen Menschen angezogen hatte.[546]

1964 schrieb sie in ihrem Artikel „Zum 20. Juli":

> „Es ist an der Zeit zu begreifen, daß die Vergasungsanlagen von Auschwitz in der Atombombe ihre technische Perfektion gefunden haben [...]. Es ist an der Zeit zu begreifen, daß der Kampf der Männer und Frauen des 20. Juli im Widerstand gegen Unrecht und Gewalt noch nicht endgültig gewonnen ist. Das Schreckliche braucht noch nicht geschehen zu sein, um unseren Widerspruch herauszufordern."[547]

Ihr erschien das Leben in der Bundesrepublik wie ein Leben im Nationalsozialismus. In dem Glauben, eine weitere Katastrophe nur so verhindern zu können, fühlte sie sich für den Widerstand gegen die Bundesrepublik verantwortlich.

---

[546] Vgl. Wesemann, 2007, S. 205.

[547] Meinhof: Die Würde des Menschen ist antastbar. S. 50/51.

Hörfunk - Ein neues Medium

Im Sommer 1964 kam es dann zum Bruch mit der KPD. Die Partei wollte Röhl als Herausgeber von *konkret* absetzen, jedoch stand die ganze Redaktion hinter ihm und es blieb der KPD kein anderes Mittel, als die finanzielle Unterstützung einzustellen und sich komplett von *konkret* zurückzuziehen.

> „Nachdem die KPD-Führung ihre *konkret*-Genossen so rücksichtslos fallengelassen hat, wollen diese aus der Partei austreten. ,Wir haben einen Antrag gestellt. Und dann kriegten wir die Nachricht: bis auf einen sind die Austritte abgelehnt', berichtet einer der Betroffenen. Während Klaus Rainer Röhl auf diese Weise von der Partei ausgeschlossen wird, bleibt Ulrike Meinhof dadurch faktisch bis zu ihrem Tod weiterhin Mitglied in der KPD."[548]

Durch Mobilisierung der Abonnenten und Spenden kann *konkret* den laufenden Betrieb aufrechthalten.

Ihr September-Artikel, „Ein Mann mit guten Manieren. Ein Tag im Karl-Wolff-Prozess", sollte ihr die Tür zu einer neuen Karriere beim hessischen Rundfunk öffnen. Wolff war ehemaliger General der Waffen-SS und hatte 17 Jahre unter seinem Namen am Starnberger See gelebt. Verhaftet wurde er erst, nachdem ein israelischer Journalist Strafanzeige gestellt hatte.[549]

Ulrike Meinhof beobachtete den Prozess und schrieb dann:

> „[Ich] habe nie so viele ehemalige SS-Leute auf einmal gesehen, wie im Zeugenstand des Karl-Wolff-Prozesses [...]. Die Zeugen der Anklage sind die Kameraden des Angeklagten. Die Gelegenheit, einem hervorragenden Repräsentanten des Dritten Reiches den Prozess zu machen, der einen höheren Rang hatte als Eichmann [...], diese Gelegenheit verstreicht. Der Prozeßverlauf wird vom Angeklagten bestimmt, nicht vom Gericht; die Aufklärung des Nationalsozialismus findet durch seine Anhänger statt nicht durch seine Gegner."[550]

Nach der Veröffentlichung des Artikels trat Adolf Frisé, Leiter der Hauptabteilung Kultur an sie heran und bot ihr an, über Wolff eine Hörfunksendung zu machen. Sie nahm an und im Rahmen ihrer Recherche traf sie einen der Zeugen

---

[548]Krebs, 1991, S. 104.

[549] Vgl. Ditfurth, 2007, S. 182.

[550] Meinhof: Die Würde des Menschen ist antastbar. S. 53-57.

des Prozesses, den jüdisch-polnischen Journalist Marcel Reich-Ranicki. Dieser schrieb später: „Vielleicht habe sich Ulrike Meinhof so tief in meinem Gedächtnis eingeprägt, weil sie die erste Person in der Bundesrepublik war, die aufrichtig und ernsthaft wünschte, über meine Erlebnisse im Warschauer Ghetto informiert zu werden."[551]

Sie bekam weitere Angebote, auch von anderen Rundfunkanstalten, wobei ein Beitrag für Radio Bremen über die Verbindung der katholischen Kirche mit dem NS-Faschismus heftigste Proteste auslöste. Sie begann auch für das Fernsehen zu arbeiten, am 24. Mai 1965 strahlte *Panorama* ihren Beitrag über „Arbeitsunfälle" aus, für den sie von der IG Metall beglückwünscht wurde. Sie drehte im Oktober abermals für Panorama ein Feature über „Gastarbeiter" und recherchierte parallel für den Hessischen Rundfunk für einen Beitrag zum Thema „Heimkinder". Dieses Thema blieb für sie die nächsten Jahre, bis sie in den Untergrund ging, ein Steckenpferd.

Je mehr sie sich in den Obdachsiedlungen, Fabrikhallen und Erziehungsheimen umsah, desto deutlicher erkannte sie die verschiedensten Formen des Widerstandes der Betroffenen. So schreibt sie über die Fürsorgeerziehung: „Gewalt produziert Gegengewalt, Druck Gegendruck. Die Formen von Widerstand, die in den Heimen praktiziert werden, entwickeln sich immer nur spontan und planlos, unorganisiert, als Aufstand, Widerstand, Rabatz, als Bambule."[552]

Diese Erfahrungen und Beobachtungen veränderten bei ihr nach und nach die Zielsetzung. Waren die ersten Rundfunksendungen noch an eine breite Öffentlichkeit gewandt, die es aufzurütteln galt, so appellierte sie später direkt an die Betroffenen, sich zur Wehr zu setzen und für die verwehrten Rechte zu kämpfen. So trug auch der Titel ihrer letzten Sendung nicht mehr die feinsinnige Wortwahl eines Kultur-Features, sondern gab einfach den Wutschrei der Betroffenen wieder: „Bambule!"[553]

---

[551] Reich-Ranicki, M.: Mein Leben. München, 2000, S. 459/460.

[552] Ulrike Meinhof: Bambule. Fürsorge für wen?. Berlin 1971, S. 9.

[553] Vgl. Krebs, 1991, S. 124.

Der Schah und Benno Ohnesorg

Im Dezember 1966 kam es zur ersten Regierungsbeteiligung der SPD, indem sie unter Kiesinger eine große Koalition mit der CDU einging. Für Ulrike Meinhof verlor die SPD nun den letzten Rest ihrer Glaubwürdigkeit. Denn wer nicht in der Opposition wirkte, verhielt sich nicht wie ein Demokrat, sondern erlag der Vorteilsnahme.[554] Sie unterstellte der Bundesregierung[555], dass sie absolut herrschen und jeden Widerspruch ausschalten wollte. Den Glauben an den Parlamentarismus hatte sie verloren, Demokratiefähigkeit gestand sie höchstens noch einer außerparlamentarischen Opposition zu. In ihren Artikeln wurde der innerdeutsche Konflikt jetzt durch die gesellschaftlichen Probleme der Bundesrepublik abgelöst.

Im Vorfeld des Schah-Besuchs im Juni 1967 schrieb Ulrike Meinhof den Artikel „Offener Brief an Farah Diba". Die Frau von Schah Mohammad Reza Pahlavi hatte sich in einem Zeitungsartikel über das angeblich schöne Leben der Perser ausgelassen und Meinhof konterte scharf: „Die meisten Perser[556] sind Bauern mit einem Jahreseinkommen von weniger als 100 Dollar. Und den meisten persischen Frauen stirbt jedes zweite Kind vor Hunger, Armut und Krankheit."[557] Die Nahrung der meisten Perser bestünde nicht aus Luxusartikeln, sondern aus eingeweichtem Stroh, Heuschrecken und Wurzeln. Viele lebten „in unterirdischen Höhlen und überfüllten Lehmhütten"[558]. Des Weiteren prangerte sie den Analphabetismus unter der Bevölkerung (85%), die Unterschlagung von Milliarden Entwicklungsgeldern, die Zusammenarbeit mit der CIA und systematische Folter an.

Als der Schah am 2. Juni 1967 Berlin besuchte, kam es zu Demonstrationen, wobei der Berliner Polizeipräsident die Parole ausgab, die Demonstranten nach der „Leberwursttaktik"[559] anzugreifen, sollte heißen, die Demonstranten sind die metaphorische Leberwurst, in die man mittig hineinstechen muss, damit sie an

---

[554] Vgl. Meinhof, 1972, S. 69.

[555] Anstelle einer zahlenmäßig starken Opposition standen nun 47 Abgeordnete der FDP 447 Mandatsträgern der Regierungsparteien gegenüber.

[556] Aussage von Farah Diba: „[…] wie die meisten Perser reiste auch ich mit meiner Familie an die Persische Riviera am Kaspischen Meer."

[557] Meinhof: Deutschland Deutschland unter Anderm. S. 116.

[558] Ebd.

[559] Peters, 2008, S. 160.

den Enden auseinanderplatzt. Es kam zu unverhältnismäßig brutalen Übergriffen seitens der Polizei, die ihr unrühmliches Ende darin fanden, das Kriminalobermeister Karl-Heinz Kurras[560] den Studenten Benno Ohnesorg erschoss.

Das war der Funke, den es brauchte, um in Deutschland die Studentenbewegung auszulösen. Ulrike Meinhof fühlte sich in ihrer jahrelangen Kritik bestätigt und war jetzt der Ansicht, dass die Gesellschaft ihr Schweigen brechen werde.

---

[560] Nachdem 2009 bekannt wurde, dass Kurras 1967 inoffizieller Mitarbeiter des DDR-Ministeriums für Staatssicherheit gewesen war, wurden neue Ermittlungen durchgeführt. Sie ergaben 2011, dass er auf Ohnesorg ohne Auftrag, unbedrängt und wahrscheinlich gezielt geschossen hatte. Er wurde dennoch nicht erneut angeklagt.

Rudi Dutschke

Im Herbst 1967 trennte sich Ulrike Meinhof von Klaus Rainer Röhl. Neben den jahrelangen Affären reicherte er jetzt auch *konkret* mit „Sex and Crime" an, um die Auflage zu steigern und sie fand keine Gemeinsamkeiten mehr. Mit den Zwillingen zog sie Anfang 1968 nach Berlin. Dort stürzte sie sich in Arbeit, schrieb weiterhin Kolumnen für *konkret*, erstellte Manuskripte für den Hörfunk und berichtete über die Studentenrevolte.[561]

Ihr Verhältnis zur Studentenbewegung hatte sich in nur wenigen Monaten entscheidend verändert. Aus einer allgemeinen Sympathie wurde direkte Parteinahme. Sie verteidigte in ihren Kolumnen mehrfach die Strategie der Studenten, mit gezielten Aktionen, die herrschenden Regeln zu verletzen, sprach ihnen sogar das Recht auf Notwehr zu, da sie sich gegen ein Gewaltverhältnis zur Wehr setzten.[562]

Rudi Dutschke hatte sie Anfang 1967 bei einer Veranstaltung in Westdeutschland kennengelernt und sich mit ihm angefreundet. Er gehörte zu den jungen Theoretikern der Neuen Linken und war zur Symbolfigur der Studentenbewegung geworden. Bei der Abrüstungskampagne, den Demonstrationen gegen die Notstandsgesetze und den Vietnamkrieg erwies er sich als hervorragender Rhetoriker. Er zeigte auch organisatorisches Talent, als er den „Internationalen Vietnam-Kongress" in West-Berlin maßgeblich mitgestaltete. Dutschke stand für Aktionen, die die Öffentlichkeit aufmerksam machten, war jedoch selber kein ausgesprochener Aktionist.

Die Zeitungen des Springer-Konzerns trugen maßgeblich dazu bei, dass er das deutsche Volk polarisierte. Es gab keine objektive Berichterstattung, sondern nur Hetze und Stimmungsmache. Von der Bild-Zeitung wurde er als „Bürgerschreck", „fanatisch" und „wirr" bezeichnet, eine andere Schlagzeile der Bild titelte „Stoppt den Terror der Jung-Roten jetzt!". Doch auch die Politik stand der Meinungsmache in nichts nach. Drei Tage nach dem Vietnam-Kongress im Februar 1968 luden der Berliner Senat, die ÖTV und Springers Gazetten zu einer Gegenveranstaltung vor dem Rathaus ein. Um den Platz auch zu füllen, gab man kurzerhand allen Beschäftigten des öffentlichen Dienstes frei. Unter dem Motto des Veranstalters „Wir wollen sagen, wofür wir sind.", können dann Transpa-

---

[561] Vgl. Peters, 2008, S. 158/59.

[562] Vgl. Krebs, 1991, S. 152.

rente gelesen werden wie: „Raus mit den Roten", „Dutschke-Volksfeind Nr.1"
und „Unter Adolf wäre das nicht passiert".[563]

Am 11. April 1968 wurde Dutschke vom 23-jährigen Hilfsarbeiter Josef Bachmann auf dem Kurfürstendamm niedergeschossen. Zuvor hatte er ihn mit „Du
dreckiges Kommunistenschwein" angesprochen.[564] In Bachmanns Tasche fand
man die neofaschistische Deutsche Nationalzeitung mit der Überschrift „Stoppt
Dutschke jetzt! Sonst gibt es Bürgerkrieg."[565] Dutschke überlebte das Attentat,
ertrank aber 1979 nach einem epileptischen Anfall, der Folge des Kopfschusses
war, in seiner Badewanne.

---

[563] Vgl. Krebs, 1991, S. 160.

[564] Wesemann,2007, S. 271.

[565] Vgl. Ditfurth, 2007, S. 228.

Gewalt in der Diskussion

Das Attentat löste die bis dahin schwersten Unruhen in der Bundesrepublik aus. Vier Tage lang blockierten etwa 60.000 Menschen die Ausfahrten von Springer-Druckereien im ganzen Land. Ihnen gegenüber standen mehr als 20.000 Polizisten. 1000 Demonstranten kamen in Gewahrsam, 400 wurden verletzt und zwei starben aus bisher immer noch nicht geklärten Ursachen.

Meinhof schreibt:

> „Wo Journalismus nur noch dazu da ist, Polizeieinsätze zu beschreiben, Polizeiknüppel, Wasserwerfer und Dienstpistole die logische Fortsetzung von Journalismus sind, wo die Unschuld des Systems dadurch bewiesen wird, dass die Argumente seiner Kritiker verschwiegen werden, wo der Oppositionelle zum Störenfried geworden ist, da hat die Demokratie aufgehört, da hat der Polizeistaat begonnen."[566]

Es bestand schon seit einiger Zeit die Diskussion innerhalb der Studentenbewegung, wie mit dem Thema Gewalt zu verfahren sei. Dabei galt in der Szene die Gewalt gegen Sachen von vornherein als ein adäquates Mittel, um Protest und Druck auszuüben, Gewalt gegen Menschen war tabu. Jedoch galt dieser Glaubenssatz von der gerechtfertigten Gewalt gegen Sachen und der nicht zu rechtfertigenden Gewalt gegen Personen in der Realität des Jahres 1968 nicht mehr.

Rudi Dutschke hatte dabei ganz klare Vorstellungen: Man müsse „durch systematische, kontrollierte und limitierte Konfrontation der Staatsgewalt und dem Imperialismus in West-Berlin die repräsentative Demokratie [da]zu zwingen, offen ihren Klassencharakter zu zeigen, sie zu zwingen, sich als „Diktatur der Gewalt" zu entlarven."[567] Man wollte den kapitalistischen Staat zur offenen Gewalt provozieren, damit er sein eigentliches Gesicht zeigte. Diese Form der Gewalt war zu rechtfertigen, da sie der Abschaffung repressiver Gewalt diente.

Dutschke ging aber noch einen Schritt weiter und begann die Gewalt gegen Personen zu propagieren. Dabei beschränkte er sich auf den Tyrannenmord. So hatte er nach dem Schah-Empfang kritisiert, „die revolutionären Kräfte der Metro-

---

[566] Peters, 2008, S. 159/160.

[567] Kraushaar, 2005, S. 39.

polen" hätten „die einzigartige Chance der Erschießung des persischen Herrschers, als er uns und andere besuchte, nicht [ausgenutzt]."[568]

Ulrike Meinhof stand der Gewalt zwiespältig gegenüber. Schließlich hatte sie schon ein Jahrzehnt gegen den Staat gekämpft, ohne in irgendeiner Form physische Gewalt angewendet zu haben. Spontan gewalttätig zu werden, gelang ihr nicht. Sie musste für sich erst einmal versuchen, Gewalt zu rechtfertigen. Sie hatte zwar Gewalt als Voraussetzung für Aufklärung erkannt, wusste aber nicht, ob sie überhaupt dazu in der Lage wäre, gewalttätig zu werden.[569]

---

[568] Kraushaar, 2005, S. 47.

[569] Vgl. Wesemann, 2007, S. 281.

Ein Kaufhausbrand und seine Folgen

Im April 1968 legten Andreas Baader, Gudrun Ensslin, Thorwald Proll und Horst Söhnlein zwei Brandsätze im Kaufhaus Schneider auf der Frankurter Zeil. Einen Tag später wurden die vier verhaftet. Im Prozess, der im Oktober des Jahres stattfand, erklärten sie, sie hätten die Kaufhäuser niederbrennen wollen, um gegen die Gleichgültigkeit der Gesellschaft gegenüber den Morden in Vietnam zu protestieren. Die Angeklagten wurden schon sieben Tage nach Verhandlungsbeginn wegen versuchter Menschen gefährdender Brandstiftung zu jeweils drei Jahren Zuchthaus verurteilt.[570] Ulrike Meinhof beobachtete den Prozess und sprach sowohl mit Gudrun Ensslin als auch mit Andreas Baader.

Sie schrieb in ihrem November Artikel „Warenhausbrand": „Gegen Brandstiftung im Allgemeinen spricht, dass dabei Menschen gefährdet seien könnten, die nicht gefährdet werden sollen."[571] Eine Warenhausbrandstiftung sei „keine antikapitalistische Aktion, eher systemerhaltend, konterrevolutionär. Das progressive Moment einer Warenhausbrandstiftung liegt nicht in der Vernichtung der Waren, es liegt in der Kriminalität der Tat."[572]

Ulrike Meinhof sympathisierte mit der Aktion, denn hier hatten es vier Leute gewagt, sich einem gesetzlich manifestierten Grundpfeiler der Bundesrepublik zu widersetzen, dem Privateigentum.[573]

Am 10. September 1969 verwarf der Bundesgerichtshof die Revision im Kaufhausbrandprozess. Ensslin, Baader, Proll und Söhnlein sollten weitere 22 Monate absitzen. Ensslin und Baader flohen direkt nach der Urteilsverkündung nach Paris, stellten ein Gnadengesuch, welches am 4. Februar 1970 abgelehnt wurde, erschienen dann nicht zum Haftantritt, sondern fuhren nach Westberlin, um sich bei Ulrike Meinhof zu verstecken.[574]

Bis zu diesem Moment im Februar 1970 hatte Meinhof mit zwei langen Weggefährten gebrochen. Zum einen distanzierte sie sich von der DDR und der Sowjetunion. Die DDR enttäuschte sie, als 1968 eine sozialistische Verfassung ver-

---

[570] vgl. Peters, 2008, S. 108.

[571] Meinhof, 1972, S. 87/88.

[572] Ebd.

[573] Wesemann, 2007, S. 299.

[574] Vgl. Ditfurth, 2007, S. 263.

abschiedet wurde und im Jahr darauf der Pass- und Visumszwang eingeführt wurde.[575]

Im Artikel „Visa-Zwang" (Nr.7/1968) schrieb sie, dass sich die DDR durch diese Maßnahme international isoliere und zum falschen Zeitpunkt das Augenmerk von der „Alleinvertretungsanmaßung" der Bundesrepublik nehme. Die DDR hätte ihre Souveränität als Staat durch den Mauerbau schon bewiesen. Durch solche Schikanen würde die Schuld an dem Zustand der deutschen Beziehungen nun nicht mehr in die richtige Richtung kanalisiert werden, nämlich nach Bonn. Ulrike Meinhof fühlte sich und ihre studentischen Mitstreiter vom Osten verraten und fand, dass Chruschtschows Gulasch-Kommunismus nichts mehr bereit halte, womit sich die Probleme der Zeit lösen ließen.[576]

Zum endgültigen Bruch mit der Sowjetunion führte der Prager Frühling. In ihrem Artikel „CSSR-Folgeerscheinungen" bezog sie eine antisowjetische Position. Ihrer Meinung nach hatte die Sowjetunion den Prager Frühling nicht beendet, um den Kommunismus zu retten, sondern lediglich um den Status Quo ihres Einflussbereichs zu sichern. Da die Sowjetunion nicht weiter für die Verbreitung des weltweiten Kommunismus kämpfe, müsse man mit ihr brechen.[577] „Die Entsolidarisierung der Kommunistischen Parteien Westeuropas und der Dritten Welt als Reaktion auf den 21. August 1968 war von der Sowjetunion längst vorweggenommen."[578]

Die Sowjetunion war für sie nicht länger ein verlässlicher Partner im Kampf gegen den Imperialismus.

Zum anderen kam es mit *konkret* zum Bruch. Ihre Vorstellung über die Linie des Blattes war zu unterschiedlich gegenüber der ihres Exmannes Röhl. Er legte Wert auf eine hohe Auflage, mittels Sex, Sozialem und Sozialismus, in dieser Reihenfolge, sie wollte Inhalte. Es kam zu keinen Kompromissen mehr, die Positionen waren zu verschieden und sie beendete ihre Arbeit bei konkret im April 1969. Die Frankfurter Rundschau druckte ihre Presseerklärung ab, in der sie sich erklärte. Sie hätte ihre Mitarbeit eingestellt, weil das Blatt im Begriff war, ein

---

[575] Vgl. Wesemann, 2007, S. 283.

[576] Vgl. Meinhof, 1972, S. 83.

[577] Vgl. Meinhof, 1972, S. 83.

[578] Ebd.

Instrument der Konterrevolution zu werden, was sie durch ihre Mitarbeit nicht verschleiern wolle. Ihr Fazit war: „Ich gebe den Kampf um die Zeitung auf".[579]

Ulrike Meinhof hatte sich also bis zu dem Tag, an dem Andreas Baader und Gudrun Ensslin vor ihrer Tür standen, von wesentlichen Eckpfeilern ihres bisherigen Lebens getrennt. Geblieben war ihr ihre Ideologie, die sie von nun an mit allen Mitteln vertreten sollte. Ihr war mittlerweile klar geworden, dass sich ihre gesellschaftlichen Vorstellungen nicht ohne Kampf würden durchsetzen lassen.

---

[579] Peters, 2008, S. 163.

Gefangenenbefreiung oder der Anfang vom Ende

Ulrike Meinhof, Gudrun Ensslin und Andreas Baader übten eine Anziehungskraft aufeinander aus. An Baader gefiel Meinhof seine direkte Art, immer auf dem Sprung loszuschlagen. Meinhof offenbarte dem Pärchen hingegen eine für diese bisher unbekannte Welt der gesellschaftlichen Anerkennung und Prominenz. Baader hatte seine Oberschule abgebrochen und keine Ausbildung, Ensslin hatte 16 Semester an verschiedenen Universitäten studiert und keinen Abschluss.

Gemeinsam mit Horst Mahler, Baaders Anwalt, diskutierten sie in Ulrike Meinhofs Wohnung die Möglichkeiten der Aufnahme des bewaffneten Kampfes.[580]

Als Vorbilder dienten die Politik der Black Panther in den Ghettos großer amerikanischer Städte und die guerillamäßig operierenden Gruppen in Städten Südamerikas.[581] Laut Mahler sahen sie sich als Sozialrevolutionäre. Ulrike Meinhof war zu Beginn der Gespräche noch distanziert, zum einen lebte sie mit den Zwillingen zusammen, zum anderen sah sie in ihrer publizistischen Tätigkeit noch immer eine Möglichkeit politisch Einfluss zu nehmen. Andreas Baader verlangte von ihr ganz deutlich eine Entscheidung. Sie könne nicht eine revolutionäre Politik vorantreiben und gleichzeitig Karriere machen.[582]

Sie nahm daraufhin an einer Aktion der Stadtteil-Gruppe „Märkisches Viertel" teil, die von der Polizei aber unter Anwendung äußerster Brutalität aufgelöst wurde. Seit der Gehirnoperation immer ängstlich am Kopf verletzt zu werden, stieß Ulrike Meinhof hier an ihre Grenzen. Sie konnte sich nicht vorstellen, wie sie überhaupt an den, von der Gruppe diskutierten, militanten Aktionen teilnehmen sollte.[583]

Am 4. April 1970 wurde Andreas Baader verhaftet, als er mit Mahler und einem V-Mann des Verfassungsschutzes versucht hatte, Waffen zu organisieren.[584] Die Gruppe fing an sich über Gefangenbefreiung zu unterhalten und entwickelte die Idee, Baader als Co-Autor eines Buches, das Ulrike Meinhof schreiben wollte, aufzuführen, damit er zu Recherchezwecken die Haftanstalt Moabit verlassen

---

[580] Vgl. Peters, 2008, S. 16.

[581] Vgl. Krebs, 1991, S. 204.

[582] Vgl. Krebs, 1991, S. 208.

[583] Vgl. Krebs, 1991, S. 209.

[584] Vgl. Peters, 2008, S. 174.

konnte. Der zuständige Justizoberinspektor Roland Deber befand, dass das Mitwirken an einem Buch dem beruflichen Werdegang Baaders förderlich wäre und genehmigte Baader Besuche, um die Buchvorbereitungen zu besprechen.[585]

Ulrike Meinhof fühlte sich verpflichtet zu helfen, hatte aber immer noch Probleme damit, ihre bürgerliche Existenz loszulassen. Je öfter sie mit Gudrun Ensslin über ihre Zweifel sprach, desto deutlicher wurde ihr, dass sie endlich über ihren Schatten springen musste, wollte sie vor sich selbst noch glaubwürdig bleiben.[586]

Sie hoffte durch die Beteiligung an der Befreiungsaktion ihre psychischen Grenzen überwinden zu können und sich persönlich und politisch zu emanzipieren. So nahm der Plan konkrete Formen an. Es gelang Mahler den Gefängnisdirektor dazu zu bewegen, Baader eine zweistündige Ausführung, zum Zweck der Literaturrecherche, zu genehmigen. Waffen wurden in einem deutschnationalen Lokal namens „Wolfsschanze" gekauft. Ihre Töchter schickte Ulrike Meinhof nach Bremen zu ihrem Bekannten Jürgen Holtkamp in den Pfingsturlaub. Sie sollten nie wieder nach Berlin zurückkommen.[587]

Am 14. Mai 1970 war es soweit, der Plan wurde in die Tat umgesetzt. Ulrike Meinhof hatte schon im Lesesaal des Deutschen Zentralinstituts für Soziale Fragen in Dahlem auf Baader gewartet. Nachdem Baader von zwei Justizbeamten hereingeführt wurde, setzten sich beide an einen Tisch und unterhielten sich. Kurze Zeit später wurde der Lesesaal von zwei Maskierten gestürmt, die mit vorgehaltenen Waffen „Überfall! Hände hoch oder wir schießen!" schrien. Nach heutigem Erkenntnisstand waren dies Gudrun Ensslin und ein Krimineller, der nichts mit den politischen Vorstellungen gemeinsam hatte. Gleich darauf kamen zwei weitere Frauen der Gruppe in den Saal, Ingrid Schubert und Irene Goerges. Beide mit Perücken verkleidet und bewaffnet. Es kam zu einem Tumult, in dem der einzige Mann im Befreiungskommando die Nerven verlor und den Institutsangestellten Georg Linke erschoss. Es gelang allen Angreifern zu entkommen, Andreas Baader flüchtete durch einen Sprung aus dem Fenster und Ulrike Meinhof sprang, entgegen der vorherigen Absprache, hinterher. Diese Ereigniskaskade war die Geburtsstunde der RAF.

---

[585] Vgl. Peters, 2008, S. 177.

[586] Vgl. Krebs, 1991, S. 210/211.

[587] Vgl. Peters, 2008, S. 179.

Rote Armee Fraktion

Drei Wochen nach Baaders Befreiung erklärten sich die Akteure in einem Brief. Die Befreiung sei erst der Anfang gewesen und um die Eskalation auf die Spitze treiben zu können, würden sie jetzt die Rote Armee aufbauen. Am 15. Juni 1970 druckte der Siegel unredigierte Auszüge aus einer Tonbanderklärung Meinhofs, in der sie sich klar und deutlich positionierte:

> „Wir sagen natürlich, die Bullen sind Schweine, wir sagen, der Typ in Uniform ist ein Schwein, das ist kein Mensch, und so haben wir uns mit ihm auseinanderzusetzen. Das heißt, wir haben nicht mit ihm zu reden und es ist falsch, überhaupt mit ihnen zu reden, und natürlich kann geschossen werden."[588]

Als der Artikel erschien, hatte sich der Kern der Gruppe bereits in den Nahen Osten abgesetzt, um in einem palästinensischen Ausbildungslager der El Fatah[589], den Umgang mit Waffen und Sprengstoff zu lernen.

Nachdem sie im August 1970 wieder in die Bundesrepublik zurückgekehrt waren, begannen sie umgehend mit den Vorbereitungen für den bewaffneten Kampf. Sie richteten sich dabei nach dem Handbuch des brasilianischen Guerillaführers Carlos Marighella, wonach die Logistikformel hieß: M-G-W-M-S (Motorisierung, Geld, Waffen, Munition, Sprengstoff).[590]

In ihrem Pamphlet „Konzept Stadtguerilla" versuchte Ulrike Meinhof dann den bewaffneten Kampf zu rechtfertigen. Sie beschrieb den Zustand der politischen Verhältnisse und kam zu dem Schluss, dass ein bewaffneter Kampf nötig sei und rief dazu auf, dass sich weitere bewaffnete Gruppen aufbauen sollten, denn wenn die Situation reif sein würde für den bewaffneten Kampf, wäre es zu spät ihn erst vorzubereiten.[591]

Die Rote Armee Fraktion baute eine Infrastruktur streng nach dem Logistikprinzip Stadtguerilla auf. Sie überfielen Banken, wobei auch Ulrike Meinhof Kommandos anführte, organisierten Autos und Waffen. Am 15. Juli 1971 wurde mit Petra Schelm die erste RAF-Aktivistin erschossen, am 22. Oktober und 22. Dezember 1971 starben die Polizisten Norbert Schmid und Herbert Schoner. Bei

---

[588] Der Spiegel, 6/1970.

[589] Die El Fatah war eine militante Organisation innerhalb der PLO.

[590] Vgl. Peters, S. 207.

[591] Vgl. Krebs, S. 225.

fünf Bombenanschlägen, die die RAF während ihrer Mai-Offensive 1972 verübte, wurden insgesamt vier Menschen getötet und über 30 verletzt. Im Juni 1972 wurde nach Baader und Ensslin auch Ulrike Meinhof verhaftet. In den folgenden vier Jahren Gefängnis erhoben die RAF-Mitglieder immer wieder den Vorwurf der Isolationsfolter und verlangten, man möge ihnen den Status von Kriegsgefangenen zusprechen. Ulrike Meinhof wurde am 29. November 1974 wegen ihrer Beteiligung an der Baader-Befreiung zu acht Jahren Haft verurteilt. Sie starb am 9. Mai 1976 in der JVA Stuttgart-Stammheim, nach offiziellen Angaben durch Suizid.

Fazit

Der Sprung aus dem Fenster des Dahlemer Instituts hält faktisch auf die Minute fest, wann sich Ulrike Meinhof für die Illegalität und gegen ihre Kinder entschied. Die anfangs gestellte Frage, ob es nur einer Momentaufnahme bedurfte, radikal zu werden, oder eine Entwicklung stattgefunden hat, möchte ich mit dem Lebensweg Ulrike Meinhofs beantworten. Der frühe Tod der Eltern und das Aufwachsen bei Renate Riemeck hatten ihr seit der Kindheit ein schwieriges Beziehungsbild suggeriert, welches sie in ihrem weiteren Leben als Last mit sich herumtrug. Nie wurden ihr zwischenmenschliche Beziehungen wichtiger als ihre Ideologie. Sie war ein zutiefst moralischer Mensch, der von einem großen Unrechtsbewusstsein getrieben wurde. Als sie dann in einem Nachkriegsdeutschland lebte, in dem Berthold Brecht mit Horst Wessels verglichen wird, Pläne über einen Atominnengürtel zur SBZ diskutiert werden, Bundesminister die Rückeroberung der deutschen Ostgebiete fordern, Kommunisten verhaftet, Bücher beschlagnahmt und Filme zensiert werden, scheint ihr Schicksal vorausbestimmt.

Sie war der Ansicht, die Probleme der Bundesrepublik verstanden zu haben und sah es als ihre Pflicht an, die Bevölkerung solange wachzurütteln, bis es zu Veränderungen oder gar einer Revolution kommt. Dabei fühlte sie sich den Politikern gegenüber moralisch überlegen, dem Volk gegenüber generell. Doch kommt ihr, als gläubige Christin und überzeugte Pazifistin, Gewalt anfangs nicht in den Sinn.

Ihr Mittel der Wahl sind Worte. Anhand ihrer Argumentationsweise und des Vokabulars kann die zunehmende Radikalisierung über die Jahre beobachtet werden. Anstelle von „so ist es und so soll es sein" tritt „das eine kontra das andere". Oder die ultimative Aufforderung entweder-oder: „Entweder du bist Teil des Problems oder du bist Teil der Lösung". In ihren letzten Artikeln wirkt ihr Ton mehr und mehr gehetzt, fast schon apokalyptisch. Ihre Prognosen wirken häufig überzogen, jedoch hätten weniger drastische Ausführungen wahrscheinlich überhaupt kein Gehör gefunden.

Sie wurde ein Produkt der vielen Misserfolge in ihrer Vergangenheit. Zu viele unerfüllte Hoffnungen auf einen erfolgreichen Kampf gegen Atomrüstung, Regierungen, die parlamentarische Demokratie und zu viele Enttäuschungen durch ihre Weggefährten hatten ihr Menschenbild Jahr um Jahr, Niederlage um Niederlage negativer werden lassen. Jeder, der zum Ende ihres Radikalisierungsprozesses nicht das Gleiche denkt wie sie, ist ihr Feind.

Über die Studentenbewegung das erste Mal mit den Möglichkeiten der Gewaltanwendung konfrontiert, wurde sie sich nach und nach der Aussichtslosigkeit ihres Kampfes bewusst. Sie wählte die politisch motivierte Gewalt des Terrorismus aus der Erfahrung, wonach intellektuelle Gegnerschaft kaum mehr bewirkt hatte als die Stärkung der parlamentarischen Demokratie. Weil Worte und gewaltlose Aktionen das Volk nicht für ihre Ideen bewegt hatten, wollte sie es nun mit terroristischen Taten überzeugen. Auf eine Art ist diese Entscheidung für Ulrike Meinhof, wie schon zuvor in ihrem Leben, eine logische Konsequenz. Renate Riemeck hatte ihr schließlich beigebracht für eine Meinung einzutreten und den Weg dann auch bis zum Ende zu gehen. Sie war an einem Punkt angekommen, an dem sie bereit war, für ihre Überzeugungen auch ihr eigenes Leben zu opfern.

Mit der Gründung der RAF gab Ulrike Meinhof ihr Lebenswerk auf. Sie hatte nicht erkannt, dass ihr jahrzehntelanges journalistisches Schaffen Veränderungen in der Gesellschaft hervorgerufen hatte oder es war ihr schlichtweg egal. Ihre wichtigen Themengebiete, für die sie so lange eintrat, wie Frauen, Familie, soziale Gerechtigkeit und bessere Arbeitsbedingungen verloren jegliche Relevanz. Alles musste ihrer Ideologie weichen. Je selbstverständlicher die Demokratie wurde, desto stärker bekämpfte Ulrike Meinhof sie. Sie scheiterte am Ende zweimal an ihrem Vorhaben, das parlamentarische System abzuschaffen. Zuerst als Journalistin, dann als Terroristin.

Literaturverzeichnis

Primärliteratur:

Meinhof, Ulrike Marie: Deutschland Deutschland unter anderem. Berlin,1995.

Meinhof, Ulrike Marie: Die Würde des Menschen ist antastbar. Berlin, 1995.

Meinhof, Ulrike: „Der Studentenkongress gegen Atomrüstung in Berlin", in : Blätter für deutsche und internationale Politik vom 25.1.1959.

Meinhof, Ulrike: Dokumente einer Rebellion. Hamburg, 1972.

Meinhof, Ulrike: Bambule. Fürsorge für wen?. Berlin, 1971.

Sekundärliteratur:

Arbeitsgruppe „Kommunistische Infiltration und Machtkampftechnik" im Komitee „Rettet die Freiheit", Verschwörung gegen die Freiheit. Die kommunistische Untergrundarbeit in der Bundesrepublik. München, 1960.

Bulletin des Presse- und Informationsamtes der Bundesregierung 40 vom 28.02.1959.

Ditfurth, Jutta: Ulrike Meinhof. Die Biographie. Berlin, 2007.

Görtemaker, Manfred: Geschichte der Bundesrepublik Deutschland. Von der Gründung bis zur Gegenwart. München, 1999.

Krebs, Mario: Ulrike Meinhof. Ein Leben im Widerspruch. Hamburg, 1991.

Kraushaar, Wolfgang: Rudi Dutschke, Andreas Baader und die RAF. Hamburg, 2005.

Peters, Butz: Tödlicher Irrtum. Die Geschichte der RAF. Frankfurt am Main, 2008.

Peters, Butz: RAF: Terrorismus in Deutschland. Stuttgart, 1991.

Prinz, Alois: Lieber wütend als traurig. Die Lebensgeschichte der Ulrike Meinhof. Weinheim, 2003.

Reich-Ranicki, Marcel: Mein Leben. München, 2000.

Röhl, Klaus Rainer: Fünf Finger sind keine Faust. Köln,1974.

Soell, Hartmut: Helmut Schmidt 1918-1969. Vernunft und Leidenschaft. München, 2003.

Vertrag über die Beziehungen zwischen der BRD und den drei Mächten in der Fassung vom 23.10.1954, BGBl. 1955 II S. 305-311, Politisches Archiv des Auswärtigen Amts, Vertragsarchiv.

Wesemann, Kristin: Ulrike Meinhof. Kommunistin, Journalistin, Terroristin- eine politische Biographie. Baden-Baden, 2007.

http://www.peterhall.de/history/bundestag1958/bt01.html (Stand: 15.08.2014)

„Sie hätten nicht die Macht, wenn sie nicht die Mittel hätten, die Schweine." Eine diachronische Analyse der Sprache von Ulrike Meinhof unter dem Aspekt ihrer Radikalisierung

Daniel Hitzing, 2009

Einleitung

Wenn Ulrike Marie Meinhof von Bullen und Schweinen sprach, war klar, dass nicht von Tieren die Rede war. Doch wie ist es zu deuten, wenn sie im „Spiegel" vom 15. Juni 1970 zitiert wird mit: „Und wir sagen, natürlich, die Bullen sind Schweine, wir sagen, der Typ in Uniform ist ein Schwein, das ist kein Mensch, und so haben wir uns mit ihm auseinander zu setzen. [...] Natürlich kann geschossen werden."[592] Während im „Konzept Stadtguerilla" vom April 1971 zu lesen ist: „Wäre unsere Praxis so überstürzt wie einige Formulierungen dort [gemeint ist der zuvor zitierte Spiegelausschnitt], hätten sie uns schon."[593] und „Wir schießen, wenn auf uns geschossen wird. Den Bullen, der uns laufen läßt, lassen wir auch laufen."[594]

Handelte es sich dabei um eine Entradikalisierung der Sprache, da Meinhof zuvor gemachte Aussagen relativierte?

„Wenn das System tabu ist, ist die Ordnung in Ordnung, weiß der Teufel, wer die Polizei entmenscht hat."[595], heißt es sarkastisch in „konkret" Nr.4/1968. Hier bezeichnet sie die bundesdeutsche Ordnungsmacht noch als Polizei, bevor sie diese drei Jahre später selbst entmenschlicht. Handelt es sich dabei um einen Einzelfall oder radikalisierte sich die Sprache von Ulrike Meinhof generell in den Jahren 1968-1971? Handelt es sich doch nicht um eine gemäßigtere Sprache?

Diesen Fragen soll im Folgenden auf den Grund gegangen werden. Als erster Schritt werden dazu der Forschungsstand und die Quellenlage kurz gesichtet, woraufhin der Versuch einer theoretischen Verortung gemacht werden soll. Wenn die Radikalisierung der Sprache untersucht wird, erfordert es einer Beschreibung dessen, was im Rahmen dieser Arbeit unter dem Begriff der Radikalisierung zu verstehen ist. Der letzte Abschnitt des theoretisch-methodischen Teils beschäftigt sich mit den sprachanalytischen Methoden, die im vierten Kapitel ihre Anwendung finden.

---

[592] Der Spiegel [Hg.], „Natürlich kann geschossen werden". Ulrike Meinhof über die Baader-Aktion, in: Der Spiegel 25 (1970), S. 75.

[593] Rote Armee Fraktion, Das Konzept Stadtguerilla, in: ID-Verlag [Hg.], Rote Armee Fraktion. Texte und Matrialien zur Geschichte der RAF, Berlin 1997, S. 27.

[594] Ebd., S. 30.

[595] Meinhof, Ulrike Marie, Wasserwerfer – auch gegen Frauen. Student und Presse. Eine Polemik gegen Rudolf Augstein und Konsorten, in: Dies., Deutschland Deutschland unter anderm. Aufsätze und Polemiken, Berlin 1995, S. 133.

Da die zu analysierenden Texte in unterschiedlichen Lebensabschnitten entstanden, ist anschließend ein Blick auf den zeithistorischen Kontext notwendig. Im Fokus steht dabei besonders die Situation während der Entstehung und Veröffentlichung der Texte, da zwischen Kontext und Text ein reziproker Zusammenhang besteht, der nicht unberücksichtigt bleiben sollte.

Der zentrale Teil der Arbeit ist die Textanalyse. Die Auswahl fiel nicht leicht, da Meinhof, aufgrund ihrer journalistischen Tätigkeit und da sie neben Horst Mahler die Haupttheoretikerin der RAF war, sehr viele Texte produzierte. Nicht berücksichtigt werden die Schriften, die sie als Studentin im Zuge der Anti-Atom-Bewegung veröffentlichte. Aus ihrer Zeit bei der linksgerichteten Zeitschrift „konkret", bei der sie von 1960-1964 Chefredakteurin war und danach weiterhin für die Zeitschrift Kolumnen schrieb, soll ein Text exemplarisch analysiert werden. Hierzu eignet sich meiner Meinung nach besonders gut der Artikel „Wasserwerfer – auch gegen Frauen. Student und Presse Eine Polemik gegen Rudolf Augstein und Konsorten"[596] („Wasserwerfer"), weil er zum einen sehr viele Merkmale beinhaltet, die sich auch in ihren anderen Aufsätzen für „konkret" zeigen und zum anderen, da er strukturelle und thematische Ähnlichkeiten zu dem Vergleichstext aufweist. Bei diesem handelt es sich um das „Konzept Stadtguerilla", das als theoretische Grundlage[597] der RAF gelten kann und im April 1971 veröffentlicht wurde.

Zwischen den Texten stehen zentrale Ereignisse, die eine Radikalisierung der Sprache bewirkt haben könnten. „Wasserwerfer" und das „Konzept Stadtguerilla" umschließen den Gang in den Untergrund und die Konstituierungsphase der RAF.

Ziel dieser Arbeit ist es primär, zu analysieren, inwiefern sich die Sprache von Ulrike Meinhof im Zeitraum 1968-1971 veränderte. Zwar liest man vielfach, dass sie sich selbst oder dass sich ihre Sprache radikalisiert habe, so beispiels-

---

[596] Ebd., S. 130-137.

[597] Eigentlich handelt es sich um den Versuch eines Theorieentwurfes, da die RAF überwiegend von anderen Theoretikern Gedanken übernahm und probierte diese zu einem Ganzen zusammenzufügen. Fetscher u.a. bezeichnen dies als „selektive[n] Umgang mit politischen Theorien": Fetscher, Iring, u.a., Ideologien und Strategien (Analysen zum Terrorismus, Bd. 1), Opladen 1981, S. 181.

weise bei Peter Mertz: „Ihre Sprache wird polemischer, radikaler, emotionel-
ler"[598], wissenschaftlich fundiert wird die These aber nirgendwo.

Weiterführende Fragestellungen, die aus den gewonnenen Ergebnissen folgen,
sollen im Fazit kurz aufgeworfen und angerissen werden.

---

[598] Mertz, Peter, Weder Gnade noch freies Geleit. Ulrike Meinhof – Der Amoklauf einer enttäuschten Idealistin, in: Lutherische Monatshefte 10 (1994), S. 37. Hierbei sei noch ange-
merkt, dass der Aufsatz von Mertz generell wissenschaftlichen Ansprüchen nicht genügt.

Theorie und Methode

Quellenlage und Forschungsstand

Die Quellenlage zu Ulrike Meinhofs Schriften ist außerordentlich gut. Dies liegt zum einen an den zwei Anthologien mit ihren „konkret"-Texten, die vom Wagenbach-Verlag[599] herausgegeben wurden.[600] Zum anderen wurden die Texte der RAF durch eine ausführliche Sammlung des ID-Verlags leicht zugänglich gemacht.[601] Neben der gedruckten, steht auch eine digitalisierte Ausgabe der Dokumente zur Verfügung.[602]

Die Literatur, in der explizit auf die Texte der RAF oder von Ulrike Meinhof eingegangen wird, ist recht überschaubar. Zunächst sei die vom Bundesministerium des Innern herausgegebene Schriftenreihe „Analysen zum Terrorismus" und dabei vor allem die Bände „Ideologien und Strategien"[603] und „Lebenslaufanalysen"[604] erwähnt. Der Erstgenannte beschäftigt sich schwerpunktmäßig mit dem Versuch der RAF, eine eigene Ideologie zu entwickeln. Hierzu werden die Texte der RAF systematisch untersucht, wobei der Schwerpunkt nicht auf der sprachlichen, sondern auf der inhaltlichen Ebene liegt. Der Band „Lebenslaufanalysen" widmet sich dahingegen auch der sprachlichen Komponente und zeigt die psychologischen Auswirkungen der Sprache und des Denkens auf Rezipienten und die Gruppe selbst. Methodisch konzentriert sich die Analyse neben dem Inhalt und der Argumentation auf eine quantitative Analyse einzelner Wörter.

---

[599] Bei Wagenbach erschien 1971 auch das Skript zu Meinhofs vorerst nicht gesendeten Fernsehbeitrag „Bambule": Meinhof, Ulrike, Bambule. Fürsorge – Sorge für wen?, Berlin 1971.

[600] Meinhof, Ulrike Marie, Die Würde des Menschen ist antastbar. Aufsätze und Polemiken, Berlin 1981 und Dies., Deutschland Deutschland unter anderem. Aufsätze und Polemiken, Berlin 1995.

[601] ID-Verlag [Hg.], Rote Armee Fraktion. Texte und Materialien zur Geschichte der RAF, Berlin 1997.

[602] Ebd., http://www.nadir.org/nadir/archiv/PolitischeStroemungen/Stadtguerilla+RAF/RAF/raftexte+materialien.PDF, Letzter Zugriff: 25.03.2009.

[603] Fetscher, Iring, u.a., Ideologien und Strategien (Analysen zum Terrorismus, Bd. 1), Opladen 1981.

[604] Jäger, Herbert, u.a., Lebenslaufanalysen (Analysen zum Terrorismus, Bd. 2), Opladen 1981.

So setzen sich die beiden Arbeiten zwar mit den Texten und deren Sprache auseinander, jedoch unterscheiden sich die Untersuchungsfelder und teilweise auch die Methoden von denen der vorliegenden Untersuchung.

Berendse[605], Musolff[606] und Hecken[607] legen ebenfalls ihren Fokus auf die Sprache, vor allem auf die sprachlichen Motive der RAF, weshalb sie eher einen literaturwissenschaftlichen als einen linguistischen Ansatz verfolgen.[608]

Dieser Zugriff wird dahingegen von Miller[609] gewählt. Er untersucht die sprachliche Komponente terroristischen Handelns, die für ihn ein politisches Werkzeug der Legitimation darstellt. Ziel seiner lexikalisch-semantischen und syntaktischen Analyse ist es, auf die Persuasivität und die Manipulierbarkeit durch die RAF-Sprache aufmerksam zu machen. Sein zentrales Untersuchungsfeld ist das „naming", die Benennung. Damit stellt er heraus, inwiefern die RAF-Sprache unterschiedlich auf die Rezipienten wirkte, je nachdem ob die gewählten Begriffe als negativ oder positiv konnotiert aufgefasst wurden. Weil sein Schwerpunkt auf der RAF und nicht auf Ulrike Meinhof liegt, wählt er Texte aus den Jahren 1972 bis 1982.

Schließlich soll noch auf Klaus Hubers unveröffentlichte Magisterarbeit „Rhetorisch-semiotische Analyse der journalistischen Texte (1959-1969) von Ulrike Meinhof" aus dem Jahr 1995 hingewiesen werden. Leider konnte keine Einsicht in dieses Forschungsprojekt genommen werden. Es ließ sich lediglich ein Hinweis darauf in Jürgen Seiferts Aufsatz „Ulrike Meinhof"[610] finden.

Definition von „Radikalisierung"

Vom lateinischen „radix" (Wurzel) stammend, findet das deutsche Fremdwort „radikal" in verschiedenen wissenschaftlichen Disziplinen Anwendung. Die

---

[605] Berendse, Gerrit-Jan, Schreiben im Terrordrom. Gewaltcodierung, kulturelle Erinnerung und das Bedingungsverhältnis zwischen Literatur und RAF-Terrorismus, München 2005.

[606] Musolff, Andreas, Krieg gegen die Öffentlichkeit. Terrorismus und politischer Sprachgebrauch, Opladen 1996.

[607] Hecken, Thomas, Avantgarde und Terrorismus, Rhetorik der Intensität und Programme der Revolte von den Futuristen bis zur RAF, Bielefeld 2006.

[608] Die Suche nach Motiven und Topoi ist ein Forschungsgebiet der Literaturwissenschaft.

[609] Miller, Bowman Howard, The language component of terrorism strategy. A text-based, linguistic case study of contemporary german terrorism, Washington 1983.

[610] Seifert, Jürgen, Ulrike Meinhof, in: Kraushaar, Wolfgang, Die RAF und der linke Terrorismus. Band 1, Hamburg 2006, S. 350-371. Der Hinweis auf Huber befindet sich auf Seite 363.

Linguisten bezeichnen mit dem Substantiv „Radikal" Laute, die an der Zungenwurzel artikuliert werden, Sinologen sehen in einem Radikal die Grundkomponente eines chinesischen Schriftzeichens, der Chemiker bezeichnet Atome oder Moleküle, die ein oder mehrere ungepaarte Elektronen haben als Radikale und auch in der Mathematik, Politikwissenschaft, Philosophie und Geschichtswissenschaft gehören „radikal", „Radikal", „Radikalität" oder „Radikalismus" zu den Fachtermini.

Der politische Begriff des Radikalismus gewinnt im Vormärz besonders an Popularität und ist seitdem stark mit der programmatischen und ideologischen Ausrichtung politischer Parteien verbunden.[611] Die Rolle des Begriffs „Radikalismus" im Bereich der Ideologie wird im „Historischen Wörterbuch der Philosophie" näher beleuchtet. Demnach gehöre der Terminus Radikalismus zum politisch-politologischen Wortschatz des Marxismus-Leninismus.[612]

Diese Auswahl an Feldern, in denen das Wortfeld „radikal" auftritt, hat bereits gezeigt, dass es sich dabei um ein komplexes Konstrukt handelt. So wird auch in den „Geschichtliche[n] Grundbegriffen" darauf hingewiesen, dass „radikal" nicht genau definierbar ist und dass die Zuschreibung „radikal" von der Perspektive des Zuschreibenden ausgeht und somit eine subjektive Interpretation des Zugeschriebenen ist.[613]

Doch wie bringen einen diese einzelnen Aspekte einer Arbeitsdefinition des Begriffs „Radikalisierung" näher – zumal, da von „Radikalisierung" bisher noch nicht die Rede war? Um die Bedeutung von „Radikalisierung" zu verstehen, ist es zunächst hilfreich, sich den Wortbildungsprozess anzuschauen. Das Adjektiv „radikal" deriviert mit dem Verbalisierungssuffix „-visier" zum Verb „radikalisieren", was mit dem Substantivierungssuffix „-jung" zu „Radikalisierung" deriviert.[614]

Nach der doppelten Suffigierung ist also ein Nomen entstanden, das den Prozess bezeichnet, der zu dem ursprünglichen Adjektiv hinführt, sprich: Nach der Radikalisierung ist etwas oder jemand radikal. Berücksichtig man nun die

---

[611] Wende, Peter, s.v. Radikalismus, in: Geschichtliche Grundbegriffe 5 (1984), S. 125 ff.

[612] Goerdt, Wilhelm, s.v. Radikalismus II, in: Historisches Wörterbuch der Philosophie 8 (1992), Sp. 13.

[613] Wende, Radikalismus, S. 113.

[614] Eisenberg, Peter, Grundriss der deutschen Grammatik. Band 1: Das Wort, Stuttgart 2006, S. 247-301.

Wortherkunft von „radikal", die von Marx als „[…] die Sache an der Wurzel fassen"[615] gedeutet wurde, hat eine Radikalisierung der Sprache vornehmlich Auswirkungen auf der semantischen Ebene. Hierbei sind jedoch im Zusammenhang mit einer Radikalisierung von Meinhofs Sprache mehrere Möglichkeiten der Deutung gegeben:

1) Eine Radikalisierung läge vor, wenn sie sich auf ihre eigenen sprachlichen Wurzeln bezöge. Dieser Fall wäre gegeben, wenn kein Wandel der Sprache vorhanden wäre. Das kann jedoch ausgeschlossen werden, da aufgrund der These, dass sich ihre Sprache gewandelt hat, diese Prämisse einer contradictio in adjecto gleichkäme.

2) Eine Radikalisierung läge vor, wenn sie sich auf die sprachlichen Wurzeln bezöge, die der Inhalt vorgibt. Dies bedeute, dass sie sich, wenn sie von kommunistischen Themen spricht, der Sprache anderer kommunistischer Theoretiker, wie Marx oder Lenin bediene. Dies soll nicht ausgeschlossen werden, jedoch trifft eine solche Definition von Radikalisierung nicht das, was wir heute unter diesem Begriff verstehen.

Das Wörterbuch der Gegenwartssprache führt unter dem Stichwort „radikal" vier verschiedene Definitionen an, wovon die dritte („einen politisch-ideologischen Radikalismus vertretend") und vierte („eine fortschrittliche, revolutionäre politisch-ideologische Denk- und Handlungsweise konsequent vertretend") einen Querverweis auf „Radikalisierung" geben.[616] Letztere Deutung des Begriffes scheint mir für den zeithistorischen Kontext der RAF, aber nicht für die vorliegende Problematik zutreffend zu sein.

Da keine allgemeingültige Definition für „Radikalisierung" vorliegt, die den Bereich der Sprache mitberücksichtigt, muss sie im Rahmen der Methodik selbst erarbeitet werdet. Dazu sollen verschiedene Indikatoren zugrundegelegt werden[617], die eine Radikalisierung der Sprache anzeigen können, was im folgenden Kapitel geschieht.

---

[615] Marx, Karl, Zur Kritik der Hegelschen Rechtsphilosophie, in: Marx, Karl, Friedrich Engels, Werke (Bd. 1), Berlin 1970, S. 385.

[616] Klappenbach, Ruth [Hg.], s.v. radikal, in: Wörterbuch der deutschen Gegenwartssprache 1974 (Bd. 4), S. 2928.

[617] Vgl. dazu das Indikatorraster bei Steinmetz, Willibald, Das Sagbare und das Machbare. Zum Wandel politischer Handlungsspielräume England 1780-1867, Stuttgart 1993, zugl. Dissertation Bielefeld 1990, S. 34-40.

Grundlegend geht die Arbeit von Waldmanns These aus, dass Terrorismus „primär eine Kommunikationsstrategie"[618] sei. Diese Feststellung scheint in der Wissenschaft als unumstritten zu gelten[619], muss aber für den vorliegenden Sachverhalt ein wenig modifiziert werden. Waldmann sieht das kommunikative Moment überwiegend im terroristischen Akt selbst. Bei den Anschlägen der RAF mag dies auch zutreffen, doch sollte nicht unberücksichtigt bleiben, dass ein Großteil der Aktionen von 1970 bis Ende 1971 hauptsächlich dem Aufbau einer klandestinen Struktur diente. Stattdessen müssen die unzähligen Erklärungen und Manifeste ebenfalls als Kommunikationsstrategie gesehen werden. Die Modifikation Waldmanns These besteht somit darin, dass nicht nur der terroristische Gewaltakt, sondern auch die klassischen Wege der Kommunikation – das Veröffentlichen einer Botschaft – mit berücksichtigt werden. Dabei verlagert sich der Aspekt der Gewaltanwendung von der Ebene der Aktion auf die der Artikulation.[620]

Bei einer sprachwissenschaftlichen Untersuchung, die das Motiv der Radikalität näher beleuchten möchte, fällt der Blick zunächst auf die Fülle der literaturwissenschaftlichen Theorien.[621] Doch weder der Dekonstruktivismus noch die Diskursanalyse und selbst die Hermeneutik, die als „Grundlagentheorie der Literaturwissenschaft"[622] gilt, liefern für die Fragestellung brauchbare Ansätze, da im Vordergrund dieser Theorien das Verstehen und Interpretieren liegt.

Auch die geschichtswissenschaftlichen Theorien erweisen sich als unzulänglich. Zunächst scheint ein mikrohistorischer Ansatz gewinnbringend, da es um die Analyse von Texten einer einzelnen Person geht. Bei genauerer Betrachtung

---

[618] Waldmann, Peter, Terrorismus. Provokation der Macht, München 1998, S. 12 f.

[619] Vgl. Weinhauer, Klaus, Jörg Requate, Einleitung: Die Herausforderung des „Linksterrorismus", in: Dies., Heinz-Gerhard Haupt [Hgg.], Terrorismus in der Bundesrepublik. Medien, Staat und Subkulturen in den 1970er Jahren, Frankfurt am Main 2006, S. 9-32.

[620] Zu sprachlicher Gewalt vgl. Krämer, Sybille, Sprache als Gewalt oder: Warum verletzen Worte?, in: Hermann, Steffen, Sybille Krämer, Hannes Kuch, Verletzende Worte. Die Grammatik sprachlicher Missachtung, Bielefeld 2007, S. 31-48 und Zimmermann, Rüdiger, Gewalt in der Sprache und durch Sprache, in: Diekmannshenke, Hajo, Josef Klein [Hgg.], Wörter in der Politik. Analysen zur Lexemverwendung in der politischen Kommunikation, Opladen 1996, S. 103-121.

[621] Vgl. Fußnote 17.

[622] Jahraus, Oliver, Literaturtheorie. Theoretische und methodische Grundlagen der Literaturwissenschaft, Tübingen 2004, S. 247 f.

muss man jedoch feststellen, dass im Fall des „Konzept Stadtguerilla" die Texte für die gesamte Gruppe stehen und vor der Veröffentlichung von mehreren Mitgliedern der RAF durchgesehen wurden. Inwiefern Korrekturen vorgenommen wurden, ist nicht rekonstruierbar, jedoch wird davon ausgegangen, dass diese marginal waren, sodass die Hauptautorschaft problemlos Ulrike Meinhof zugeschrieben werden kann. Insgesamt wäre die folgende Analyse eher auf der Meso-Ebene anzusiedeln und entzieht sich dem Zugriff der Mikrohistorie.[623]

Ebenfalls als unbefriedigend erweisen sich ein ideengeschichtlicher oder ein begriffsgeschichtlicher Ansatz, wie Willibald Steinmetz bei seiner Analyse englischer Parlamentsreden bereits anmerkt.[624] Stattdessen schlägt er eine Untersuchung „auf der Ebene elementarer Sätze"[625] vor und bewegt sich damit im Bereich der Linguistik, genauer gesagt in der Politolinguistik.

Dieser Forschungszweig entwickelte sich nach den Zweiten Weltkrieg und untersuchte zunächst schwerpunktmäßig die Sprache des Nationalsozialismus und in vergleichender Perspektive die politische Sprache der beiden Staaten des geteilten Deutschlands. Später, in den 1970er und 1980er Jahren öffnete sich das Forschungsfeld einer allgemeinen linguistischen Untersuchung politischer Sprache. Größtenteils bleiben der vorliegenden Arbeit auch die Zugänge der Politolinguistik verschlossen, da sie sich vornehmlich mit der Sprache über Politik und von Politikern beschäftigt.[626] Lediglich die Termini „Ideologiesprache" und „Schlagwort" erweisen sich als hilfreich und bedürfen der näheren Erläuterung: Nach Dieckmann umfasst der Begriff „Ideologiesprache" die „Bezeichnungen für die politische Doktrin und Miranda".[627] Vom lateinischen „mirandus" – wunderbar – stammend, meint „Miranda" die Sprachelemente, die den Empfänger dazu anregen das Gesprochene oder Geschriebene zu bewundern. Meinhofs „Konzept Stadtguerilla" lässt sich in den Bereich der Ideologiesprache, genauer

---

[623] Vgl. die Unterteilung im Makro-, Meso- und Mikroebene bei Della Porta, Donatella, Politische Gewalt und Terrorismus: Eine vergleichende und soziologische Perspektive, in: Weinhauer, u.a. [Hgg.], Terrorismus, S. 39-54.

[624] Vgl. Steinmetz, Das Sagbare, S. 30-34.

[625] Vgl. ebd.

[626] Zur genaueren Gliederung des Forschungsfeldes vgl. Burkhardt, Armin, Politolinguistik – Versuch einer Ortsbestimmung, in: Klein, Josef, Hajo Diekmannshenke [Hgg.), Sprachstrategien und Dialogblockaden. Linguistische und politikwissenschaftliche Studien zur politischen Kommunikation (Sprache Politik Öffentlichkeit, Bd. 7), Berlin 1996, S. 81.

[627] Dieckmann, Walther, Sprache in der Politik. Einführung in die Pragmatik und Semantik der politischen Sprache, Heidelberg 1975, S. 50.

gesagt in die Subkategorie des „ideologischen Jargons" einordnen. Dies wird deutlich, wenn man sich die von Schumann zugrundegelegten Merkmale dieser Unterkategorie genauer anschaut. Sie umfassen

Die spätere Analyse der Texte konzentriert sich zwar nicht primär auf die Einordnung in die Kategorie des „politischen Jargons", jedoch wird sich zeigen, dass einige Merkmale dieser Gattung auf die Sprache von Ulrike Meinhof zutreffen.

Während der Begriff der „Ideologiesprache" eine gattungstheoretische Verortung der Texte ermöglicht, dient das „Schlagwort" zur Konkretisierung der methodischen Begrifflichkeiten. Dabei soll unterschieden werden zwischen Hochwert- und Unterwertwort, Fahnen- und Stigmawort. Die beiden Elemente des ersten Begriffspaares bezeichnen dabei grundsätzliche gesellschaftliche Werte. Während die Signifikate der Hochwertwörter anstrebenswert erscheinen, ist das, was die Unterwertwörter benennen, eher abzulehnen. Nicht zu den grundsätzlichen, sondern zu den ideologischen Schlagwörtern gehören die Fahnen- und Stigmawörter, wobei das eine wiederum positive, das andere hingegen negative Konnotationen besitzt. Das „Fahnenwort" stellt meistens den programmatischen Standpunkt der eigenen Partei dar, während das „Stigmawort" dazu dient, die gegnerische Partei, sowie deren Programme und Mitglieder zu diffamieren.[629] Wie bei den meisten politolinguistischen Untersuchungen hat diese Bestimmung der Begrifflichkeiten die Analyse von Politikerreden zum Gegenstand. Deshalb muss die Sichtweise geöffnet werden, indem die Begriffsdefinitionen um die Sprache „außerparlamentarischer politischer Akteure"[630] erweitert werden. Dass

---

[628] Straßner, Erich, Ideologie – SPRACHE – Politik. Grundfragen ihres Zusammenhangs (Konzepte der Sprach- und Literaturwissenschaft, Bd. 37), Tübingen 1987, S. 24.

[629] Liphardt, Elizaveta, Aporien der Gerechtigkeit. Politische Rede der extremen Linken in Deutschland und Russland zwischen 1914 und 1919 (Reihe Germanistische Linguistik, Bd. 261), Tübingen 2005, S. 13-17.

[630] Die Anführungszeichen sollen darauf aufmerksam machen, dass lediglich die Schriften als politische Aktion gedeutet werden sollen. Eine Wertung terroristischer Gewalttaten als politische Handlung ist darin nicht impliziert und soll im Rahmen dieser Arbeit nicht diskutiert werden.

diese Einteilung der Schlagwörter nicht unproblematisch ist, wird bereits bei Burckhardt[631] deutlich und hinzu kommt, dass eine Einordnung von Wörtern in stark normative Kategorien, höchst subjektiv geschieht. Trotzdem sollen die vorangegangen Begrifflichkeiten bei der Analyse der Semantik der Freund-Feindbezeichnungen verwendet werden, da dadurch eine Kategorisierung der für die Untersuchung relevanten Nomen ermöglicht wird.

Auch wenn die Theorien und Modelle der Politolinguistik größtenteils nicht greifen[632], da es vornehmlich um die Sprache parlamentarischer Politiker untereinander, mit den Medien, den potentiellen Wählern oder um metapolitische Kommunikation geht, so sind doch die Methoden von Wert für die Untersuchung der ausgewählten Texte. Dies zeigt der praxisorientierte Ansatz von Bachem, der einen Unterrichtsentwurf für den Deutschunterricht der Oberstufe entwirft.[633] Dieser Vorschlag sieht die sprachliche Analyse der RAF-Erklärung vom siebten April 1977 anlässlich der Ermordung Siegfried Bubacks vor. Bachem versucht mittels lexikalisch-semantischer und rhetorischer Methoden, als auch mit der Argumentationsanalyse Kommunikations-schwierigkeiten zwischen der RAF und der Sympathisanten-Szene aufzuzeigen.

Auch bei dem hier vorliegenden Fall soll ein kleiner Teil des umfangreichen Methodenrepertoires[634] der (polito)linguistischen Forschung seine Anwendung finden. Nach einer kurzen Einführung in den Inhalt der Texte erfolgt deren Analyse. Diese ist in drei Teilbereiche unterteilt: Semantik, Syntax, Rhetorik und Stil. Wobei klar ist, dass die Untersuchung der Teilbereiche nicht allumfassend geschehen kann. Stattdessen sollen nur wenige Aspekte, die sich für einen Ver-

---

[631] Burckhardt, Politolinguistik, S. 91.

[632] Vgl. beispielsweise das Agitationsmodell von Georg Klaus, das Persuasionsmodell von Josef Kopperschidt, das lexikalisch-argumentative Modell von Horst Grünert oder das Sprachhandlungsmodell von Werner Holly. Einen guten Überblick über die verschiedenen Modelle bietet Girnth, Heiko, Sprache und Sprachverwendung in der Politik. Eine Einführung in die linguistische Analyse öffentlich-politischer Kommunikation (Germanistische Arbeitshefte, Bd. 39), Tübingen 2002, S. 17-28.

[633] Bachem, Rolf, Sprache der Terroristen. Analyse eines offenen Briefes, in: Der Deutschunterricht. Beiträge zu seiner Praxis und wissenschaftlichen Grundlagen 30/5 (1978), S. 61-79.

[634] Vgl. dazu das spezielle „Semiotikmodell für die Darstellung von Ansätzen zur Analyse politischer Texte" bei Burkhardt, Arnim, Sprache in der Politik. Linguistische Begriffe und Methoden, in: Englisch Amerikanische Studien. Zeitschrift für Unterricht, Wissenschaft & Politik 10/3,4 (1988), S. 335. Außerdem die Übersichtsdarstellung der Methoden bei Ebd., S. 336 f. und Burkhardt, Politolinguistik, S. 89 ff.

gleich mit dem Fokus auf eine Radikalisierung von Sprache eignen, berücksichtigt werden.

Bei der lexikalisch-semantischen Untersuchung soll eine Radikalisierung in den Feind- und Freund- beziehungsweise Selbstbezeichnungen aufgezeigt werden. Dazu wird auf der Ebene der Nomen das Verfahren der Schlagwortanalyse exemplarisch angewandt. Eine Radikalisierung läge dann vor, wenn die Verwendung von Stigma- und Hochwertwörtern zunimmt.

Im Rahmen der syntaktischen Erschließung der Texte wird einerseits der Satzbau an sich geprüft. Dabei soll eine Hinwendung zu parataktischen Strukturen als Indikator für eine Radikalisierung gelten. Zum anderen liegt der Fokus verstärkt auf den Verben. Hier soll es jedoch nicht, wie zuvor, um die bedeutungstragende Funktion der Wörter, sondern vielmehr um deren Einheitenkategorien[635] gehen. Hierbei könnte der Wechsel des Modus beispielsweise vom Indikativ oder Konjunktiv zum Imperativ als Indikator für eine Radikalisierung gelten. Wie eine Veränderung des Genus Verbi zu deuten wäre, müsste kontextabhängig im Einzelfall entschieden werden, sodass dies nicht Teil der Untersuchung ist. Des Weiteren werden die Interpunktion und der allgemeine Aufbau der beiden Texte miteinander verglichen. Ein Wechsel von einem strukturierten, hin zu einem unstrukturierten Textaufbau zeugt von einer Radikalität in diesem Bereich. Bei der Interpunktion sollen Ausrufungszeichen als radikal gelten.

Die Analyse von Rhetorik und Stil versucht, den verwendeten sprachlichen Mitteln näher zu kommen. Jedes rhetorische Mittel besitzt eine Funktion, ob es die Metapher ist, die versucht dem Empfänger das Bezeichnete durch Bildhaftigkeit näher zu bringen oder die Hyperbel, die durch Übertreibung das Gesagte verstärken möchte. Eine Radikalisierung auf der Ebene der Rhetorik könnte bei einem unangemessenen Einsatz rhetorischer Mittel liegen. Die Angemessenheit gehört zu den Stilprinzipien der Rhetorik und sorgt für die nötige Kongruenz in Texten, wodurch diese „flüssig" erscheinen. Kongruenzen können auf verschiedenen Ebenen vorliegen: Im Verhältnis von Stil und Autor, von Stil und Empfänger, von Stil und Textsituation und von Stil und Inhalt.[636]

Die letzte Untersuchungskategorie stellt die Argumentationsanalyse dar. Den Gesetzen der Logik folgend besteht die Argumentation aus drei Teilen: Zuerst

---

[635] Eisenberg, Peter, Grundriss der deutschen Grammatik Band 2: Der Satz, Stuttgart 2006, S. 100-136.

[636] Plett, Heinrich, Einführung in die rhetorische Textanalyse, Hamburg 2001, S. 28 f.

wird eine These aufgestellt, die dann versucht wird zu belegen. Aus der Beziehung von These und Beleg wird dann der Schluss, die Konklusion gezogen. Dabei kann es sich um induktive Schlüsse, die von mehreren Beobachtungen ausgehen und allgemeingültige Aussage als Konklusion haben oder um deduktive Schlüsse, die eine allgemeingültige Aussage voranstellen und einen Einzelfall prüfen, handeln.[637] Somit wird im Bereich der Argumentationsanalyse herausgearbeitet, wie Ulrike Meinhof in ihren Texten argumentiert und ob sie dies überhaupt tut.

Eine übersichtliche Auflistung der Bedingungen für eine Radikalisierung gibt die Indikatortabelle im Anhang.

---

[637] Bachem, Rolf, Einführung in die Analyse politischer Texte, München 1979, S. 92-107.

Zeithistorischer Kontext

Die Geschichte der RAF wurde bereits aus verschiedenen Perspektiven, unter anderem auch autobiographisch und journalistisch, beleuchtet. Die folgende Einordnung der Texte in den zeithistorischen Kontext folgt überwiegend den wissenschaftlichen Darstellungen von Neidhardt und Wesemann.[638] Stellenweise wird auf die Ausführungen von Bettina Röhl zurückgegriffen.[639]

Dabei sollen die wichtigsten Zäsuren kurz skizziert werden. Bei der Auswahl der zentralen Ereignisse wurde darauf geachtet, dass die Informationen in Verbindung mit den zu analysierenden Texten stehen. Somit liegt der Fokus auf Ulrike Meinhof, ihren Texten und den in ihren Texten beschriebenen Ereignissen.

Nicht in der Kontextualisierung enthalten, sondern der Hinführung zu den einzelnen Texten dienend, wird in den Kapiteln 4.1.1 und 4.2.1 deren Inhalt genauer beleuchtet.

Studentenbewegung und Journalismus

Klassisch beginnt die Darstellung mit dem Tod Benno Ohnesorgs. Am zweiten Juni 1967 wurde der Student im Rahmen der Anti-Schah-Demonstration von einem Polizisten erschossen. Ulrike Meinhof war zu dieser Zeit Chefredakteurin der Monatszeitschrift „konkret". In ihren Kolumnen nahm sie kritisch Stellung zu den aktuellen gesellschaftlichen und politischen Entwicklungen in der Bundesrepublik Deutschland, doch auch der Krieg in Vietnam war wiederholt ein zentrales Thema in ihren Texten. Im Artikel „Wasserwerfer", der in der Aprilausgabe von „konkret" 1968 erschien, griff sie die bundesdeutsche Presse, auch mit Bezug auf die Ereignisse des zweiten Juni des Vorjahres, an. Sie beschrieb den Schuss auf Ohnesorg als „Knall, der die studentische und die außerparlamentarische Opposition [...] in die große und kleine Öffentlichkeit katapultierte [...]". Meinhofs persönlicher Knall ertönte dann erstmals im Winter 1967/1968 bei dem Bruch mit ihrem Leben in Hamburg. Dort hinterließ sie die

---

[638] Neidhardt, Friedhelm, Soziale Bedingungen terroristischen Handelns. Das Beispiel der „Baader-Meinhof Gruppe" (RAF), in: Baeyer-Katte, Wanda von, u.a., Gruppenprozesse (Analysen zum Terrorismus, Bd. 3), Opladen 1982, S. 318-393 und Wesemann, Kristin, Ulrike Meinhof. Kommunistin, Journalistin, Terroristin – eine politische Biografie (Extremismus und Demokratie, Bd. 15), Baden-Baden 2007, zugl. Dissertation Chemnitz 2007.

[639] Röhl, Bettina, So macht Kommunismus! Ulrike Meinhof, Klaus Rainer Röhl und die Akte Konkret, Hamburg 2007. Ulrike Meinhofs Tochter, Bettina Röhl, stützt sich dabei hauptsächlich auf Aussagen von Zeitzeugen, weswegen die fundierteren Angaben bei Wesemann den Vorzug erhalten.

„konkret"-Redaktion und ihren Mann Klaus Rainer Röhl, der sie mit einer gemeinsamen Bekannten betrogen hatte und von dem sie sich im April 1968 scheiden ließ.[640] Sie ging mit ihrem beiden Töchtern nach Berlin, wo sie mit der Studentenbewegung und außerparlamentarischen Opposition, unter anderem mit Rudi Dutschke, wie auch mit linken Intellektuellen, wie Hans Magnus Enzensberger aus dem Republikanischen Club, in Kontakt kam. Das Jahr 1968 brachte für Meinhof noch zwei wichtige Zäsuren mit sich, die den späteren Lebensweg vorbereiteten. Zum einen das Attentat auf Rudi Dutschke am elften April, wo sich Meinhof an den anschließenden Demonstrationen und Boykott-Aktionen gegen den Springerkonzern beteiligte.[641] Zum anderen der Anschlag vom zweiten April 1968 auf zwei Frankfurter Kaufhäuser durch Gudrun Ensslin, Andreas Baader, Thorwald Proll und Horst Söhnlein, beziehungsweise der am vierzehnten Oktober beginnende Prozess gegen die Täter, bei dem Meinhof als Prozessbeobachterin für „konkret" vor Ort war. Hier lernte sie Ensslin und Baader, sowie dessen Anwalt Horst Mahler kennen, die zusammen mit Meinhof den späteren Führungskern der RAF bildeten.[642]

Weitere persönliche Umwälzungen fanden vor dem Gang in den Untergrund statt. Nachdem sie mithilfe von Bekannten versucht hatte im Mai 1969 den „konkret"-Verlag zu übernehmen, kam es im Anschluss daran zu der sogenannten „Villenstürmer-Aktion", bei der das Haus ihres Ex-Mannes Röhl verwüstet wurde.[643]

Im Verlauf des Jahres 1969 und Anfang 1970 arbeitete sie an dem Fernsehprojekt Bambule[644] und festigte ihren Kontakt zu Baader, Ensslin, Mahler und anderen späteren Mitgliedern der RAF.[645]

RAF und Terrorismus

Baader und Ensslin waren seit November 1969 flüchtig, da sie während des laufenden Revisionsantrags freigelassen worden waren und anschließend nicht zur Nachverhandlung erschienen. Im Februar des Folgejahres fanden sie über Frank-

---

[640] Röhl, Kommunismus, S. 587ff und 604 f.

[641] Wesemann, Meinhof, S. 270-282

[642] Ebd., S. 294-303.

[643] Koenen, Gerd, Das rote Jahrzehnt. Unsere kleine deutsche Kulturrevolution 1967-1977, Köln 2001, S. 386 und Röhl, Kommunismus, S. 604 f.

[644] Ebd., S. 605.

[645] Wesemann, Meinhof, S. 330-335.

reich und Italien Unterschlupf bei Meinhof in Westberlin, bis Baader am zweiten April von der Polizei gefasst wurde.[646] Die Gruppe um Ensslin und Meinhof bereitete sich daraufhin auf die Befreiung Baaders vor, die am 14.05.1970 im Zentralinstitut für soziale Fragen erfolgreich durchgeführt wurde. Meinhof hatte vorgegeben zusammen mit Baader an einem Buch zu arbeiten und hatte zu Forschungszwecken einen Besuch dort erwirkt. Diese Befreiungsaktion markiert gemeinhin die Gründung der RAF, obwohl nicht vergessen werden darf, dass sicherlich im Vorfeld bereits diverse konspirative Treffen stattgefunden haben. Sowohl für die RAF, als auch für Meinhof war die Aktion ein zentrales Ereignis, da sie den endgültigen Bruch, nicht nur persönlich und beruflich, sondern auch mit dem ihr verhassten System markierte.[647]

Daraufhin ging die Gruppe zunächst nach Jordanien, wo sie von der El Fatah, dem militärischen Arm der Palästinensischen Befreiungsarmee (PLO), im militärischen Kampf ausgebildet wurde und verbrachte den Herbst 1970 und das Frühjahr 1971 mit dem Aufbau der klandestinen Organisationsstrukturen. Wozu sie sich mit gefälschten Pässen, Waffen und Sprengstoff ausrüsteten und sich Autos und Wohnungen beschafften.[648]

Nach Mahlers „Die Rote Armee aufbauen" erschien im April 1971, die zweite theoretische Schrift der RAF, das von Meinhof verfasste „Konzept Stadtguerilla". Das restliche Jahr stand ganz im Zeichen des weiteren Aufbaus der Organisation. Hierzu teilten sich die Mitglieder im ganzen Bundesgebiet in kleinere Zellen auf. Meinhof war in ihrer früheren Heimat Hamburg aktiv, während Baader und Ensslin von Frankfurt aus operierten.[649]

Die Hochphase ihrer Aktionen hatte die Gruppe in der sogenannten „Mai-Offensive" des Jahres 1972, bei der vier Menschen starben und 74 verletzt wurden.[650] Im Rahmen dieser, machte die Gruppe mit sechs Sprengstoffanschlägen, unteranderem gegen das Hauptquartier des V. US-Corps in Frankfurt und den Hamburger Sitz des Springer-Verlags, auf sich aufmerksam. Jedoch wurden be-

---

[646] Ebd.

[647] Ebd., S. 334-336.

[648] Ebd., S. 342 f. und Neidhardt, Soziale Bedingungen, S. 327 f.

[649] Ebd., S. 328.

[650] Wesemann, Meinhof, S. 374.

reits im Juni die führenden Köpfe verhaftet – Baader am Ersten[651], Ensslin am Siebten und Meinhof am Fünfzehnten[652], was eine große Niederlage für die RAF bedeuten sollte, da spätere Aktionen weniger politische Signale setzten, sondern sich primär mit der Befreiung der „Kader" beschäftigten.

Meinhof kam als Einzige zunächst in die Haftanstalt Köln-Ossendorf; Baader saß in Schwalmstadt, Ensslin in Essen, Raspe in Köln und Meins in Wittlich ein. Am 28. April 1974 wurden sie dann nach Stammheim verlegt. Nicht nur dort, sondern auch bereits in Köln-Ossendorf wurde Meinhof zeitweise in Isolationshaft[653] festgehalten. Dies bedeutete: Akustische Isoliertheit, Besuch 14-tägig für eine halbe Stunde ausschließlich von Anwälten und Blutsverwandten, Ausgang in einem 40 Meter großen Hof, teilweise Beleuchtung tagsüber und nachts. Diese Praxis wurde in Köln-Ossendorf bis zum März 1973 angewandt, sodass Meinhof „Die Aktion des ‚Schwarzen September' in München" in der Isolationshaft schrieb.[654]

Weitere, für die Geschichte der RAF, jedoch nicht für den Rahmen der Arbeit wichtige Zäsuren waren: Der Tod von Holger Meins im November 1974, die Besetzung der deutschen Botschaft in Stockholm im April 1975, der Prozessbeginn im Mai und der Tod Ulrike Meinhofs in der Nacht vom 8. auf den 9. Mai 1976.

---

[651] Ebd., S. 376 und vgl. auch Zündorf, Irmgard, Claudia Wagner, Chronik 1972, http://www.dhm.de/lemo/html/1972/index.html, Letzter Zugriff: 12.03.2009. Neidhardt nennt hingegen den 2. Juni als Tag der Festnahme.

[652] Wesemann, Meinhof, S. 330. Horst Mahler wurde bereits am 8. Oktober 1970 verhaftet. Siehe ebd., S. 327.

[653] Mitglieder der RAF und Sympathisanten bezeichneten diese Art des Vollzugs auch als „Isolationsfolter".

[654] Wesemann, Meinhof, S. 376-382.

Analyse der zentralen Texte

Wasserwerfer – auch gegen Frauen

Zum Text

Meinhofs Essay[655] „Wasserwerfer" behandelt die gegenseitige Annäherung der Presse im Rahmen der Berichterstattung über die Studentenunruhen.

Meinhofs Aufhänger ist dabei der Tod Ohnesorgs, den sie als Grund für den Ausbruch verschiedener Konflikte in der Bundesrepublik Deutschland sieht: „Endlich gibt es wieder Generationenkonflikte, Konflikte zwischen Männern und Frauen, Meinungsgegnern. Freunden und Feinden"[656]. Als Überleitung zur Kritik an der einseitigen Presseberichterstattung konstatiert sie, dass die bundesdeutschen Medien ein Interesse daran haben, dass gesellschaftliche Konflikte nicht zu Tage getragen werden, da sie darunter nicht leiden und von deren Verschleierung profitieren. Im Folgenden eruiert sie vier Verschleierungsmodelle und belegt diese mit Zitaten aus der Springer- und Regionalpresse sowie aus dem „Spiegel". Das erste Verschleierungsmodell bezieht sich auf die Kritik, dass die Studenten die „bürgerliche Wohlanständigkeit"[657] verletzt haben, was von den eben genannten Medien beanstandet wird.

Verschleierungsmodell zwei bezeichnet sie als „Die Unschuld des Systems"[658]. Meinhof zeigt auf, dass die Studentenunruhen laut der konkurrierenden Zeitungen ein Problem der Studenten selbst seien und der Staat keine Schuld daran trägt. „Das System [zu kritisieren] ist tabu[659]", gelte nach Meinhof als Maxime der bundesdeutschen Presse.

Ähnlich gelagert ist ihre Kritik im dritten Verschleierungsmodell. Hier prangert sie an, dass die Aktionen der Studenten durchweg negativ geschildert werden

---

[655] Vgl. Adorno, Theodor, Der Essay als Form, in: Ders., Noten zur Literatur I, Frankfurt am Main 1973, S. 9-49. Teraoka klassifiziert Meinhofs Kolumnen in „konkret" ebenfalls als Essays, versucht aber auch eine Verbindung zwischen terroristischem Handeln und der Gattung „Essay" aufzuzeigen. Die These, dass es sich bei den RAF-Texten um Essays handelt, lässt sich meines Erachtens jedoch nicht halten. Vgl. Fußnote 269.

[656] Meinhof, Wasserwerfer, S. 130.

[657] Ebd., S. 131.

[658] Ebd., S. 132.

[659] Ebd., S. 133.

und behauptet wird, dass diese „verwirrt"[660] seien. Denn „wenn das System tabu ist, ist die Ordnung in Ordnung [...]"[661].

Bevor sie zur Auswertung ihrer „oberflächliche[n] Analyse"[662] kommt, wirft sie den anderen Zeitungen vor, dass diese das Engagement der Studenten generell gutheißen, aber in andere Bahnen gelenkt wissen wollen. Dies diene nach Meinhof jedoch lediglich der Prävention weiterer Auseinandersetzungen, verschleiere den gesellschaftlichen Konflikt und helfe dem System „besser mit der Opposition fertigwerden"[663] zu können.

Als Fazit ihres Vergleichs stellt sie fest, dass die bundesdeutsche Berichterstattung über die Studentenbewegung näher zusammenrückt, „obwohl es doch große Unterschiede zwischen ‚Spiegel' und Springerpresse gibt, wenn nicht von Studenten die Rede ist [...]"[664]. Begründet wird diese Aussage mit den Ähnlichkeiten in den von ihr skizzierten Verschleierungsmodellen. Die Medien verstünden nicht die Kritik der Studenten an den „bestehenden Herrschaftsverhältnissen"[665] und hätten auch kein Interesse als Sprachrohr der Protestierenden zu gelten, was Meinhof als „Nachrichtenboykott"[666] interpretiert.

Semantik

Der „Feind" in diesem Text ist hauptsächlich die bundesdeutsche Presse, doch auch das Abstraktum „System"[667] taucht stellenweise auf und ist im Fokus von Meinhofs Kritik. Neben der persönlichen Nennung der Autoren Rudolf Augstein[668], Kai Hermann[669], Thilo Koch[670] und des Verlegers Hans Kapfinger[671], nennt Meinhof überwiegend die von ihr zitierten Zeitungen stellvertretend für

---

[660] Ebd., S. 134.

[661] Ebd., S. 133.

[662] Ebd., S. 135.

[663] Ebd., S. 134.

[664] Ebd., S. 136.

[665] Ebd.

[666] Ebd.

[667] Vgl. Ebd., S. 132, 133 und 134.

[668] Ebd., S. 131-136.

[669] Ebd., S. 132 f.

[670] Ebd.

[671] Ebd., S. 133.

die Autoren: „Koblenzer Rhein-Zeitung"[672], „Lübecker Nachrichten"[673], „BZ"[674], „Bild"[675], „Die Zeit"[676], „Berliner Morgenpost"[677], „Neue Ruhr Zeitung"[678], „Hamburger Abendblatt"[679], „Welt am Sonntag"[680], „Passauer Neue Presse"[681] und der „Spiegel"[682].

Innerhalb der angegriffenen Medien differenziert Meinhof nochmal stark. Während Rudolf Augstein stets beim Namen genannt wird, an einer Stelle sogar als „Könnerjournalist"[683] bezeichnet wird und der „Spiegel" in Abgrenzung zur „Bild" und den Regionalzeitungen als liberale Presse[684] oder „die Liberalen"[685] dargestellt wird, fallen die Bezeichnungen der übrigen Medien negativer aus. Neben der neutralen Bezeichnung „Leitartikler"[686] finden sich auch die Etikettierungen „Springerschreiber"[687], „kleine[r] Mann in der Provinz"[688] und „provinzielle Abschreiber"[689], wobei letztere Bezeichnung nicht als Denunziation gesehen werden kann, da Meinhof der Passauer Neuen Presse Plagiatismus nachweisen konnte. Diese Differenzierung wird bereits in dem Untertitel der Überschrift „Eine Polemik gegen Rudolf Augstein und Konsorten"[690] deutlich.

---

[672] Ebd., S. 131, 133 und 134

[673] Ebd., S. 131 und 134.

[674] Ebd., S. 132, 133 und 136.

[675] Ebd., S. 133.

[676] Ebd., S. 132.

[677] Ebd., S. 132 und 135.

[678] Ebd., S. 132 und 133.

[679] Ebd., S. 133 und 134.

[680] Ebd., S. 133.

[681] Ebd.

[682] Ebd., S. 136.

[683] Ebd., S. 135.

[684] Ebd., S. 132 und 135 f.

[685] Ebd., S. 135.

[686] Ebd., S. 131 f.

[687] Ebd., S. 135.

[688] Ebd., S. 131.

[689] Ebd., S. 135.

[690] Ebd., S. 130.

Augstein wird persönlich, die Übrigen werden Konsorten, was eine pejorativ konnotierte Bezeichnung für Mittäter ist, genannt.

Meinhofs Kritik ist jedoch verlagsübergreifend, was sich vor allem in der Beschreibung der Methoden ihrer „Feinde" zeigt: Diese verbreiten laut Meinhof „Rufmordkampagne[n]"[691] und „Märchenbuchargumente"[692], entwickeln „Abwehrmechanismen und Verschleierungsmodelle"[693], rufen zu „Ghettoisierung und Gewalt"[694] auf, plädieren für den Einsatz von „Gummiknüppel[n], Tränengas [..], Judotrupps,"[695] „Wasserwerfern"[696] und verbreiten einen „Nachrichtenboykott"[697], dem sie selber zum Opfer fallen. Ebenso zeuge ihre journalistische Arbeit von „Begriffsstutzigkeit und begriffliche[r] Unschärfe"[698]. Des Weiteren wird dem System unterstellt, dass es den „Polizeiterror" hervorgebracht habe, die Opposition zusammenschlage und schieße.[699]

Hier wird deutlich, dass sich Meinhof verschiedener Stigmawörter bedient. Für den Bereich des Journalismus, der als Maxime die unabhängige und wahrheitsgemäße Berichterstattung hat, sind das vor allem „Rufmord(kampagne)", „Verschleierungs(modelle)", „Begriffsstutzigkeit" und „begriffliche Unschärfe". Auch die Darlegungen der Presse als „Märchenbuchargumente" zu bezeichnen, wertet den Gegner ab, da zu den gattungsprägenden Motiven des Märchens vor allem die Fiktionalität gehört, die wiederum in Zeitungsartikeln unerwünscht ist. Als besonders starke Stigmatisierung kann Meinhofs Vorwurf, dass die Springerpresse zur „Ghettoisierung" aufrufe, gesehen werden, da sie damit versucht eine Analogie zum Nationalsozialismus aufzubauen, wo die Juden, bevor sie in die Konzentrationslager deportiert wurden in sogenannten Ghettos, beispielsweise abgeriegelte Stadtteile, festgehalten wurden.

Bei der Beschreibung des Systems verdient besonders das Stigmawort „Polizeiterror" Beachtung. Vor allem der zweite Teil des Kompositums trägt zur Ab-

---

[691] Ebd.

[692] Ebd., S. 133.

[693] Ebd., S. 131.

[694] Ebd., S. 135.

[695] Ebd., S. 136.

[696] Ebd.

[697] Ebd.

[698] Ebd., S. 135.

[699] Ebd., S. 132.

wertung bei. Terror beinhaltet das Verbreiten von Angst und Schrecken. In der Verbindung von Polizei und Terror führt Meinhof somit eine Aufgabe der Polizei, nämlich die Verhinderung von Terror, ad absurdum und stellt somit die Autorität dieser staatlichen Instanz in Frage.

Bei der Analyse der Freund- und Selbstbezeichnungen lassen sich keine derart umfangreichen Schlüsse ziehen. Obwohl sie nicht explizit ausführt, wen sie als „Freund" betrachtet, wird unter Einbeziehung ihres Kontextes dies doch deutlich. Namentlich erwähnt werden Rudi Dutschke[700], Bahman Nirumand[701] und Benno Ohnesorg[702], jedoch wird auf diese Personen nicht weiter eingegangen. Wenn überhaupt, taucht als einzige Selbstbezeichnung die Nennung der Zeitschrift „konkret"[703] auf.

Der gesamte Komplex der Freund- und Selbstbezeichnung bleibt neutral und frei von Stigma- und Hochwertwörtern. Die einzige Ausnahme bildet die Kritik am eigenen Text, den sie als „oberflächliche, nicht systematische Analyse"[704] bezeichnet. Dies geschieht jedoch lediglich zur Herabsetzung des Gegners, da sie damit aussagen möchte, dass dessen Schwäche bereits bei einer flüchtigen Untersuchung sofort auffalle.

Syntax

Aus der Analyse des Satzbaus im Text „Wasserwerfer" lassen sich keine Elemente erkennen, die auf eine radikale Sprache hindeuten. Überwiegend zeigt sich ein hypotaktischer Satzbau, der vereinzelt von parataktischen Strukturen aufgebrochen wird, wenn sie Ergebnisse ihrer Analyse konstatiert: „Falsche Harmonie geht dabei drauf."[705], „Das System ist tabu."[706]. Stellenweise tauchen jedoch etwas ungewöhnliche Konstruktionen auf, wobei zwei Sätze besonders auffällig sind. Zum einen: „Die Frage nach dem System, das den Polizeiterror in Berlin hervorgebracht hat, nach dem System, das lieber seine Opposition zusammenschlägt und – schießt, als auf die Huldigungen für einen Polizeistaats-

---

⁷⁰⁰ Ebd., S. 130.

⁷⁰¹ Ebd., S. 130 und 136.

⁷⁰² Ebd., S. 130 und 132.

⁷⁰³ Ebd., S. 130.

⁷⁰⁴ Ebd., S. 135.

⁷⁰⁵ Ebd., S. 130.

⁷⁰⁶ Ebd., S. 133.

chef zu verzichten, die Frage nach dem System bleibt tabu.“[707] Hierbei stellt sich für die Analyse weniger die Frage nach dem System, sondern vielmehr nach dem Gedankenstrich. Dieser verkompliziert den Satz dermaßen, dass das Subjekt des Satzes am Ende desselben nochmals aufgegriffen werden muss. Selbstverständlich dient er dazu „schießt“ hervorzuheben, was die Lesbarkeit des Satzes auch kaum beeinflusse, wenn sie nicht noch einen komparativen Nebensatz angeschlossen hätte.

Zweitens: „Dann müssen eben die, die Verwirrung gestiftet haben, Augstein verwirrt haben, verwirrt sein.“[708] Offensichtlich ist auch der Leser zunächst verwirrt, wenn er diesen Satz liest, was dafür spricht, dass diese ungewöhnliche Syntax als stilistisches Mittel zur Unterstreichung der Aussage eingesetzt wird. Irritierend an dem Satz ist, dass Meinhof darauf verzichtet die Beiordnung von „Verwirrung gestiftet haben“ und „Augstein verwirrt haben“ durch ein „und“ kenntlich zu machen. So kann man zunächst denken, dass „Augstein verwirrt haben“ die Weiterführung des Hauptsatzes ist und demnach der Satz dann enden müsste oder zumindest nicht mit „verwirrt sein“ weitergeführt werden kann.

Der Aufbau Meinhofs Essay folgt erwartungsgemäß dem Schema von Einleitung – Hauptteil – Schluss. Dazu dient der Rekurs auf Ohnesorgs Tod als Aufhänger ihrer darauf folgenden Analyse der bundesdeutschen Presselandschaft. Nach der Betrachtung der vier Verschleierungsmodelle subsummiert sie unter der Überschrift „,Spiegel‘, Provinz- und Springerpresse“[709] ihre gewonnenen Ergebnisse. Für den späteren Vergleich der analysierten Texte sei noch darauf hingewiesen, dass der Text nicht mit einem Aufruf zu Aktionen endet. Somit können an dieser Art des Aufbaus keine Besonderheiten aufzeigt werden.

Auch die Wahl der Modi zeugt nicht von Radikalität. Der gesamte Text ist durchweg im Indikativ formuliert. Das Fehlen von Imperativen geht zudem mit dem Fehlen von Ausrufungszeichen einher. Betonungen werden stattdessen durch rhetorische Mittel gesetzt.

Rhetorik und Stil

Wie bereits bei der Analyse der Semantik und Syntax angeschnitten wurde, zeigt sich, dass Meinhof in ihrem Text verschiedene rhetorische Mittel verwendet.

---

[707] Ebd., S. 132.

[708] Ebd., S. 133.

[709] Ebd., S. 135.

Die elliptische Antithese von „Freunden und Feinden."[710] unterstreicht ihre Aussage, dass es endlich wieder Konflikte gebe. Dies wird ebenfalls in der Beschreibung der früheren Unterdrückung von Konflikten verdeutlicht, die sie mit einer metaphorischen Aufzählung darstellt:

> „Endlich wird nicht mehr alles Ärgerliche vertuscht, alles Peinliche verschwiegen, Übelkeit nur mit der Pille erklärt, Trauer mit Kaffee bekämpft, Magenschmerzen mit Pfefferminztee, Depressionen mit Sekt, schale Nüchternheit mit Korn."[711]

Des Weiteren verbildlicht sie den sich vollziehenden Wandel mithilfe der Korrektur einer Metapher aus Curzio Malapartes[712] Roman „Die Haut": „Malapartes Bild von den Hunden mit den offenen Bäuchen, die nicht heulen, weil ihnen die Stimmbänder durchgeschnitten sind, stimmt nicht mehr uneingeschränkt. Es wird wieder – ein bißchen wenigstens – geheult."[713].

Die zentrale Rolle, die der Tod Ohnesorgs in ihrem Text hat, markiert sie in der Hinführung zu ihrer Analyse, indem sie seinen Todestag, den „2. Juni"[714] 1967 anaphorisch in den ersten drei Sätzen des Kapitels „Nicht der Mörder, der Ermordete ist schuldig" anordnet.

Mit dem Kyklos „Die Ordnung ist in Ordnung [...]"[715] führt sie dem Leser ironisch die gesellschaftlichen Probleme vor Augen, da sie damit verdeutlichen möchte, dass die Ordnung keineswegs in Ordnung ist.

Bei dieser Auswahl der auffälligsten rhetorischen Figuren, die im Text auftauchen, sind alle mit einer Funktion verknüpft, sodass ihre Existenz berechtigt und sinnvoll ist. Des Weiteren kann der Stil als angemessen betrachtet werden. Angemessen zum einen in Bezug auf die Textsituation und den Inhalt, da es sich

---

[710] Ebd., S. 130.

[711] Ebd.

[712] Malaparte ist das Pseudonym des italienischen Schriftstellers Kurt Erich Suckert (09.06.1898 -19.07.1957). Er wechselte mehrfach seine ideologische Einstellung. Nach 1944 sympathisierte er mit dem linken politischen Spektrum. „Die Haut" gehörte zu seinen erfolgreichsten Werken und erschien 1950, zwei Jahre nach der Erstausgabe, in deutscher Übersetzung. Vgl. dazu Bochmann, Karl, s.v. Malaparte, in: Lexikon fremdsprachiger Schriftsteller Bd. 2 (1979), S. 360 f.

[713] Ebd.

[714] Ebd., S. 131.

[715] Ebd., S. 133.

um einen Essay handelt, der verlangt, dass die Autorin ihre eigene Position stark macht, wenn nicht sogar leicht überzogen darstellt. Zum anderen steht der Stil auch zum Empfänger in Kongruenz. Der Text erschien in der Zeitschrift „konkret", dessen Leser neben dem Informationsgehalt des Artikels sicherlich ebenso den Unterhaltungswert schätzten, sodass eine allzu trockene Analyse dem Medium nicht gerecht geworden wäre.

Meinhofs Text „Wasserwerfer" beinhaltet einen Hauptargumentationsstrang, der durch vier Nebenargumentationen gestützt wird. Beide Beweisführungen folgen dabei dem induktivem Schema These – Begründung – Schlussfolgerung. Exemplarisch soll dies am Beispiel der Kernthese aufgezeigt werden. Meinhof geht allgemein davon aus, dass diejenigen, „die kein Interesse daran haben, dass gesellschaftliche Konflikte sichtbar werden"[716], dafür sorgen, dass diese nicht publik werden. Dazu bedienen sie sich diverser Mittel, um Spannungen verbergen. Dazu entwickelt sie vier Verschleierungsmodelle, die sie anhand von Belegen aus unterschiedlichen Pressekommentaren prüft. Diese vier Nebenargumentationen sind gleichzeitig die Belege für die Hauptthese. Nachdem sie zeigen konnte, dass ihre Nebenthesen zutreffen, kommt sie zur Schlussfolgerung, in der sie die Hauptthese bestätigt sieht.

Die Argumentationsanalyse sagt freilich nichts über den Wahrheitsgehalt ihrer Konklusionen aus, sondern ist lediglich ein Mittel um die Methode zu bewerten. Somit soll an dieser Stelle nicht geurteilt werden, ob es sich tatsächlich um Verschleierungsmodelle handelte, deren sich die bundesdeutsche Presse bediente. Jedoch kann festgehalten werden, dass sie in ihrem Essay einer logischen, induktiven Argumentationsstruktur folgt.

Das Konzept Stadtguerilla

Zum Text

Das „Konzept Stadtguerilla" verfolgt das Ziel sowohl die Gründung, als auch die Aktionen der RAF zu erklären und zu legitimieren, sowie deren theoretische Basis zu liefern.

Im ersten Abschnitt des Textes versucht Meinhof zunächst Unwahrheiten, die von der Presse und vermeintlichen Mitstreitern verbreitet wurden, richtig zu stellen. Dazu bezieht sie beispielsweise Stellung zu einem Spiegel-Artikel über die RAF, zur Baader-Befreiung und zur Verhaftung Horst Mahlers.

---

[716] Ebd., S. 131.

Anschließend schildert sie die aktuelle politische Situation in der Bundesrepublik Deutschland, wie sie sich für die RAF darstellte. Dabei behandelt sie unter anderem die Ostpolitik der sozial-liberalen Regierung unter Brandt und den Krieg der Vereinigten Staaten von Amerika in Vietnam.

Im dritten Abschnitt thematisiert sie die Studentenbewegung und stellt deren Verdienste heraus, die ihrer Meinung nach vor allem darin lagen, dass sie den Diskurs über den Marxismus-Leninismus wieder entfacht haben und die regional beschränkte Wirkung der „alten Linken" auf eine internationale Ebene gebracht haben. Doch ebenso kritisiert sie die Studentenbewegung, die zwar richtig gehandelt, jedoch die weltweiten Ereignisse um das Jahr 1968 falsch interpretiert habe. Trotzdem stellt sich die RAF in die Tradition der Studentenbewegung.

Nach diesen einleitenden Worten, die hauptsächlich einen Rückblick auf zurückliegende Ereignisse darstellen, schildert sie, wie zukünftige Aktionen geartet sein müssen. In diesem Kontext hebt sie die führende Rolle der Avantgarde hervor, womit sich die RAF zweifelsfrei selbst meint. Ebenso von zentraler Bedeutung sei der hohe Stellenwert der Praxis. Theoretische Stellungnahmen wären von der „alten Linken" bereits ausreichend vorhanden. Da diese jedoch keine „revolutionäre Interventionsmethode"[717] darstellen, müsse gehandelt werden, denn: „Theoretisch den Standpunkt des Proletariats einnehmen, heißt ihn praktisch einnehmen"[718].

Der vorletzte Absatz beschäftigt sich dann mit dem titelgebenden Konzept Stadtguerilla. Dieses Konzept, das den bewaffneten Kampf in Städten vorsieht und sich somit vom eigentlichen Guerillakrieg, der auf dem Land ausgefochten wird, unterscheidet, sei „die revolutionäre Interventionsmethode"[719]. Meinhof beschreibt was der Kampf des Stadtguerilleros beinhaltet und welche Bedeutung er hat. Neben den Verweisen auf Lateinamerika, woher das Konzept stammt, ist vor allem der nochmalige Bezug zum „Primat der Praxis"[720] Thema dieses Abschnittes.

Schließlich setzt sich Meinhof mit dem Gegensatzpaar „Legalität und Illegalität" auseinander. Doch anstatt den eigenen bewaffneten Kampf als illegal anzusehen,

---

[717] RAF, Konzept Stadtguerilla, S. 38 f.

[718] Ebd., S. 40.

[719] Ebd., S. 41.

[720] Ebd., S. 36.

versucht sie der Regierung illegales Handeln vorzuwerfen, was die eigene „Gegengewalt"[721] legitimieren soll. Der Vorwurf gegen die Regierung bezieht sich dabei sowohl auf die Politik der Großen Koalition, die sie als faschistisch, als auch auf die der Brandt-Regierung, die sie als reformistisch bezeichnet. Nach Meinhof sei die reformistische Politik zwar legaler, jedoch versuche diese mit den Reformen die Notwendigkeit einer Revolution zu marginalisieren und sei somit die gefährlichere Politik für die RAF.

Nachdem sie nochmals konzentriert die Konzeption der Stadtguerilla skizziert hat, schließt sie den Text mit den Aufrufen: „Den bewaffneten Kampf unterstützen! Sieg im Volkskrieg!"[722]. Darin werden zwei Prämissen impliziert: Zum einen, dass die RAF die Avantgarde ist, die den bewaffneten Kampf führt und andere lediglich diesen unterstützen sollen. Zum anderen wird bei dem Begriff „Volkskrieg" davon ausgegangen, dass die RAF entweder eine breite Masse hinter sich hat oder, dass zumindest der bewaffnete Kampf große Unterstützung findet.

Semantik

Der erste Satz deutet bereits den hohen Stellenwert der Freund-Feind-Beziehungen im „Konzept Stadtguerilla" an. Das einleitende Mao-Zitat spricht davon, dass eine deutliche Grenze zwischen sich selbst und dem Feind gezogen werden muss.

Die Gegnerschaft bilden zum einen, wie im Text „Wasserwerfer", die Presse und die Medien, zum anderen sind der Staat und die Gesellschaft das Ziel Meinhofs verbaler Attacken.

Die Bezeichnungen für die Medien sind dabei noch neutral. Meinhof spricht von „Zeitungen"[723], „Springerpresse"[724], der „liberalen Presse"[725] oder nennt explizit die Zeitschriften „Konkret"[726] und „Spiegel"[727]. Des Weiteren tritt noch der Be-

---

[721] Ebd., S. 34.

[722] Ebd., S. 48.

[723] Ebd., S. 28.

[724] Ebd., S. 28, 30 und 39.

[725] Ebd., S. 46.

[726] Ebd., S. 28.

[727] Ebd., S. 27.

griff „BZ-Kolumnist“[728] auf. Eduard Zimmermann, der Moderator der Sendung „Aktenzeichen XY – Ungelöst“, wird sogar persönlich genannt.[729]

Wenn sie jedoch deren Methoden beschreibt, ist nicht mehr von einer neutralen Darstellung zu sprechen. Bei den oben genannten Akteuren werden Details „zusammengeschludert“[730], „Fakten verdreht“[731]; außerdem wollen sie „nur Schlagzeilen machen“[732] und nehmen der RAF den „moralischen Wind aus den Segeln“[733]. Das Geschriebene ist für Meinhof „nur Dreck“[734], eine „Wichsvorlage“[735] und, dass es „gelogen ist, ist klar“[736].

Weitaus härter trifft es jedoch den Staat und die Polizei. Zwar lassen sich Formulierungen wie „Bundesrepublik“[737], „Große Koalition“[738], „sozial-liberale Koalition[739]„ und „Polizei“[740] finden; dies ist jedoch nicht der Regelfall. Vielmehr setzt Meinhof auf folgende Bezeichnungen: Die „Herrschenden“[741], „Herrschaftsapparat“[742], „Verbrecher“[743], „Mörder“[744], „Ausbeuter“[745], „Klassenjustiz“[746], „Klassenstaat“[747], „System“[748], „Pigs“[749], „Schweine“[750], „Bourgeoi-

---

[728] Ebd., S. 47.

[729] Ebd., S. 28 und 31.

[730] Ebd., S. 28.

[731] Ebd., S. 29.

[732] Ebd., S. 28.

[733] Ebd., S. 29.

[734] Ebd., S. 28.

[735] Ebd. Häufig waren leicht bekleidete Frauen auf dem Cover von „konkret“ zu sehen. Vgl. Konkret, 4 (1968), worin auch der Text „Wasserwerfer“ erschien.

[736] RAF, Konzept Stadtguerilla, S. 28.

[737] Ebd., S. 30, 31, 32, 33, 34, 35, 37, 41 und 48.

[738] Ebd., S. 32.

[739] Ebd., S. 32, 45.

[740] Ebd., S. 36, 39, 42, 45, 46 und 47.

[741] Ebd., S. 30, 32, 43 und 44.

[742] Ebd., S. 42.

[743] Ebd., S. 44.

[744] Ebd.

[745] Ebd.

[746] Ebd., S. 35, 36, 41, 42, 45 und 47.

[747] Ebd., S. 45.

sie"[751] oder „Monokapital"[752]. Auch in Umschreibungen für die Bundesrepublik Deutschland setzt sich diese Linie fort. So ist die Rede von einem Land „unter post- und präfaschistischen Bedingungen"[753] und einem Land, in dem das „Potential an Gewalt [...] groß"[754] und die „revolutionären Traditionen [...] kaputt und [...] schwach sind."[755].

Der Beamte der Polizei, die oftmals das Attribut „politisch"[756] bekommt, heißt bei Meinhof „Bulle"[757], „kleiner Mann[758], Kapitalistenknecht[759], „kleiner Gehaltsempfänger"[760] oder „Vollzugsbeamter des Monokapitals"[761]. Diese schössen und zwar zuerst, rücksichtslos, gezielt und hätten Genossen fertig gemacht.[762]

Somit wird der Polizist als Werkzeug des Staates dargestellt, wobei dies nicht das einzige Mittel sei, dessen sich die Regierung bediene. Zusätzlich verbreite das System „Terror"[763], beispielsweise in Form von Konsum-, Miet- oder Erziehungsterror[764], bediene sich eines „Disziplinierungsmechanismus"[765], übe „kapitalistischen Ausbeutungsdruck"[766] und „Gewalt"[767] aus, indem es jedes Mittel,

---

[748] Ebd., S. 29, 33, 41, 42, 43 und 48.

[749] Ebd., S. 35. Entlehnt von der Black Panther Party. Vgl. dazu Meinhofs Ausführung gegenüber Michèle Ray: Der Spiegel [Hg.], „Natürlich kann geschossen werden". Ulrike Meinhof über die Baader-Aktion, in: Der Spiegel 25 (1970), S. 75.

[750] RAF, Konzept Stadtguerilla, S. 29.

[751] Ebd., S. 39.

[752] Ebd., S. 30 und 34.

[753] Ebd., S. 35.

[754] Ebd., S. 41.

[755] Ebd.

[756] Ebd., S. 42 und 47.

[757] Ebd., S. 29 f.

[758] Ebd., S. 30.

[759] Ebd.

[760] Ebd.

[761] Ebd.

[762] Vgl. ebd., S. 29 f.

[763] Ebd., S. 33, 47 und 48.

[764] Vgl. ebd., S. 35.

[765] Ebd., S. 33.

[766] Ebd., S. 40.

das zur Verfügung steht, nutze[768]. Des Weiteren nehme es nur Interessen des Kapitals wahr[769], kontrolliere die Publikationsmittel[770], sorge für eine „Verschärfung der Ausbeutung durch Arbeitsintensivierung"[771], sondere Scheiße ab[772] und richte die „Klassenschranke"[773] auf. Seine Methoden seien ein „staatlicher Dirigismus"[774] und „illegale Übergriffe"[775], es handle unter dem „Deckmantel des politischen Reformismus"[776] und seine Aktionen seien nur „Fassade"[777].

Schließlich degradiert sie auch Genossen als „Schwätzer"[778] und der Schriftsteller Günther Grass erhält das Attribut „abgefuckt"[779].

Als Freunde kristallisieren sich einerseits Abstrakta, wie der „Marxismus-Leninismus"[780], der „Internationalismus"[781] oder die „Studentenbewegung"[782], andererseits die „lateinamerikanischen Genossen"[783], die „Linken"[784], „proletarische Organisationen"[785] und das „Proletariat"[786] heraus. Das Verhältnis zu den Studenten und der Linken wird genauer beleuchtet. Im Abschnitt Studentenrevolte hebt sie die Verdienste der Studentenbewegung hervor, indem sie deren „antikapitalistischen Protest", die „Straßenkämpfe", „Brandstiftungen", die

---

[767] Ebd., S. 39, 41 und 42.

[768] Vgl. ebd., S. 43.

[769] Vgl. ebd.

[770] Vgl. ebd.

[771] Ebd., S. 46.

[772] Vgl. ebd., S. 43.

[773] Ebd., S. 47.

[774] Ebd., S. 33.

[775] Ebd., S. 45.

[776] Ebd., S. 46.

[777] Ebd., S. 47.

[778] Ebd., S. 29 und 40.

[779] Vgl. ebd., S. 47.

[780] Ebd., S. 30, 34 und 36.

[781] Ebd., S. 30, 38 und 40.

[782] Ebd., S. 32, 34, 35, 36, 37, 39, 41, 46 und 47.

[783] Ebd., S. 44.

[784] Ebd., S. 30, 35, 36 und 37.

[785] Ebd., S. 31, 36, 37 und 39.

[786] Ebd., S. 33, 37, 39, 40 und 47.

Ausübung von „Gegengewalt" und die „Demonstrationen gegen die amerikanische Aggression in Vietnam" lobend würdigt.[787] Jedoch nimmt sie zu der studentischen „Agitation und Propaganda"[788] auch kritisch Stellung. Sie wirft ihr „grobe Vereinfachung"[789], „theoretische Ungenauigkeiten"[790] und eine „studentischkleinbürgerliche Organisations-form"[791] vor.

Die Linken werden hingegen gar nicht positiv bewertet. Diese sind für Meinhof lediglich „weiße Herren, die sich als die wahren Sachwalter des Marxismus aufspielen"[792], deren „Papierproduktion" eine Sprache habe, die die Mitsprache anderer ausschließe[793] und deren „revolutionären Übergangsforderungen"[794] nichts als „ökonomischer Dreck"[795] seien.

Die Selbstbezeichnung im Konzept Stadtguerilla ist durchweg „Rote Armee Fraktion"[796], was zeigt, dass die Autorin sich dem Kollektiv unterordnet. Dass die Gemeinschaft mehr zählt, als der Einzelne zeigt sich auch an der Bezeichnung „Typ"[797] für Andreas Baader. An einer Stelle im Text heißt es auch, dass sie „Kommunisten"[798] seien.

Viel interessanter ist jedoch die Art und Weise, wie die Methoden der RAF beschrieben werden. Meinhof schreibt zunächst, dass die RAF entweder überhaupt nicht schieße und wenn, dann nicht gezielt.[799] Später jedoch heißt es, dass es sich um „bewaffneten Kampf"[800] und „bewaffnete Propaganda"[801] handle, dass

---

[787] Vgl. ebd., S. 34 f.

[788] Ebd., S. 35, 41 und 45.

[789] Ebd., S. 34.

[790] Ebd., S. 35.

[791] Ebd., S. 36.

[792] Ebd., S. 38.

[793] Vgl. ebd.

[794] Ebd., S. 39.

[795] Ebd.

[796] Ebd., S. 36, 40, 42 und 48.

[797] Ebd., S. 44

[798] Ebd., S. 48

[799] Vgl. ebd., S. 30.

[800] Ebd., S. 31, 34, 41, 42 und 44.

[801] Ebd., S. 44.

es um die „Organisierung eines illegalen Apparats"[802] gehe und, dass das Ziel sei, den Feind zu „destruieren"[803]. Die RAF erklärt das Konzept Stadtguerilla zu der „revolutionäre[n] Interventionsmethode"[804], obwohl sie gleichzeitig zugibt, nicht viel zu wissen[805] und selbst bisher nur wenige Erfolge erzielt zu haben[806]. Außerdem zeugt der Text, aufgrund von Formulierungen, wie „wir behaupten"[807], „wir bezweifeln"[808], oder „wenn es richtig ist"[809], von Unsicherheit.

Somit kann festgehalten werden, dass im Konzept Stadtguerilla Methoden zur Herabsetzung des Gegners angewandt werden. Der Feind wird, zumindest von Meinhofs sozialistischen Standpunkt[810] aus gesehen, sowohl in der Bezeichnung (Ausbeuter, Klassenjustiz, Klassenstaat, Bourgeoisie), als auch in den Methoden (Terror, Disziplinierungsmechanismen, Gewalt, Ausbeutung) mit Stigmawörtern belegt. Zudem bedient sie sich Tiernamen (Bullen, Pigs, Schweine) und der Vulgärsprache (Wichsvorlage, Scheiße, abgefuckt), um den Feind zu beleidigen.

 Das Verhältnis zu den Freunden ist dagegen eher ambivalent. Einerseits sind die Hochwertwörter „Marxismus-Leninismus", „Internationalismus" und „Genossen" zu den Freunden zu zählen und auch die Aktionen der Studenten werden überwiegend mit aus ihrer Sicht positiv konnotierten Wörtern (antikapitalistischer Protest, Gegengewalt) beschrieben. Zusätzlich tauchen aber ebenso negativ besetzte Zuschreibungen auf (Straßenkämpfe, Brandstiftungen, Agitation, Propaganda).

Anders als erwartet ist die Selbstdarstellung nicht durch eine Fülle an Hochwertwörtern gespickt. Abgesehen von der einmaligen Darstellung als „Kommunisten", nennt Meinhof die Gruppe stets beim Namen. Auch bei der Beschreibung ihrer Handlungen sind keine Hochwertwörter zu erkennen, stattdessen

---

[802] Ebd., S. 42.

[803] Ebd.

[804] Ebd., S. 41.

[805] Ebd., S. 42.

[806] Ebd., S. 44.

[807] Ebd., S. 31 und 37.

[808] Ebd., S. 37.

[809] Ebd., S. 40.

[810] Vgl. dazu die Darstellung sozialistischer Kenn- und Schlagwörter bei: Straßner, Ideologie, S. 97-110.

passt deren Darstellung eher in die Kategorie der Stigmawörter (bewaffneter Kampf, Organisation eines illegalen Apparats).

Syntax

Der Anteil an hypotaktischen Sätzen überwiegt zwar, jedoch finden sich auch zahlreiche Sätze in einfacher Bauweise, die in unterschiedlichen Kontexten eingesetzt werden. Dass ein Satz nur aus Subjekt und Prädikat besteht, kommt jedoch nur ein einziges Mal vor: „Sie konsumieren."[811]. Manche Sätze fallen aufgrund ihrer Komplexität besonders auf. Exemplarisch hervorzuheben ist in diesem Rahmen: „Dass fast alles, was die Zeitungen über uns schreiben – und wie sie es schreiben: alles – gelogen ist, ist klar."[812]. Zunächst verwundert es, dass der Hauptsatz, der noch durch ein „es" zu ergänzen wäre, am Satzende auftaucht. Zweitens erschwert die Parenthese die Erschließung des Satzes, deren Binnenstruktur wiederum durch einen Doppelpunkt aufgebrochen wird. Dieses komplexe Satzgefüge ist nicht unbedingt notwendig und hätte beispielsweise durch eine Aufteilung in zwei Sätze vermieden werden können.

Ebenso verhält es sich mit einem Satz, der nur wenige Zeilen später folgt: „Wer hier ‚nur Schlagzeilen machen wollte‘, waren ganz sicher nicht einmal irgendwelche ‚linken Organisationen‘, die – anonym – als Verfasser firmieren, sondern *Konkret* selbst, dessen Herausgeber auch sonst als linke Hand von Eduard Zimmermann Imagepflege betreibt, um diese bestimmte Wichsvorlage in einer bestimmten Marktlücke zu behaupten."[813]. Hier lässt sich ein Hauptsatz mit fünf Nebensätzen und einer Parenthese finden, was es schwierig macht auf Anhieb die Bezugswörter der Objekte und Pronomen zu erschließen. Dieser komplizierte Satzbau hätte problemlos umgangen werden können und vor allem müssen, da eine stilistische oder rhetorische Funktion nicht erkennbar ist.

Zufällig ist, dass sich in den beiden ausgewählten Sätzen Gedankenstriche befinden. Nicht zufällig scheint jedoch der gehäufte Einsatz dieses Satzzeichens im gesamten Text. Oftmals wird der Gedankenstrich benutzt, obwohl ebenso gut ein Komma hätte gesetzt werden können, wodurch der Text Züge von Mündlichkeit erhält.

---

[811] Ebd., S. 29.

[812] Ebd., S. 28.

[813] Ebd.

Ebenso sei im Bereich der Interpunktion auf die Verwendung von Ausrufungszeichen hingewiesen. Von diesen setzt Meinhof insgesamt drei Stück selber, wovon eines im Schlussteil auftaucht und die anderen sogar die letzten beiden Sätze des Textes beenden, wodurch das „Konzept Stadtguerilla" eine appellative Wirkung bekommt. Zusätzlich tritt dieses Satzzeichen zwar noch an weiteren Stellen, dann aber immer als Zitat, auf, weshalb diese Fälle nicht weiter beachtet werden.[814]

Der allgemeine Aufbau des Textes ist strukturiert. So unterteilt Meinhof den Text in sechs verschiedene Abschnitte mit jeweils eigener Überschrift. Jedem dieser Absätze steht ein Zitat voran, welches von Mao Tse Tung oder Il Manifesto[815] stammt. Auffällig ist lediglich, dass sie stellenweise zitieren zu scheint, aber die Quelle nicht angibt, wie beispielsweise in dem Satz: „Wir machen nicht ‚rücksichtslos von der Schußwaffe Gebrauch'."[816]. Anders verhält es sich jedoch, wenn sie Lenin zitiert: „‚Wenn ihr allerdings wissen wollt, was die Kommunisten denken, dann seht auf ihre Hände und nicht auf ihren Mund' sagt Lenin.". Offensichtlich fehlen die Quellenangaben immer dann, wenn sie scheinbar aus der verfeindeten Presse zitiert. Bedient sie sich jedoch des Gedankenguts Gleichgesinnter, findet sich stets ein Zitationsvermerk: So bei den Zitaten von Mao[817], Lenin[818], Il Manifesto[819], Regis Debray[820], Carmichael[821] und Cleaver[822]. Ausnahmen bilden lediglich ein sinngemäßes Zitat des Münchner Polizeipräsidenten[823] und ein indirektes Zitat des CDU/CSU-Fraktionsvorsitzenden Barzel[824].

---

[814] Vgl. ebd., S. 35.

[815] Linke Gruppierung ehemaliger Mitglieder der Kommunistischen Partei Italiens.

[816] Ebd., S. 30.

[817] Ebd., S. 27, 31, 36, 37, 38, 40 und 43.

[818] Ebd., S. 31, 37 und 39.

[819] Ebd., S. 31, 32, 33, 34, 35 und 44.

[820] Ebd., S. 39. Debray gilt als französischer Intellektueller. Unter anderem besuchte er Ernesto Guevara in Bolivien und war später Berater Mitterands.

[821] Ebd., S. 44. Mitglied der Black Power Bewegung.

[822] Ebd., S. 48. Mitglied der Black Panther Party.

[823] Vgl. ebd. S. 46.

[824] Vgl. ebd. S. 32.

Letztes Element der syntaktischen Analyse war die Untersuchung der Verben. Hier konnten keinerlei Besonderheiten festgestellt werden. Der Text ist durchweg im Indikativ verfasst. Lediglich die einmalige Verwendung des Modalverbs „sollen" – im Satz: „Man sollte sich von ihrem Gezeter nicht dazu verleiten lassen, selbst große Töne zu spucken."[825] – kann als Vorform eines Imperativs gesehen werden und deutet die Normativität des Textes an.

Rhetorik und Stil

Insgesamt fällt auf, dass der Text eine große Zahl an Redundanzen aufweist.[826] Dies wird durch das Auftreten rhetorischer Figuren der Wiederholung noch unterstrichen. So zum Beispiel durch eine Häufung von Anaphern über sechs Sätze hinweg: Der erste Satz fängt mit einem „wir" an, gefolgt von zwei Sätzen, die mit „daß" beginnen, woraufhin wieder drei mit einem „wir" eingeleitete Sätze folgen.[827] Eine ähnliche Struktur lässt sich auch im Abschnitt „Primat der Praxis" finden, wo lediglich mit Unterbrechung durch einen Satz, drei Satzanfänge mit „wir" beginnen[828]. Diese Struktur setzt sich im fünften Kapitel fort. Hier beginnen vier aufeinander folgende Sätze mit „Stadtguerilla".[829] Ähnliche Funktion hat zudem die Epipher „mit demselben" im Satz:

> „Was ihr das Selbstbewußtsein gab, waren nicht entfaltete Klassenkämpfe hier, sondern das Bewußtsein, Teil einer internationalen Bewegung zu sein, es mit demselben Klassenfeind hier zu tun zu haben, wie der Vietcong dort, mit demselben Papiertiger, mit denselben Pigs."[830].

Ansonsten lassen sich generell wenig rhetorische Figuren finden, wovon zwei noch erwähnenswert sind. Im ersten Abschnitt spricht sie davon, welche Haftstrafen Baader hätte absitzen müssen und wie lange er bereits inhaftiert war. Dort heißt es dann: „Von diesen 48 Monaten hatte Andreas Baader 14 in zehn hessischen Gefängnissen abgesessen – neun Verlegungen wegen schlechter Füh-

---

[825] Ebd., S. 31.

[826] Jäger, u.a., Lebenslaufanalysen, S. 97 ff.

[827] RAF, Konzept Stadtguerilla, S. 31.

[828] Ebd., S. 37.

[829] Ebd., S. 42.

[830] Ebd., S. 35.

rung, d.h. Organisierung von Meuterei, Widerstand."[831]. Hierbei handelt es sich gewissermaßen um eine Correctio. Meinhof korrigiert und relativiert den negativen Begriff der schlechten Führung, indem sie ihn durch die positiv konnotierte Organisierung von Meuterei und Widerstand – sogar ein Hochwertwort – ersetzt. Durch dieses sprachliche Mittel versucht sie die Verbrechen Baaders zu marginalisieren und hebt seine vermeintliche Rolle als Revolutionär hervor. Bei dem anderen Stilelement handelt es sich um einen Chiasmus, der sich in dem Satz: „Herrschende Öffentlichkeit ist die Öffentlichkeit der Herrschenden, in [...]"[832] verbirgt. Hiermit will sie ihre These, dass die Medien aufgrund ihrer ökonomischen Abhängigkeit unfrei sind und vom „Kapital" beherrscht werden unterstreichen.

Die Häufung von rhetorischen Figuren der Wiederholung vermittelt den Eindruck, dass Meinhof den Leser indoktrinieren möchte. Somit ist eine Angemessenheit in der Beziehung von Stil und Textsituation gegeben, da das „Konzept Stadtguerilla" zum Ziel hat, Mitstreiter für die eigene Sache zu gewinnen. Auch die anderen stilistischen Elemente sind passend gesetzt, da sie die eigene Position hervorheben und die des Gegners schwächen. Die geringe Fülle an sprachlichen Mitteln steht wiederum in Bezug zum Inhalt. Es sollen aus der Sicht der RAF nicht auf literarisch hochwertige Art und Weise die gesellschaftliche Situation in der Bundesrepublik Deutschland beschrieben werden, sondern die vorherrschenden Probleme aufgezeigt werden.

Für die Argumentationsanalyse ist es ausreichend exemplarisch zwei Abschnitte des „Konzept Stadtguerilla" zu analysieren, da sich Meinhofs Argumentationsstil stringent durch den gesamten Text durchzieht. Dazu eignen sich besonders „Metropole Bundesrepublik"[833] und „Primat der Praxis"[834], da sie die wesentlichen Elemente Meinhofs Beweisführung beinhalten. Punktuell wird die Analyse durch Erkenntnisse aus der Untersuchung der anderen Kapitel ergänzt.

Meinhof beginnt den zweiten Abschnitt des „Konzept Stadtguerilla" mit einem Zitat, genauer gesagt einer These von Il Manifesto. Doch anstatt diese These zu begründen, nimmt sie kurz kritisch Stellung zu dem Zitat, um danach selber vier Thesen aufzustellen. Die Erste ist die Fortführung eines indirekten Barzel-Zitats

---

[831] Ebd., S. 29.

[832] Ebd., S. 43.

[833] Ebd., S. 31-33.

[834] Ebd., S. 36-40.

und besagt, dass die Bundesrepublik wirtschaftlich genauso stark ist, wie vor sechs Jahren, und ihre „politische Stärke"[835] zugenommen hat. Danach stellt sie zwei Behauptungen zur Großen Koalition und den Notstandsgesetzen auf und behauptet dann, dass die sozial-liberale Koalition die Unzufriedenheit in der Bundesrepublik weitgehend absorbiert habe. Dies begründet sie mit den Reformen und der Ostpolitik der Regierung Brandt, was durch die Konjunktion „insofern"[836] eingeleitet wird. Daraufhin folgen noch eine Reihe weiterer Thesen, die jedoch nicht argumentativ unterfüttert werden, bevor sie zum Schluss ihre Darstellung selbst als eine „Einschätzung"[837] bezeichnet. Diese Formulierung ist aufgrund der Armut an Belegen durchaus zutreffend.

Ähnlich verhält es sich auch im Kapitel „Primat der Praxis", in dem sie zunächst ihre Annahme, dass die kommunistische Bewegung in Deutschland noch keine Theorie brauche, da sich der Klassenkampf noch nicht entfaltet habe, mit einem Rekurs auf Lenin und die russische Revolution von 1905 begründet. Darauf folgen zwei Thesen, die mit „wir bezweifeln"[838] eingeleitet werden. Die Frage nach dem „Warum?" bleibt jedoch offen. Stattdessen geht es weiter mit einer dazu antithetisch positionierten These, die mit „wir behaupten"[839] beginnt. Bei einer Behauptung soll es auch in diesem Fall bleiben. Im weiteren Verlauf tauchen jedoch auch Gedankengänge auf, die nach dem induktiven Schema These – Beleg – Konklusion aufgebaut sind. So stellt sie fest, dass die Revolution, wenn sie gelingen soll, auch von den Intellektuellen, der Avantgarde, mitgetragen werden muss. Als Beleg führt sie die bislang erfolglose Arbeit „proletarischer Organisationen" an, die nicht mehr bewirkt hätte als die Aktionen der Gewerkschaften. Anschließend zieht sie das Fazit, dass das theoretische Aufstellen von „revolutionären Übergangsforderungen"[840], keine „revolutionäre Interventionsmethode"[841] ist.

Nach der Aneinanderreihung von Behauptungen, die die Bedeutung eines „Primat[en] der Praxis" in den Vordergrund rücken sollen, schließt dieser Absatz

---

[835] Ebd., S. 32.

[836] Ebd., S. 32.

[837] Ebd., S. 33.

[838] Ebd., S. 37.

[839] Ebd.

[840] Ebd., S. 39.

[841] Ebd.

mit einer Scheinlogik, mit der die unbedingte Notwendigkeit praktischen Handelns betont werden soll, stattdessen aber von der Unsicherheit der Roten Armee Fraktion zeugt: „Ob es richtig ist, den bewaffneten Widerstand jetzt zu organisieren, hängt davon ab, ob es möglich ist; ob es möglich ist, ist nur praktisch zu ermitteln."[842].

Was anhand der beiden Kapitel gezeigt werden konnte, lässt sich auf den gesamten Text übertragen. Teilweise folgt Meinhof einer dreigliedrigen Argumentationsstruktur, doch über weite Strecken handelt es sich um eine bloße Aneinanderreihung von Thesen, sodass sie nur scheinbar der Marx'schen Maxime von Analyse und Kritik folgt.

Aus den anderen Abschnitten lassen sich noch zwei weitere Textmerkmale feststellen. Zum einen betont Meinhof, stellvertretend für die RAF, dass sie wissen, was richtig und was falsch ist. Dies zeigt sich an Textbausteinen wie „[es] ist klar"[843], „gewiß war [...]"[844], „Daß es richtig wäre [...]"[845], „Und falsch [wäre]"[846], „Wenn es richtig ist [...], dann [...]"[847], „Wie es falsch ist [...]"[848] und „Wichtig ist, daß man [...]"[849].

Andere Wendungen sind auffällig, weil sie versuchen einen Kausalzusammenhang vorzutäuschen. In dem Satz: „Das ist nachweisbar, weil es wahr ist"[850], leitet das „weil" selbstverständlich einen kausalen Nebensatz ein. Problematisch ist jedoch, dass logisch gesehen kein Ursache-Wirkung-Prinzip zwischen Haupt- und Nebensatz besteht, da dies bedeute, dass alles was nachweisbar ist, auch wahr ist. Ähnlich zeigt sich dieses Phänomen auch in der Aussage: „Sie hätten nicht die Macht, wenn sie nicht die Mittel hätten, die Schweine."[851]. Anders formuliert impliziert der Satz, dass sie die Macht haben, weil sie die Mittel haben. Und auch hier besteht keine Kausalität, da Meinhof in ihrer Betrachtung

---

[842] Ebd., S. 40.

[843] Ebd., S. 28.

[844] Ebd., S. 34.

[845] Ebd., S. 36.

[846] Ebd.

[847] Ebd., S. 40.

[848] Ebd.

[849] Ebd., S. 42.

[850] Ebd., S. 30.

[851] Ebd., S. 29.

außen vor lässt, dass der Staat und die Polizei die Macht haben, weil sie vom Volk demokratisch dazu legitimiert wurden.

Insgesamt auffallend ist, dass sie ihre Thesen versucht mit einer Interpretation der derzeitigen gesellschaftlichen Verhältnisse zu untermauern, anstatt sie mit konkreten Fakten zu belegen. Dadurch will sie den Leser für ihre Position einnehmen. Paradigmatisch für diese Persuasivität des Textes ist letztlich auch der Aufruf am Ende, der nicht argumentativ überzeugen möchte, sondern dazu auffordert, die RAF zu unterstützen.

Auswertung

Was hat sich in den drei Jahren, April 1968 bis April 1971, die zwischen den beiden Texten liegen, an Ulrike Meinhofs Sprache geändert? Und vor allem: Hat sich Ulrike Meinhofs Sprache wirklich radikalisiert oder war es nur der Wandel von der angesehenen Journalistin zur Terroristin, der radikal war?

Auf semantischer Ebene lassen sich deutliche Änderungen im Sprachgebrauch feststellen. Bei den Feindbezeichnungen nimmt die Zahl der neutralen Benennungen ab. An deren Stelle treten dafür immer häufiger Stigmawörter. Während im Text „Wasserwerfer" im Rahmen der Freundbezeichnungen keine Stigma- oder Hochwertwörter identifiziert werden konnten, sind diese im „Konzept Stadtguerilla" durchaus zu finden. Bei den Selbstbezeichnungen hat sich jedoch kein Wandel vollzogen. In beiden Texten bleibt dieser Bereich frei von idealisierenden und denunzierenden Begriffen. Somit liegt nach den zugrundeliegenden Indikatoren[852] bei den Freund- und Feindbezeichnungen eine Radikalisierung vor; bei den Selbstbezeichnungen hingegen nicht.

Bei den syntaktischen Elementen der Texte war es schwierig eine Radikalisierung festzustellen. Grundsätzlich zeigte die Analyse, dass der Anteil an parataktischen Sätzen zugenommen hat. Dies sollte als Indikator für eine Radikalisierung gelten. Jedoch war dieser Zuwachs so gering, sodass eine Auswertung in diesem Bereich kontrovers diskutiert werden kann. Möglicherweise muss an dieser Stelle über eine Modifikation des Indikators nachgedacht werden. Zudem konnte herausgearbeitet werden, dass in beiden Texten stellenweise übermäßig komplizierte Schachtelsätze auftauchen, womit in dieser Kategorie kein Wandel des Sprachgebrauchs nachgewiesen werden konnte. Ebenfalls konstant bleiben der Modus und der allgemeine Aufbau der Texte. Sowohl „Wasserwerfer", als auch das „Konzept Stadtguerilla" sind indikativisch formuliert und die Textstruktur ist in beiden Fällen strukturiert. Im Gegensatz dazu handelt es sich bei den Entwicklungen im Bereich der Interpunktion sehr wohl um eine Radikalisierung: Hier konnte das wiederholte Auftreten von Ausrufungszeichen und Gedankenstrichen im „Konzept Stadtguerilla" nachgewiesen werden, während im Text „Wasserwerfer" keine Besonderheiten in der Interpunktion zu verzeichnen waren. Somit lässt sich konstatieren, dass eine Radikalisierung im Bereich der Interpunktion vorliegt, jedoch die Elemente Satzbau, Textstruktur und Modus unverändert bleiben.

---

[852] Vgl. Kapitel 2.3.

Die Analyse von Rhetorik und Stil konnte eindeutigere Ergebnisse liefern. Die Untersuchung der stilistischen Mittel zeigte, dass deren Einsatz in beiden Fällen in einem angemessenen Verhältnis zum Autor, Empfänger, Inhalt und zur Textsituation stand. Der Stil der Texte änderte sich jedoch grundlegend. Während Meinhofs Essay „Wasserwerfer" argumentativ ein gesellschaftliches Phänomen abhandelt, ist der Duktus im „Konzept Stadtguerilla" als persuasiv-appellativ zu beschreiben. Die Argumentationsanalyse der beiden Texte brachte ein ähnliches Ergebnis. Zu ihrer Zeit bei „konkret" liegt der Argumentation ein logisch-induktives Schema zugrunde, wohingegen das „Konzept Stadtguerilla" thesenhafter ist und scheinlogische Schlüsse beinhaltet. Demnach hat sich gezeigt, dass sich in den Bereichen Stil und Argumentationsstruktur eine Radikalisierung vollzogen hat. Bei der Angemessenheit in der Verwendung stilistischer Mittel konnte allerdings keine Veränderung festgestellt werden.

Abschließend kommt die Untersuchung zu dem Ergebnis[853], dass bei fünf der zehn Indikatoren eine Radikalisierung der Sprache vorliegt. In vier Fällen konnte keine Veränderung festgestellt werden und im Bereich der Syntax war ein Indikator nicht aussagekräftig genug. Somit kann eine Radikalisierung der Sprache von Ulrike Meinhof begründet werden, vor allem da es sich bei den positiv angeschlagenen Indikatoren, um die gewichtigen Bereiche der Freund- und Feindbezeichnungen, sowie dem Stil und der Argumentationsstruktur handelt.

---

[853] Eine tabellarische Auswertung der Analyse befindet sich im Anhang.

Fazit und Ausblick

Zunächst konnte gezeigt werden, dass in mehreren Bereichen der Sprache eine Radikalisierung vorliegt. Da diese These nun bestätigt wurde, ist die Arbeit als Nachtrag vorangegangener Arbeiten zu sehen, die lediglich mit der Behauptung einer Radikalisierung der Sprache gearbeitet, sie aber nicht explizit nachgewiesen haben. Als Nebenprodukt der Untersuchung wurde der besondere Stellenwert eines Freund-Feind-Denkens bei Meinhofs deutlich und zwar bereits während ihrer journalistischen Tätigkeit bei „konkret" und nicht erst in der RAF, was jedoch bereits von Jäger und Böllinger herausgearbeitet wurde.[854]

Des Weiteren hat die Analyse es geschafft, auf ein Theorieproblem aufmerksam zu machen. Die enge Verwebung von politischer Aussage und linguistischer Analyse führte zwar in den Bereich der Politolinguistik, jedoch beschäftigt sich diese vornehmlich mit der Sprache parlamentarischer Politiker. Deshalb sollte der Politik-Begriff innerhalb der Politolinguistik erweitern werden, sodass auch die Sprache von Terroristen oder beispielsweise die Sprache der „Außerparlamentarischen Opposition" und anderer politischer, nicht parlamentarischer Akteure stärker in den Blick dieses Forschungszweiges fällt. So zeigte Millers linguistische Analyse bereits, „that there is no such commodity as 'terrorist language' [...]. Terrorist speakers make use of the same persuasive capacities in language as do advertisers, housewives, and political candidates and officials."[855]

Außerdem wurde deutlich, wie schwer es eigentlich ist „Radikalisierung" und „Sprache" zusammenzubringen, obwohl sich die Radikalität einer Person, neben ihren Handlungen, vor allem in deren Aussagen zeigt. Dabei fehlt es zunächst an einer treffenden Definition von „radikal" oder „Radikalisierung", die eine Übertragung dieser Eigenschaft auf die Sprache ermöglicht, sodass unklar ist, welche Merkmale eine radikale Sprache besitzt. Um den Prozess einer sprachlichen Radikalisierung fassen zu können, wurden verschiedene Indikatoren entwickelt, wovon sich einer als nicht hinreichend herausstellte und modifiziert werden müsste. Zudem konnten einige Bereiche der Sprache aufgrund des beschränkten Umfangs der Arbeit nicht analysiert werden, so blieben beispielsweise weitere

---

[854] Jäger, Herbert, Lorenz Böllinger, Studien zur Sozialisation von Terroristen, in: Jäger, Herbert, u.a., Lebenslaufanalysen (Analysen zum Terrorismus, Bd. 2), Opladen 1981, S. 159 ff.

[855] Miller, Language component, S. 358.

Phänomene auf semantischer Ebene unberücksichtigt[856], sodass die Möglichkeit besteht, die Zahl der Indikatoren zu erweitern, um noch eindeutigere Ergebnisse zu gewinnen. Des Weiteren soll an dieser Stelle für eine Zugrundelegung eines solchen Indikatorrasters bei der Analyse sprachlicher Merkmale plädiert werden, da bereits Steinmetz den Nutzen dieser Herangehensweise zeigen konnte.[857]

Eine Begründung der festgestellten Radikalisierung könnte nun neue Erkenntnisse für die Meinhof-Forschung bringen. Eine weiterführende Frage könnte sein, ob der Einfluss der anderen RAF-Mitglieder für die Radikalisierung eine zentrale Rolle gespielt hat. Gender-perspektivisch könnte dazu beispielsweise der Einfluss Baaders auf Meinhof untersucht werden, deren Verhältnis bereits bei Neidhardt als konfliktreich beschrieben wird.[858] Des Weiteren schildert auch Wesemann unter Berufung auf streitbare Quellen das Einwirken von Andreas Baader auf Ulrike Meinhof, als diese Ende 1971 aus der RAF aussteigen wollte.[859] Vielleicht lässt sich das aber schnell verwerfen: Wenn man Ulrike Meinhof 1968 noch als fähige Journalistin betrachtet, könnte man auch annehmen, dass diese Radikalisierung durchaus von ihr beabsichtigt war. So verlangt eigentlich schon der Wechsel der Textsorte – vom Essay zum Aufruf[860] – eine Veränderung der Sprache.

Ferner wäre es interessant, die weitere Entwicklung der Sprache zu betrachten. Hierzu böte sich der von Meinhof geschriebene Text „Die Aktion des ‚Schwarzen September' in München", der bereits in Kapitel 3.2 kurz erwähnt wurde, an. Anhand dessen könnte in einem Vergleich mit dem „Konzept Stadtguerilla" der Einfluss der Isolationshaft auf die Sprache und somit auf Individuen herausgearbeitet werden. Hierzu wäre eine Ergänzung um Meinhofs sogenannten „Brief aus dem toten Trakt"[861] möglich.

Die Forderung am Ende des „Konzept Stadtguerilla", den bewaffneten Kampf zu unterstützen, zielt darauf ab, das „revolutionäre Subjekt"[862] zu mobilisieren.

---

[856] Vgl. hierzu die Arbeiten von Musolff, Krieg, S. 140-220 und Berendse, Gerrit-Jan, Terrordrom, S. 27 f.

[857] Steinmetz, Das Sagbare, S. 34-40.

[858] Vgl. Neidhardt, Soziale Bedingungen, S. 366.

[859] Wesemann, Meinhof, S. 361 ff.

[860] Eine genaue Klassifikation der Textsorte bedarf einer gesonderten Analyse. Vgl. Fußnote 64.

[861] Abgedruckt in: Wesemann, Meinof, S. 380 f.

[862] RAF, Konzept Stadtguerilla, S. 34 und 36. Vgl. dazu die Ausführungen Ebd., S. 37-40.

Zwar war die Sympathisanten-Szene der RAF 1971 auffallend groß[863], eine aktive Basis für eine Revolution ließ sich jedoch zu keinem Zeitpunkt finden. Die radikale Sprache in den RAF-Papieren könnte unter anderem eine Erklärung dafür sein, dass potentielle Mitglieder im Vorfeld abgeschreckt wurden.

Für die Geschichte der RAF hat sich jedenfalls gezeigt, dass nicht nur ihre Aktionen, sondern auch ihre Sprache radikal war. Anstatt in der „language component"[864] ihre Anschauungen sachlich darzulegen und die Radikalität dem Bereich der Aktion zu überlassen, blieben die RAF-Texte nicht frei von radikalen Elementen. Dies könnte ein entscheidender Fehler in der Strategie der RAF gewesen sein.

---

[863] Vgl. ID-Verlag [Hg.], RAF, S. 163, Fußnote 124. Ein Nachweis der dort zitierten Umfrage konnte bei EMNID GmbH und Co. [Hg.], EMNID Informationen. Monatlicher Dienst 23 (1971) nicht gefunden werden.

[864] Miller unterscheidet terroristisches Handeln auf der Ebene der Aktion und der Sprache.

Literaturverzeichnis

Quellen

EMNID GmbH und Co. [Hg.], EMNID-Informationen. Monatlicher Dienst 23 (1971).

Der Spiegel [Hg.], „Natürlich kann geschossen werden". Ulrike Meinhof über die Baader-Aktion, in: Der Spiegel 25 (1970), S. 74-75.

ID-Verlag [Hg.], Rote Armee Fraktion. Texte und Materialien zur Geschichte der RAF, Berlin 1997.

Meinhof, Ulrike Marie, Deutschland Deutschland unter anderm. Aufsätze und Polemiken, Berlin 1995.

Dies., Die Würde des Menschen ist antastbar. Aufsätze und Polemiken, Berlin 1981.

Dies., Bambule. Fürsorge – Sorge für wen?, Berlin 1971.

Dies., Wasserwerfer – auch gegen Frauen. Student und Presse. Eine Polemik gegen Rudolf Augstein und Konsorten, in: Dies., Deutschland Deutschland unter anderm. Aufsätze und Polemiken, Berlin 1995, S. 130-137.

Rote Armee Fraktion, Das Konzept Stadtguerilla, in: ID-Verlag [Hg.], Rote Armee Fraktion. Texte und Materialien zur Geschichte der RAF, Berlin 1997, S. 27-48.

Literatur

Adorno, Theodor, Der Essay als Form, in: Ders., Noten zur Literatur I, Frankfurt am Main 1973, S. 9-49.

Bachem, Rolf, Sprache der Terroristen. Analyse eines offenen Briefes, in: Der Deutschunterricht. Beiträge zu seiner Praxis und wissenschaftlichen Grundlagen 30/5 (1978), S. 61-79.

Bachem, Rolf, Einführung in die Analyse politischer Texte, München 1979.

Backes, Uwe, Politische Extreme. Eine Wort- und Begriffsgeschichte von der Antike bis in die Gegenwart (Schriften des Hannah-Arendt-Instituts für Totalitarismusforschung, Bd. 31), Göttingen 2006.

Baeyer-Katte, Wanda von, u.a., Gruppenprozesse (Analysen zum Terrorismus, Bd. 3), Opladen 1982.

Bayer, Klaus, Argument und Argumentation. Logische Grundlagen der Argumentationsanalyse (Studienbücher zur Linguistik, Bd. 1), Opladen 1999.

Berendse, Gerrit-Jan, Schreiben im Terrordrom. Gewaltcodierung, kulturelle Erinnerung und das Bedingungsverhältnis zwischen Literatur und RAF-Terrorismus, München 2005.

Bochmann, Karl, s.v. Malaparte, in: Lexikon fremdsprachiger Schriftsteller 2 (1979), S. 360-361.

Böll, Heinrich, Radikalität und Hoffnung, in: Terror dient der Reaktion (Kritische Texte Jungsozialzisten Nordrhein-Westfalen), S. 48-50.

Burkhardt, Armin, Politolinguistik – Versuch einer Ortsbestimmung, in: Klein, Josef, Hajo Diekmannshenke [Hgg.), Sprachstrategien und Dialogblockaden. Linguistische und politikwissenschaftliche Studien zur politischen Kommunikation (Sprache Politik Öffentlichkeit, Bd. 7), Berlin 1996, S. 75-100.

Burkhardt, Arnim, Sprache in der Politik. Linguistische Begriffe und Methoden, in: Englisch Amerikanische Studien. Zeitschrift für Unterricht, Wissenschaft & Politik 10/3,4 (1988). S. 333-358.

Della Porta, Donatella, Politische Gewalt und Terrorismus: Eine vergleichende und soziologische Perspektive, in: Weinhauer, Klaus, Jörg Requate, Heinz-Gerhard Haupt [Hgg.], Terrorismus in der Bundesrepublik. Medien, Staat und Subkulturen in den 1970er Jahren, Frankfurt am Main, 2006, S. 33-58.

Dieckmann, Walther, Sprache in der Politik. Einführung in die Pragmatik und Semantik der politischen Sprache, Heidelberg 1975.

Eisenberg, Peter, Grundriss der deutschen Grammatik Band 1: Das Wort, Stuttgart 2006.

Ders., Grundriss der deutschen Grammatik Band 2: Der Satz, Stuttgart 2006.

Fetscher, Iring, u.a., Ideologien und Strategien (Analysen zum Terrorismus, Bd. 1), Opladen 1981.

Girnth, Heiko, Sprache und Sprachverwendung in der Politik. Eine Einführung in die linguistische Analyse öffentlich-politischer Kommunikation (Germanistische Arbeitshefte, Bd. 39), Tübingen 2002.

Goerdt, Wilhelm, s.v. Radikalismus II, in: Historisches Wörterbuch der Philosophie 8 (1992), Sp. 13-15.

Hecken, Thomas, Avantgarde und Terrorismus, Rhetorik der Intensität und Programme der Revolte von den Futuristen bis zur RAF, Bielefeld 2006.

Jäger, Herbert, u.a., Lebenslaufanalysen (Analysen zum Terrorismus, Bd. 2), Opladen 1981.

Jahraus, Oliver, Literaturtheorie. Theoretische und methodische Grundlagen der Literaturwissenschaft, Tübingen 2004.

Klappenbach, Ruth [Hg.], s.v. radikal, in: Wörterbuch der deutschen Gegenwartssprache 1974 (Bd. 4), S. 2928.

Koenen, Gerd, Das rote Jahrzehnt. Unsere kleine deutsche Kulturrevolution 1967-1977, Köln 2001.

Kraushaar, Wolfgang, Die RAF und der linke Terrorismus. Band 1, Hamburg 2006.

Krämer, Sybille, Sprache als Gewalt oder: Warum verletzen Worte?, in: Hermann, Steffen, Sybille Krämer, Hannes Kuch, Verletzende Worte. Die Grammatik sprachlicher Missachtung, Bielefeld 2007, S. 31-48.

Langguth, Gerd, Protestbewegung. Entwicklung – Niedergang – Renaissance Die Neue Linke seit 1968 (Bibliothek Wissenschaft und Politik, Bd. 30), Köln 1983.

Liphardt, Elizaveta, Aporien der Gerechtigkeit. Politische Rede der extremen Linken in Deutschland und Russland zwischen 1914 und 1919 (Reihe Germanistische Linguistik, Bd. 261), Tübingen 2005.

Marx, Karl, Zur Kritik der Hegelschen Rechtsphilosophie, in: Marx, Karl, Friedrich Engels, Werke (Bd. 1), Berlin 1970, S. 378-391.

Matthiesen, Klaus, Was heißt radikal?, in: Terror dient der Reaktion (Kritische Texte Jungsozialzisten Nordrhein-Westfalen), S. 57-58.

Mertz, Peter, Weder Gnade noch freies Geleit. Ulrike Meinhof – Der Amoklauf einer enttäuschten Idealistin, in: Lutherische Monatshefte 10 (1994), S. 36-38.

Miller, Bowman Howard, The language component of terrorism strategy. A text-based, linguistic case study of contemporary german terrorism, Washington 1983.

Musolff, Andreas, Krieg gegen die Öffentlichkeit. Terrorismus und politischer Sprachgebrauch, Opladen 1996.

Neidhardt, Friedhelm, Soziale Bedingungen terroristischen Handelns. Das Beispiel der „Baader-Meinhof-Gruppe" (RAF), in: Baeyer-Katte, Wanda von, u.a., Gruppenprozesse (Analysen zum Terrorismus, Bd. 3), Opladen 1982, S. 318-393.

Plett, Heinrich, Einführung in die rhetorische Textanalyse, Hamburg 2001.

Röhl, Bettina, So macht Kommunismus! Ulrike Meinhof, Klaus Rainer Röhl und die Akte Konkret, Hamburg 2007.

Steinmetz, Willibald, Das Sagbare und das Machbare. Zum Wandel politscher Handlungsspielräume England 1780-1867, Stuttgart 1993, zugl. Dissertation Bielefeld 1990.

Straßner, Erich, Ideologie – SPRACHE – Politik. Grundfragen ihres Zusammenhangs (Konzepte der Sprach- und Literaturwissenschaft, Bd. 37), Tübingen 1987, S. 24.

Teraoka, Arlene, Terrorism and the Essay. The Case of Ulrike Meinhof, in: Boetcher Joeres, Ruth-Ellen, Elizabeth Mittman [Hgg.], The politics of the essay. Feminist perspectives, Bloomington 1993, S. 209-224.

Waldmann, Peter, Terrorismus. Provokation der Macht, München 1998.

Weinhauer, Klaus, Jörg Requate, Heinz-Gerhard Haupt [Hgg.], Terrorismus in der Bundesrepublik. Medien, Staat und Subkulturen in den 1970er Jahren, Frankfurt am Main 2006.

Wende, Peter, s.v. Radikalismus, in: Geschichtliche Grundbegriffe 5 (1984), S. 113-133.

Wesemann, Kristin, Ulrike Meinhof. Kommunistin, Journalistin, Terroristin – eine politische Biografie (Extremismus und Demokratie, Bd. 15), Baden-Baden 2007, zugl. Dissertation Chemnitz 2007.

Willer, Stefan, Radikalität als Sprachspiel, in: Fuest, Leonhard, Jörg Löffler [Hgg.], Diskurse des Extremen. Über Extremismus und Radikalität in Theorie, Literatur und Medien (Film – Medium – Diskurs, Bd. 6), Würzburg 2005, S. 61.

Zimmermann, Rüdiger, Gewalt in der Sprache und durch Sprache, in: Diekmannshenke, Hajo, Josef Klein [Hgg.], Wörter in der Politik. Analysen zur Lexemverwendung in der politischen Kommunikation, Opladen 1996, S. 103-121.

Zündorf, Irmgard, Claudia Wagner, Chronik 1972, http://www.dhm.de/lemo/html/1972/index.html, Letzter Zugriff: 12.03.2009.

Anhang

A: Indikatortabelle

Ebene	Bereich	Radikalisierung, wenn
Semantik	Feindbezeichnungen	Zunahme an Stigmawörtern
	Freundbezeichnungen	Zunahme an Hochwertwörter
	Selbstbezeichnungen	Zunahme an Hochwertwörter
Syntax	Satzbau	Wechsel von Hypotaxe zu Parataxe
	Aufbau	Wechsel von strukturiert zu unstrukturiert
	Modus	Wechsel von Indikativ und Konjunktiv zu Imperativ
	Interpunktion	Zunahme an Ausrufungszeichen
Rhetorik und Stil	Rhetorische Figuren	Unangemessene Verwendung
	Stil	Wechsel von argumentativ zu mutmaßend
	Argumentationsstruktur	Wechsel von logisch zu unlogisch

B: Auswertungstabelle der Analyse

Ebene \ Text	Wasserwerfer – Auch gegen Frauen	Konzept Stadtguerilla	Radikalisierung
Semantik	Feindbezeichnung: Meistens Nennung beim Namen, selten Stigmawörter	Feindbezeichnung: Selten Nennung beim Namen, häufig Stigmawörter	Ja
	Freundbezeichnung: Keine Stigma- oder Hochwertwörter	Freundbezeichnung: Stigma- und Hochwertwörter	Ja
	Selbstbezeichnung: Keine Hochwertwörter	Selbstbezeichnung: Keine Hochwertwörter	Nein
Syntax	Überwiegend Hypotaxe, selten Parataxe; komplizierte Schachtelsätze	Häufig Hypotaxe, vereinzelt Parataxe; komplizierte Schachtelsätze	Ja/ Nein
	Strukturierter Aufbau	Strukturierter Aufbau	Nein
	Modus: Indikativ	Modus: Indikativ	Nein
	Keine Besonderheiten bei der Interpunktion	Häufung von Gedankenstrichen. Ausrufungszeichen.	Ja
Rhetorik und Stil	Angemessene Verwendung stilistischer Mittel	Angemessene Verwendung stilistischer Mittel	Nein
	Argumentativ	Persuasiv-appellativ	Ja
	Logisch-induktiv	Überwiegend keine Argumente, stattdessen Thesen und Scheinlogik	Ja

Einzelbände

Yvonne Diewald (2012): Frauen und Terrorismus am Beispiel der RAF und der Bewegung 2. Juni

ISBN: 978-3-656-24731-9

Constanze Mey (2006): Frauen in der „Roten Armee Fraktion". Weibliche Wege in den Linksterrorismus am Beispiel von Ulrike Meinhof und Gudrun Ensslin

ISBN: 978-3-638-79587-6

Alexander Krüger (2014): Ulrike Meinhof. Der Weg einer Journalistin in den Terrorismus

ISBN: 978-3-656-87385-3

Daniel Hitzing (2009): „Sie hätten nicht die Macht, wenn sie nicht die Mittel hätten, die Schweine". Eine diachrone Analyse der Sprache von Ulrike Meinhof unter dem Aspekt ihrer Radikalisierung

ISBN: 978-3-640-42068-1